"十二五"辽宁省重点图书出版规划项目

三友会计论丛

第15辑

SUNYO ACADEMIC SERIES IN ACCOUNTING

The Research on Risk Management of Social Security Fund

社会保险基金风险管理

唐大鹏◎著

东北财经大学出版社
Dongbei University of Finance & Economics Press
大连

图书在版编目(CIP)数据

社会保险基金风险管理 / 唐大鹏著. —大连：东北财经大学出版社，2015.5
(三友会计论丛·第15辑)
ISBN 978-7-5654-1932-4

Ⅰ. 社… Ⅱ. 唐… Ⅲ. 社会保险-专用基金-资金管理-风险管理-研究-中国 Ⅳ. F842.61

中国版本图书馆CIP数据核字(2015)第089609号

东北财经大学出版社出版
(大连市黑石礁尖山街217号 邮政编码 116025)
教学支持：(0411)84710309
营 销 部：(0411)84710711
总 编 室：(0411)84710523
网 址：http://www.dufep.cn
读者信箱：dufep@dufe.edu.cn

大连图腾彩色印刷有限公司印刷 东北财经大学出版社发行

幅面尺寸：170mm×240mm 字数：226千字 印张：15 1/2 插页：1

2015年5月第1版 2015年5月第1次印刷

责任编辑：李 彬 吴 茜 责任校对：那 欣 毛 杰 刘咏宁
封面设计：冀贵收 版式设计：钟福建

定价：45.00元

三友会计论丛编审委员会

出版者的话

随着我国以社会主义市场经济体制为取向的会计改革与发展的不断深入，会计基础理论研究的薄弱和滞后已经产生了越来越明显的“瓶颈”效应。这对于广大会计研究人员而言，既是严峻的挑战，又是难得的机遇。说它是“挑战”，主要是强调相关理论研究的紧迫性和艰巨性，因为许多实践问题急需相应的理论指导，而这些实践和理论在我国又都是新生的，没有现成的经验和理论可资借鉴；说它是“机遇”，主要是强调在经济体制转轨的特定时期，往往最有可能出现“百花齐放，百家争鸣”的昌明景象，步入“名家辈出，名作纷呈”的理论研究繁荣期和活跃期。

迎接“挑战”，抓住“机遇”，是每一个中国会计改革与发展的参与者和支持者义不容辞的责任。为此，我们与中国会计学会财务成本分会、东北财经大学会计学院联合创办了一个非营利的学术研究机构——三友会计研究所，力求实现学术团体、教学单位、出版机构三方的优势互补，密切联系老、中、青三代会计工作者，发挥理论界、实务界、教育界三方面的积极性，致力于会计、财务、审计三个领域的科学研究和专业服务，以期为我国的会计改革与发展作出应有的贡献。

三友会计研究所的重大行动之一就是设立了“三友会计著作基金”，用于资助出版“三友会计论丛”。它旨在荟萃名人力作及新人佳作，传播会计、财务、审计研究与实践的最新成果与动态。“三友会计论丛”于1996年推出第一批著作；自1997年起，本论丛定期遴选并分辑推出。

采取这种多方联合、协同运作的方法，如此大规模地遴选、出版会计著作，在国内尚属首次，其艰难程度不言而喻。为此，我们殷切地希望广大会计界同仁给予热情支持和扶助，无论作为作者、读者，还是作为评论者、建议者，您的付出都将激励我们把“三友会计论丛”的出版工作坚持下去，越做越好！

东北财经大学出版社

序

随着我国老龄化日益严重，社会保险基金管理面临社会养老负担和隐性负债日渐沉重的社会现实，也促使财政偿付压力愈加沉重。《社会保险基金风险管理》一书作为唐大鹏博士学位论文的精加工成果，归纳和总结了相关学术成果与研究现状，在相关理论的借鉴下，一定程度上完善了有中国特色的社保基金管理理论，通过对基金管理现状进行分析，有针对性地提出加强社保基金管理并健全治理体系的具体建议。同时，本书从风险管理导向出发，通过内部控制和外部控制对相关风险进行管控，形成依法治国下社保基金内外兼顾的风险管控体系，具有较高的理论指导意义与现实可行性。

本书重点讲述了社会保险基金风险管理的相关概念，对基金管理中的风险进行了全面的识别和整合，采用ARMA和VAR等计量模型和方法对整合后的社保基金偿付能力风险和投资风险进行定性和定量分析，创造性地提出了基于风险导向的社保基金风险管控思路，将风险管控与公共部门内部控制相结合，梳理并指出目前社保基金及其管理机构内部控制和外部监督的缺陷，通过国家治理理念对社保基金有效治理架构进行设计，相关成果具有较高的学术价值和实践指导意义。因此，本书无论对于社保基金管理领域的理论研究、学科教学还是政府部门治理社保基金均具有重要的参考价值，是一部集实践与理论为一体的优秀著作。

同时，本书作者长期致力于社保基金风险管理及公共部门内部控制研究，从事该领域多项课题研究，并发表相关学术论文十余篇，具有扎实的专业基础和学术积淀。作者通过全国社保基金理事会和地方社保基金管理机构的调研积攒了大量的实务经验，在实践探索的基础上并结合其他理论研究，成功地完成了本书编纂工作。本书围绕社保基金研究领域理论前沿，紧跟国家治理、依法治国、基金管理机构内控、防御权力腐败的发展步伐，凝结了该领域相关科研工作者的智慧结晶与心血，对解决我国社保基金管控和治理问题具有一定的前瞻性。

财政部财政科学研究所

贾　康

2014年11月30日

前言

近年来，社会保险基金受到越来越多的关注。我国十八届三中全会明确提出，划转部分国有资本充实社会保障基金，完善国有资本经营预算制度，提高国有资本收益上缴公共财政比例，更多用于保障和改善民生，充分说明了我国政府对于社保基金的重视程度。在国际上，2009年开始的欧洲国家债务危机，使得其他欧盟国家在对相应国家进行救助的同时开始对危机起因进行分析，最终社会保障偿付问题作为本次危机的主要原因已经被欧盟国家所接受，它们纷纷开始从风险管理角度对社会保险基金财务风险、资产风险和投资风险等重大问题进行研究，并出台相关政策改革现行的社会保障体系。尽管我国已于2011年7月10日顺利实施了《中华人民共和国社会保险法》，社会保险基金正式进入立法执行阶段，但是社会保险基金管理过程中还存在诸多风险。面对老龄化趋势，社会保险基金参保人更加关心未来社会保险费能否足额发放。为了解决社会保险基金偿付能力风险和资产贬值问题，政府相关部门不但开始对偿付能力风险进行预测，还逐步放开社会保险基金投资资本市场的政策限制，十八届三中全会决定对社保基金松绑，约4万亿元资金可入市，同时，还提出要健全社会保障财政投入制度，完善社会保障预算制度，加强社会保险基金投资管理和监督，推进基金市场化、多元化投资运营，制定实施免税、延期征税等优惠政策，加快发展企业年金、职业年金、商业保险，构建多层次社会保障体系。同时，我国政府职能调整和优化导致行政事业单位内部控制体系建设节奏日益加快。社会保险基金管理机构作为公共部门，其内部控制与风险管理系统的建立和健全已经成为社会公众所关注的重要领域。为了识别、分析和控制社会保险基金运营过程中的主要业务风险，无论从社会保险基金管理机构内部控制还是从外部利益相关者的外部控制角度，基金本身和外部监管力量都要求加强社会保险基金风险管理体系建设，而国内尚未对这一问题进行系统分析和研究。

因此，本书以风险管理与内部控制体系已经在我国中央企业和上市公司全面推广为契机，紧跟国家关于加强行政事业单位内部控制体系建设的要求，以社会保险基金风险管理为视角，在归纳社会保障、社会保险基金和风险管理的相关理论的基础上，对我国社会保险基金风险管理的相关概念和内涵进行界定，建立社会保险基金风险管理三维体系。在此基础上本书对社会保险基金管理中的风险进行全面识别和整合，对整合后的六种风险进行定性分析，对可量化的偿付能力风险和投资运营风险等主要业务运行风险进行定量分析，提出对于我国现实可行的基于风险导向社会保险基金风险控制思路，搭建起全新的社会保险基金风险管理框架，将社会保险基金管理机构按照不同的职能分别建立收支经办机构和投资管理机构等各具特色的内部控制体系，梳理风险管理体系中的内部控制和外部控制的缺陷和不足，不但发展了我国社会保险基金风险管理理论，也为社会保险基金实务提供了相应的智力支持。

作者

2015年3月

目 录

第1章 社会保险基金风险管理基本理论 / 1

1.1 社会保险基金基本理论 / 1
1.2 社会保险基金风险管理基本理论 / 10
1.3 本章小结 / 29

第2章 社会保险基金风险识别 / 30

2.1 社会保险基金风险识别依据与借鉴/30
2.2 我国社会保险基金风险全面识别与整合/43
2.3 本章小结 / 70

第3章 社会保险基金风险定性分析 / 71

3.1 社会保险基金组织结构风险 / 71
3.2 社会保险基金偿付能力风险 / 75
3.3 社会保险基金投资运营风险 / 87
3.4 社会保险基金会计控制风险 / 102
3.5 社会保险基金信息管理风险 / 115
3.6 社会保险基金外部控制风险 / 118
3.7 本章小结 / 128

第4章 社会保险基金风险定量分析 / 129

4.1 社会保险基金偿付能力风险定量分析——基于我国社会保险基金数据 / 130
4.2 社会保险基金投资运营风险定量分析——基于我国资本市场数据/152
4.3 本章小结 / 173

第5章　我国社会保险基金风险控制路径探索/174

5.1　构建社会保险基金组织机构体系/175
5.2　建立偿付能力风险控制机制/180
5.3　完善投资运营风险控制机制/190
5.4　加强会计风险控制措施/198
5.5　健全基金信息管理系统/206
5.6　强化外部风险控制职能/208
5.7　社保基金未来发展方向/213
5.8　本章小结/215

主要参考文献/216

索　引/232

后　记 / 233

第 1 章

社会保险基金风险管理基本理论

本章介绍了社会保险基金概念界定、特征和制度基础，并在此基础上分析社会保险基金风险管理的概念界定、必要性、目标、原则和主要内容体系。根据社会保险基金管理机构内部控制的相关规定，本书提出内部风险控制由社会保险基金内部控制体系承担，外部风险控制由社会保险基金外部控制主体及其他利益相关者承担。本章按照风险管理的要素和进程，结合社会保险基金管理中的具体风险，将风险管理划分为风险识别、风险分析和风险控制三部分，建立了以内部控制为主体，外部控制为辅助的社会保险基金风险管理体系。同时，本书按照相关文献对内部控制的研究，将社会保险基金内部控制划分为以业务管理风险为主的管理控制和以核算和监督风险为主的会计控制，搭建起社会保险基金内部控制体系，并充实到社会保险基金风险管理体系中，奠定了本书的研究思路和研究内容。

1.1 社会保险基金基本理论

从2008年开始，始自美国次贷问题的国际金融危机对全球经济的影响逐步在世界范围内显现，截至2009年12月，希腊主权债务金额达到2 800亿欧元。由于希腊政府无力偿还主权债务，2009年12月8日，全球三大评级公司下调了希腊主权债务评级，从而引发欧盟其他国家的债务危机，对整个欧盟国家经济造成不利影响，导致欧元大幅下跌和欧洲股市暴挫，伴随德国和法国等欧盟的“龙头”国家都开始感受到危机的影响，整个欧盟国家正面对成立11年以来最严峻的考验，有评论家更推测欧盟最终会以解体收场。根据欧盟对希腊和意大利等国的救援条款，社会保险基金偿付问题成为重要救援附加条件，因为希腊和意大利大部分主权债务资金是为了弥补社会保险事业支出，改变社会保险基金收不抵支的情况，降低偿付能力风险。可见，由于经济不景气使得希腊社会保险基金风险转化为实际损失是导致主权债务危机的重要原因。由此，世界各国更加关注社会保险基金风险管理这一关系到国计民生的社会经济问题。

相对而言，我国社会保险基金管理运营尚不需要靠外债来支撑偿付能力，但是未来趋势仍不容乐观，严重的社会保险基金偿付能力风险决定了制度改革已经刻不容缓。截至2010年底，我国社会保险基金个人账户记账金额达到1.9万亿元，其中做实账户仅2 039亿元，产生了约1.7万亿元的巨额缺口[①]。世界银行公布的一份报告中更预期，如按照目前的制度及模式，2001年到2075年间，我国社会保险基金收支缺口将高达9.15万亿元[②]。2011年12月19日，美国加州大学教授王丰预测，更为严重的是，随着我国人口结构的不断变化，我国人口红利窗口期将在2013年关闭。这比国务院发展研究中心金融研究所副所长巴曙松预测的2015年至少提前了2年。有关资料显示，我国1982年到2000年期间，近20年的经济增长期中，至少有15%是由于人口红利带来的。而在老龄化社会中，曾经的人口红利将逐步转化为人口负担，老龄人群由社会财富的创造者变为社会财富的消费者。更令人担忧的是“未富先老”的问题。据权威统计，其他国家与2005年的我国的老龄化比例一样的时候，以购买力指数为计价的各国的人均GDP分别是美国15 538美元（1943年），日本14 900美元（1972年），韩国16 256美元（1999年），而我国则是4 088美元（2005年）。另一方面，截至2011年底，我国5项社会保险基金累计结余总额2.87万亿元，其中社会养老保险基金累计结余1.92万亿元[③]。能否管理好

① 引自中国社科院世界社保研究中心2011年的相关研究，http：//finance.sina.com.cn/china/ 20120316/022911603351.shtml。

② 引自中国金融信息网（http：//www.cifinet.com/2004-6-v/jrzt_ylj.jsp）。

③ 来自人力资源与社会保障部网站（http：//www.mohrss.gov.cn/index.html）。

数额如此巨大的社会保险基金涉及社会的诸多方面，不但关系到我国经济是否能实现持续发展，而且对我国社会的长治久安有着极其重要的影响。由于社会保险基金收入的增速已经慢慢落后于支出的增速，加上历史原因产生的空账问题，社会保险基金偿付能力风险不断增大。面对居高不下的CPI，社会保险基金结余资金的保值增值形势不容乐观。地方社会保险基金投资渠道被限定为固定收益的银行存款和国债等投资方式，而我国股票市场作为相对灵活经营的全国社保基金的主要投资渠道表现也不尽如人意，基金委托代理投资管理等契约关系尚不完善，这都加大了社会保险基金投资运营风险。社会保险基金管理机构虽然在风险管理和内部控制体系建设上取得长足的发展，但是在组织机构控制、业务运行控制、会计控制和信息管理控制等方面的风险识别、分析和控制机制尚未建立，还不具备条件从内部控制对基金运营中承担的风险进行宏观和微观两个层面的全面管理。在社会保险基金风险管理体系中，外部相关主体包括立法机构、政府部门、广大参保人、利益相关者和社会中介机构还没有完全意识各自在风险管理体系中的角色，没有起到风险外部控制与外部监督力量应发挥的风险控制作用。

在这样的风险环境下，由于我国社会保险基金事业起步较晚，风险管理与内部控制相关制度体系不甚健全，没有发挥出在基金风险管理过程中的指导作用，制约了社会保险基金风险管理的效果和效率。同时社会保险基金风险管理与内部控制理论研究的探索少之又少，不但没有建立社会保险基金风险管理体系，而且社会保险基金内部控制体系中的业务风险控制、会计控制及外部控制的研究尚处于零散状态，也没有从风险识别、风险分析和风险控制的角度研究社会保险基金风险问题，很多可以量化的风险也没有找到具体分析方法，也就无法对风险进行应对。本书的选题理论意义就是把风险管理放在社会保险基金持续发展的首要位置，全面梳理社会保险基金风险管理与内部控制的相关理论和文献，提出社会保险基金风险管理相关概念，识别和分析社会保险基金管理中的风险，结合不同的分析方法对风险进行定性和定量分析，建立基于风险导向的内部控制体系。同时，还要逐步把社会保险基金运营管理推向市场，加强政府相关部门、广大参保人、利益相关者和独立审计机构等社会各界对社会保险基金的监管力度，切实从外部防范和降低社会保险基金面临的风险，保证基金的安全与完整。

本书对社会保险基金风险管理的研究和基于风险导向的内部控制与外部控制等核心问题的研究对于我国社会保险基金事业的发展和完善具有很大的实用价值。

第一，加强社会保险基金风险管理将促进市场经济的稳定增长和社会秩序的和谐安定。国家和社会从已有的社会财富中提存、积累并用以援助或补偿社会保障对象的资金，构成社会保障制度得以确立并能够解决特定社会问题的物质基础。社会保险基金即政府将财政收入的一部分加上劳动力收入的一部分用于未来参保人的生活消费支出。国外发达国家的社会保险基金支出占财政支出的比例一般都在50%以上，部分新兴发展中国家的社会保险基金支出占财政支出的比例也一般都在30%以上，但是我国的这一比例尚不足10%。因此，社会保险基金管理越好，用于社会公众支出的资金就会更充裕，参保人的消费支出就会更稳定。这在全球金融危机、外需持续萎靡的背景下刺激国内消费以拉动经济增长有着极其重要的现实意义。社会保险基金投资运营也将促进我国资本市场的稳定与成熟。同时，管理好社会公共基金，确保社会保险基金的安全与完整，保证参保人生活必需支出的及时足额发放，实现老有所养、病有所医，对我国社会保障事业发展和社会秩序和谐安定都有极大的促进作用。

第二，加强社会保险基金风险管理是社会保险基金管理机构健康发展的前提。社会保险基金管理机构承担着社会保险的全部基础性、事务性工作。近年来，随着社会保险各项体制改革的深入，社会保险基金管理机构的险种类别不断增多，涉及人数不断增加、基金规模不断扩大、信息化程度不断提高，要使社会保险基金健康有序地运作，就必须建立一套制度健全、责权明确、平衡制约、运行有序的风险控制机制，通过内部控制从源头上防范和化解风险，从外部对风险进行控制，把各项基金风险降低到最低限度。2008年，我国人力资源与社会保障部虽然出台了《社会保险基金管理机构内部控制暂行办法》，但是该办法在内部控制的很多问题上规定不够细致。本书则将这些问题进行深入研究，分析原因并提出解决方案，以期指导社会保险基金管理机构建立健全风险管理制度，规范业务运行工作，完善会计控制制度，加大外部控制力度，确保社会保险基金安全。同时，本书把社会保险基金管理机构分为收支经办与投资运营两种类型，分别分析其内部控制与外部控制的特点，提出“分而治之”的建议。这将极大地促进社会保险基金管理机构的健康发展。

第三，加强社会保险基金风险管理是保证社会保险基金信息真实完整以改善外部控制效率效果的基础。社会保险基金管理信息是用于反映社会保险基金各种业务活动与财务状况的，它是社会保险基金外部控制的依据。因而，社会保险基金管理信息的真实完整对于外部控制来说至关重要。我国社会保险基金管理信息主要包括两大类：第一类是财务会计方面的信息；第二类是其他相关业务活动方面的信息，比如筹集、支付与投资等业务信息。各级政府需要及时获得和占有准确的资料和信息，以便做出正确的判断和决策。同时，从世界范围内社会保险基金管理先进经验来看，社会保险基金市场化管理与参保人自主管理和监督已经是大势所趋。因此，只有通过提高社会保险基金管理水平，制定和执行恰当的业务控制程序，科学合理地划分职责范围，建立相互协调、相互制约的机制，才能保证基金信息和财务资料的真实、完整，提高社会保险基金外部控制的有效性。

因此，研究建立了我国社会保险基金风险管理体系，丰富了行政事业单位内部控制理论，识别和分析社会保险基金主要风险，梳理风险管理体系中的内部控制和外部控制的缺陷和不足，不但发展了我国社会保险基金风险管理理论，也为社会保险基金实务提供了相应的智力支持。

1.1.1　社会保险的概念界定

社会保险是社会保障制度的核心组成部分，对社会保障含义的理解有助于本书对社会保险概念的界定。我国社会保障的公认解释来自于1986年召开的全国第六届人大四次会议，将社会保障定义为国家通过立法，以强制手段对国民收入进行再分配，并以基金消费的形式对由于年老、疾病、伤残、死亡、失业及其他灾难发生而生活困难的社会成员进行物质上的补助，以保证其基本生活需要的一系列有组织的措施、制度和事业的总称。广义来说，社会保障的概念概括为各种通过立法和行政措施来保障社会成员基本生活需要的保障系统的统称，包括社会保险、社会救助、社会福利、社会优抚和医疗保健等。其中社会保险不管是从覆盖面还是从金额上来看都是社会保障的基础与核心部分。因此，很多学者将社会保障与社会保险等同，可见社会保险在整个社会保障体系中的地位。

社会保险的概念即为由于年老、疾病、工伤、生育、失业等原因，社会成员可能丧失或部分丧失劳动能力和劳动机会，此时国家提供相当数量的物质补偿与补贴，维系其基本生活的一种社会保障制度。需要说明的是，社会保险虽然是随着商业保险的发展到社会化阶段而产生的，并且与一般的商业保险都具有互助互济的性质，但是两种保险的本质有明显区别，不能简单地把社会保险混淆为商业保险的社会化产物。为了更有针对性地理解社会保险的概念，本书将对两者的含义进行三个方面的比较：第一，二者的目的不同。社会保险是由国家实施的社会保障，具有强制性和福利性的特点，目的是为人民提供基本的生活保障，享有国家财政的支持；商业保险则以保险业金融企业法人为主体实施，是一种经营行为，具有自愿性和营利性的特点，追求企业利润最大化，独立进行核算，自负盈亏。第二，二者保障服务范围和立法范围有很大差异。社会保险是一种社会保障制度，为了保障劳动者的基本生活需要，应属于劳动立法范畴，其保障范围一般由国家事先规定，因其具有社会保障的性质，保障服务对象特定，范围相对比较狭窄，保障水平也比较低；商业保险则是一般经济行为，其保障范围由投保人、被投保人和保险公司协商确定，商定的保障范围和水平体现在保险合同中，属于经济立法范畴。第三，二者的管理制度不同。社会保险由中央或地方政府统一领导，并授权给专门以政府事业单位形式存在的社会保险基金管理机构集中管理，属于国家行政事业单位管理体系中的一部分；商业保险则是以自主经营且相对独立的保险公司为经营主体，属于金融管理体系。由此可见，社会保险与商业保险在很多方面都有本质上的区别，尽管社会保险具有很强的保险性质，仍然不能按照商业保险的运作模式来统一管理。

1.1.2　社会保险基金的概念与特征

基金的广义概念是为开办、投资或发展某项事业而储备的资金或专门拨款。从相对狭义的角度，人们日常提到的基金概念单纯是指资本市场上的基金，即一种利益共享、风险公担的集合投资方式，由基金托管人负责发行和集中管理投资者的资金，从事各种形式的金融工具投资，取得投资收益和资本增值作为对投资者的回报。基金最早产生于18世纪末19世纪初的英国，在当时，随着第一次产业革命的成功，英国的工业总产值占世界工业总产值的三分之一以上，但是投资回报较低，而诸如美、德等资本主义国家已经开始进行工业革命，对资金的需求量巨大，英国政府为提高国内投资者的收益，开创了“外国和殖民地政府信托投资”基金，并由专业人士管理运作，投资到新兴资本主义国家资本市场获取巨额投资收益，这标志着证券投资基金的产生。随着基金的不断发展和成熟，成立基金的目的也得到了扩展，基金的目的不再只对准收益和回报，一些以保值和保障为目的的基金不断产生，成为保障或发展某项事业的战略储备，具有更加重要的意义。社会保险基金就是基金的一种特定形式。

2010年10月28日，我国正式颁布了《中华人民共和国社会保险法》（以下简称《社会保险法》），并于2011年7月1日正式施行。《社会保险法》作为我国社会保险立法的主体性法律，不仅规范了我国社会保险基金制度的基本内容，而且在很大程度上规范了整个社会保险基金管理的基本体系。社会保险基金是一种为丧失劳动能力、暂时失去劳动岗位或因健康原因造成损失的人口提供收入或补偿而建立的基金。社会保险基金由政府设立，强制某一群体将其收入的一部分作为社会保险税（费）形成社会保险基金收入，在满足一定条件的情况下，参保人可从基金获得固定的收入或损失的补偿形成社会保险基金支出。因此，社会保险基金是一种为了保证物质及劳动力的生产和社会稳定的再分配资金。社会保险基金分为五大类，包括社会养老保险基金、医疗保险基金、失业保险基金、工伤保险基金、生育保险基金。社会保险基金关系到整个社会的可持续发展以及和谐稳定，因此对社会保险制度的建立尤为重要。不但要在当期有效收缴和分配社会保险费用，更要对所积累的剩余资金进行合理的管理，使其克服通货膨胀、货币贬值等不利因素，从而实现保值增值以备未来加以分配。社会保险基金属于基本保障基金，是社会保障基金的重要组成部分。而社会保险基金管理是基金管理机构对基金收入和支出进行计划、控制、监督、考核等工作的总称，其原则是识别并规避资金营运过程中的风险，提高资金的投资回报率，从资金运动的角度划分，可分为筹集管理、支出管理和投资管理三个部分。根据以上定义，本书可知社会保险基金具有如下特征：

第一，社会保险基金具有强制性。

社会保险基金大至关乎社会发展的和谐稳定，小至与每个劳动者的切身生存保障息息相关。对社会保险的认真缴付，既是对每个公民或劳动者自身负责，也是在履行一份社会责任，为国家减轻财政负担。唯有通过国家立法，强制参与收入的再分配，才能保证劳动者公平享有社会保险基金的保障待遇，达到基金专项使用目的，保障参保人的权益，避免企业或个人逃避缴纳社会保险费的义务。这一特征也是社会保险基金区别于一般商业保险金的重要标志。

从缴费政策制定的角度来看，社会保险基金的缴纳更应具备强制性，并应严格遵守相关法律规定，保证劳动者的切身利益。目前，我国社会保险项目部分由地级市或县为统筹单位，地级市或县政府负责社会保险基金的管理和运行，并承担主要的财政补贴的责任，因此地方政府在社会保险基金的运行和管理上有很大行动空间。政府的工作重心往往落在经济增长最大化之上，这给地方政府在招商引资上提出了要求，一些政府为了短期的经济扩张不惜降低劳动力成本来吸引资金流入，而放松了社会保险费的征收工作。随着《社会保险法》的正式实施，参保人的社会保险利益保护将有章可循，进一步加强和完善社会保险基金的强制性特征，保证社会保险基金在法律体系下的有效管理。

第二，社会保险基金具有基本保障性。

社会保险基金成立的初衷在于，满足公民或劳动者解决生存困难的基本需要，保障效果作用于基本生活需要的层面。尽管根据个人贡献的不同，如劳动时间的长短、个人缴费数额的高低等，个人所享受的保险金额有所差异，但总体上是平衡的，并且所缴纳的金额需根据法律规定来确定，且有严格的比率控制。这一点不同于一般商业保险的以风险为衡量标准的多投多得，而是面向全体社会成员的、人人平等的，并通过政府统筹得以实现的公民基本生活保障。

20世纪90年代初期，我国的社会保险制度改革主要服务于以国有企业改革为中心的经济体制改革，减轻国有企业负担，从企业保险形式向社会保险形式转化。此时的社会保险是经济体制改革过程中的辅助型工具，主要目的在于解决职工养老问题的同时，维护改革过程中的社会稳定。随着进入21世纪，国有企业改革不断深入，社会主义市场经济的建立，社会保险基金的出现不仅单纯面向国有企业职工，而是面向每一个社会成员，作用也相应发生了改变，逐步转变成以社会公平为原则的基本保障制度，为广大社会成员提供基本的生活保障，并服务于社会主义市场经济的健康发展。随着我国社会主义发展进程的进一步推进，在应对人口老龄化，经济边际增长速率放慢等方面，社会保险基金的基本保障性特征将体现得更加突出并发挥更大作用。

第三，社会保险基金体现委托代理关系。

随着我国社会保险基金由“现收现付制”向“部分积累制”的转变，对剩余资金的管理和保值极具必要性。作为基金的收缴者、统筹人以及经济政策的制定者，政府自然是管理这部分剩余资金的最好选择，这就形成了资金的真正所有者公民与管理者政府的一级委托代理关系，政府部门再根据管理的需要，与相关金融机构建立基金的二级委托代理关系，从而更加有效地对剩余资金进行管理，并达到保值增值的目的。

社会保险基金所体现的公民与政府的一级委托代理关系，是由社会保险基金的社会性、强制性和基本保障性所决定的。政府的根本目的在于维护公民和社会的公共利益，这一点正与社会保险基金的现实意义相吻合。社会保险基金的所有权为广大参保者所有，即劳动者和自愿参保的社会成员，这一点决定了社会保险基金的代理方必须能够代表广大参保公民，并且不涉及自身的利益，即具有非营利性，因此政府作为代理方就是最佳的选择。尽管社会保险基金的管理运营权交给政府部门，但是资金的所有权属于参保人，政府作为代理方必须保证资金的安全，并在此基础上实现保值增值。政府部门不可将资金任意挪用，应合理收缴、支付和保管，实现专款专用，并按规定定期披露社会保险基金的财务状况。公民即参保人，作为社会保险基金的所有人和委托方，有权对社会保险基金收入、支出和投资状况进行了解和监督，以检查代理方的受托责任完成情况，从而确保自身利益不受侵害。

1.2 社会保险基金风险管理基本理论

1.2.1 社会保险基金风险管理的概念界定

社会保险基金作为社会财富矛盾的主要调节工具，已经成为世界各国经济社会体制中极其重要的一部分。在我国，社会保险基金由国家政府行政事业单位负责日常经办和管理运营，从政府角度来看，社会保险基金制度和执行层面都是风险管理的范围。如何识别社会保险基金管理中风险的种类，对风险程度和原因进行分析，采取相应的应对措施，将成为政府风险管理体系中关键的组成部分。政府拥有法定的最权威的强制性权力，控制着以行政系统为主体的最庞大的组织资源，掌握着以财政为主体的丰富的经济资源，政府责任最终将体现在公共权力的合理运用、组织系统的良性运作和经济资源的优化配置上。政府作为社会公众利益的代表，必须要承担起社会保险基金对参保人等利益相关者的保护义务，在风险管理体系中具有不可推卸的责任。随着人口老龄化，社会保险基金已成为许多发达国家最重要的财政活动，政府在社会保险基金中不仅充当着组织管理者、资金补贴者和风险承担者等重要角色，而且相关政策、制度等还直接影响着企业、社会团体和广大参保人的决策。由于我国社会保险基金的历史问题和现实情况，财政需要每年对基金进行专项资金支持，以保证偿付义务的履行。因此，在实务工作中，社会保险基金管理机构作为政府体系的一部分，应该具体地分析基金管理中的各种风险因素和基金风险管理目标、手段和策略，负责风险管理中的风险识别、风险分析与度量和风险控制的具体工作的计划、组织和实施的职能。

2004年COSO的《企业风险管理框架》提出了全面风险管理的概念，全面风险管理要求组织治理层、管理层和基层人员共同参与，在组织战略目标的指导下，识别导致组织利益损失的各种风险，对风险进行规避或者降低到组织的容纳范围内。具体来说，风险管理包括八个相互关联的构成要素：内部环境、目标设定、事项识别、风险评估、风险应对、控制活动、信息与沟通和监控。本书从中提炼出风险管理的一般性内容，即风险管理是为保证主体目标顺利实现的，贯穿于主体管理全过程的风险评估、应对和控制的全过程。风险管理贯穿于管理过程的各个方面，其目的是要及时地识别风险、预测风险以及规避风险并降低风险可能造成的不良影响，并控制在最低的限度内。结合社会保险基金的资金运动过程，社会保险基金在资金的筹集、资金的支付以及资金的投资运营环节中均有客观的风险存在，从这个角度来说，对社会保险基金风险管理就是识别、分析、应对并控制这些客观风险的过程，保证社会保险基金偿付能力并实现基金保值增值的目标。

结合前文对风险管理和社会保险基金的相关概念，本书对社会保险基金风险管理的概念加以界定。社会保险基金风险管理是指由社会保险基金的管理机构和其他相关部门与人员共同实施的，作用于社会保险基金资金运动全过程的，通过识别、分析可能会影响社会保险基金安全完整的管理风险或潜在事项以对其进行控制和规避，从而实现社会保险基金保值增值等的一系列管理过程。社会保险基金的资金结余部分主要来源于社会保险基金收支的差额与财政划拨的全国社保基金，并要求通过多种投资方式以实现资金保值增值的目的[①]。同时，社会保险基金收支差额的变化也导致偿付能力风险的变化，多种投资方式也有其不同的投资风险。因此，构建社会保险基金风险管理体系，强化基金运营中的风险意识，有效地识别并规避社会保险基金偿付能力风险和投资风险，加强社会保险基金内部风险控制及其外部风险控制均显得尤为重要。

从社会保险基金风险管理来看，社会保险基金的顺利运行必须以一套有效的内部控制系统作为基础。由前文可知，社会保险基金的管理机构狭义上来说包括全国社保基金理事会、各地社会保险基金管理机构和财政、税务等相关业务部门。从社会保险基金筹集与偿付的角度来看，具体业务涉及各地社会保险基金管理机构、全国社保基金理事会、财政与税务相关部门。从社会保险基金投资运营的角度来看，具体业务不但涉及全国社保

① 我国社会保险基金收支实行“部分积累制”，即收取并支付当期社会保险费用的同时，社会保险基金会形成结余，作为国家的战略储备，为投保人的未来基本生活实施保障，促进社会保险基金的持续健康发展。

基金理事会和各地社会保险基金管理机构，还包括基金公司等其他金融性机构。这些机构既有以营利为目标的投资机构，也有非营利的政府部门，它们各自独立却又相互联系和制约，这些部门之间和自身就构成了涵盖社会保险基金内部控制的整体系统。一方面，在社会保险基金筹集与支出的整个系统中不同机构自身目标的差异决定了社会保险基金内部控制的必要性。政府部门与社会机构的重要差异在于组织目标的不同，政府不以营利为组织目标，但社会机构则以营利为一切活动的出发点，不同政府部门的绩效考核指标不同，也会使不同政府部门的工作目标存在差异。这些差异就决定着社会保险基金在分配权力责任的同时，应对不同机构间的权力进行有效地相互制衡，并实现利益牵制，以此建立和完善一整套社会保险基金内部控制机制，从而达到社会保险基金工作在不同机构间实现“殊途同归”。另一方面，社会保险基金的投资运营也决定社会保险基金内部控制的必要性。随着社会保险基金保值增值任务的加剧，社会保险基金投资工作逐渐委托给社会管理公司负责，加速了进入资本市场的脚步，这也扩大了社会保险基金的内部控制范围。近年来，国外和国内一系列因内部控制失效而导致的投资风险失控案例使人们对组织的内部控制更加重视，这一点对于身为机构投资者的社会保险基金更加重要，即建立一套完整有效的内部控制机制，以提高机构效率，降低投资风险，使诸如管理公司等利益相关者与社会保险基金的公共利益之间消除矛盾。综上所述，建立并健全社会保险基金风险管理体系对于基金的安全完整、健康发展尤为必要。

1.2.2 社会保险基金风险管理的必要性

社会保险基金是将由于未来偿付而收取的社会保险费以基金形式进行管理，具有强制性、基本保障性和政府与公民一级委托代理关系的特征，这些特征决定了社会保险基金在管理的过程中亦具有区别于一般基金的特殊性。首先，社会保险基金的强制性赋予了社会保险基金管理的严肃性和规范性。社会保险基金体系是社会保障制度的核心组成部分，直接决定参保人的基本生活保障乃至于整个社会的和谐与稳定。随着2011年7月1日《社会保险法》的正式实施，社会保险基金也开始了执法阶段，为强制性的特点提供了法律解释，使社会保险基金管理有法可依。社会保险基金风险管理既包括基金收支与结余资金的日常管理，还包括社会保险基金事前预算管理、事中会计管理、事后决算管理以及中长期发展规划的基金偿付能力和投资管理。因此，强制性贯穿于社会保险基金管理的整个过程之中，一方面要求社会保险基金管理机构以及人员态度端正，确保参保人的基本权利的实现，另一方面要求社会保险基金管理应严格遵照相关法律法规，不得随意管理，滥用职权。其次，社会保险基金的基本保障性赋予了社会保险基金管理的公平性和非营利性。社会保险基金讲求权利与义务对等的原则，且不同于一般商业保险的多投多得的性质，这就决定了社会保险基金的管理应秉承公平原则对待每一位参保人，特别是对待城市和农村人口，不应带有感情色彩，只要参保人符合享受保险的条件就应及时偿付，以保障其基本生活的需要。同时，社会保险基金管理不应以营利为目的，尽管社会保险基金结余部分需要进行投资运营，但也是以基金自身的保值增值为目标，并非以基金外主体获利为目的。只有保证社会保险基金管理的非营利性，才能使管理过程中去除管理部门的利益，保持公平和公正。最后，社会保险基金体现委托代理关系，赋予了基金管理的透明性和公共性。广大参保人拥有社会保险基金的所有权，并委托社会保险基金管理机构负责基金的管理工作，形成了委托代理关系。委托方对社会保险基金的管理有知情权和监督权，有权利要求代理方公布管理信息，以此对代理方的工作行使监督权，这一点也在《社会保险法》中有明文规定[①]。因此，社会保险基金风险管理对社会保障制度的落实具有诸多方面重要的实际意义，具体如下。

第一，社会保险基金风险管理是保证社会保险制度落实的有效手段。

政策的有效落实是保证政策效果实现的基础，社会保险制度致力于解决我国由于人口基数大、老龄化趋势产生的公民基本生活保障问题，这一制度的有效与否必须经过实践的充分检验，这就要求社会保险制度应根据规定有效落实。社会保险基金的管理就是保证社会保险制度落实的重要手段，高效的管理不但能充分体现社会保险制度的效果，更能推动社会保险制度的发展和完善。通过发现并及时解决社会保险基金管理过程中实际发

① 《社会保险法》规定社会保险基金管理机构应定期对管理情况进行披露，主动接受全体参保人等社会各界的监督，确保会计等管理信息透明和公开，保证社会保险基金管理效率和效果。

现的问题，能够提高管理的效率和效果，实现权责更加清晰，社会资源更加整合，通过不断总结和探索社会保险基金管理的理论和经验，从而把握管理过程中的规律，为制度完善提供宝贵意见。

第二，社会保险基金风险管理是我国社会主义市场经济科学发展的效率保证。

坚持改革开放和社会主义市场经济是我国经济发展的基本原则，从发展的历史来看，市场经济不断发展为我国带来了众多经济效益的同时，也造成了诸如竞争压力的增大、个人收入差距显著、物价上涨、社会生活成本过高等很多突出的社会性问题。在这种严峻的形势下，我国从20世纪80年代就不断建立和完善社会保障制度。我国21世纪以来的人口继续增长和老龄化趋势不断明显，对我国的社会保障制度提出了更高的要求。社会保险基金作为社会保障制度的核心组成部分，应加快改革和发展的步伐，而实现与经济发展相适应的目标就需要社会保险基金管理过程不断完善，以提高基金运行的效率、效果。同时，社会保险基金管理更应以科学发展观为指导原则，统筹兼顾，协调效率、公平和可持续发展的关系，从而为我国市场经济的发展发挥更好的保障作用。

第三，社会保险基金风险管理是政府风险管理的核心组成部分之一。

我国社会保障管理体制正由传统的政府主导型向政府参与型、社会自治型转变。政府在社会保险基金管理中所处的核心和主导地位毋庸置疑，作为广大参保人的代理人，政府有义务保证社会保险基金的健康发展。随着我国社会保险基金逐步由现收现付制向部分积累制转变，资金结余部分逐渐增加，其保值增值工作变得更加必要，政府为了提高效率和节约成本，将这部分资金的投资运营委托给专业投资管理机构负责，从而形成了社会保险基金的次级委托代理的契约关系。这一委托关系的出现，也改变了政策在社会保险基金管理过程中的任务，从单纯的直接管理者逐步扩大成为监管者，成为社会保险基金管理的参与者之一，但仍然处于主导地位。政府的这一转变，增强了公共事业管理中社会的参与度，突破了单纯由政府主导实施的传统方式，也有助于公共事业管理过程对社会公平的体现。当然，由于专业投资管理机构的营利性与政府的非营利性存在性质与目的上的双重差异，在次级委托代理关系中，政府应加强对社会保险基金管理效率和经营风险的监管，并通过合理的权责分配实现相关管理机构间的制衡，确保社会保险基金管理的低风险、高效率运行。社会保险基金的管理状况是我国政府公共事业管理效率的一种重要具体体现，通过对社会保险基金管理理论与实践的完善，有助于我国政府公共事业管理能力的提高。

1.2.3　社会保险基金风险管理的原则

社会保险基金风险管理的原则是连接内部控制理论与实务的桥梁，为社会保险基金建立与实施内部控制以及评价内部控制的有效性确立了标准。刘永泽（2012）认为，政府部门内部控制的原则包括全面性原则、重要性原则、制衡性原则、适应性原则和权责一致原则。本书根据风险管理与内部控制的区别和联系，结合社会保险基金管理机构与政府部门的关联，提出社会保险基金风险管理的原则。

（1）全面性原则

全面性原则强调社会保险基金风险管理应当贯穿决策、执行和监督的全过程，覆盖基金管理机构及其所属单位的各种业务和事项。行政权力按照其属性可以划分为决策权、执行权和监督权，行政权力的这种划分符合我国当前包括社会保险基金管理机构在内的行政事业单位体制改革的核心思想。全面性原则强调风险管理应当贯彻决策、执行和监督全过程，即要求社会保险基金管理机构的决策要科学民主、执行要强调效率、监督要有力有效。全面性原则强调风险管理范围主体要覆盖所有的部门和下属单位，包括本级各职能部门和二级单位，同时也包括所有部门和单位各层级的全体员工，风险管理的客体要涵盖各项业务和事项，包括收支管理、投资管理和日常会计核算控制等。因此，全面性原则是将相关控制渗透到决策、执行和监督的各个过程，避免存在风险管理盲区，实现全面、全员、全过程风险管控。

（2）适应性原则

适应性原则要求社会保险基金风险管理应当与管理机构规模、管理模式、业务范围和风险水平等相适应，并随着情况的变化加以调整。按照我国宪法的规定，我国地方社会保险基金管理机构分为国务院的人力资源与社会保障部、省级政府的人力资源与社会保障厅、县市级政府的人力资源与社会保障局下属的社会保险基金管理机构，不同级次的管理机构规模和管理模式都差异很大。此外，负责社保基金投资的全国社保基金理事会管理模式也和传统事业单位完全不同，风险管理的建立与实施要考虑这些差异，将不同级次的政府部门按照其规模和管理模式分别建立和实施管理机构内部控制与外部控制，并兼顾不同的业务范围和风险水平。

（3）制衡性原则

社会保险基金风险管理应当在治理结构、机构设置及权责分配、业务流程等方面相互制约、相互监督，同时兼顾运行效率，实现服务目标和公益目标。相互制衡是建立和实施风险管理的核心理念，制衡性原则主要体现为不相容机构、岗位和人员的相互分离和制约。制衡性原则强调行政权力、机构设置、岗位设置和人员安排的制衡，减少滥用职权和串通舞弊的机会，将社会保险基金管理运营中的风险控制在合理的范围内。但是，制衡性原则的目标不是为了制衡而制衡，其根本目标是提高基金运行效率。

（4）权责一致原则

权责一致原则是指社会保险基金在决策、执行和监督过程中掌握的权利要与承担的责任相一致。权责一致原则不仅强调权利和责任相匹配，也强调权利和责任的强度相对等。按照委托代理理论，社会保险基金管理机构代表全体参保人来管理基金，从而掌握着公共权利，不同部门管理的事务不同，其掌握的权利也相应不同。因此，只有做到权责一致，才能保证财权与事权的匹配，才能有效地履行社会保险基金的公共职能，创造巨大的社会效益。

（5）重要性原则

社会保险基金风险管理应当在全面风险控制的基础上，关注重要业务事项和高风险领域，切实防范重大风险。重要性原则强调建立与实施风险管理体系时应当突出重点、兼顾一般，着力防范能对社会保险基金产生重大影响的重大风险。

1.2.4 社会保险基金风险管理三维体系

社会保险基金风险管理是在基金管理经营过程中，识别、分析各种可能造成潜在影响的风险事项，并在其风险偏好范围内进行风险控制和应对，从而为社会保险基金经营目标的实现提供合理保证的体系，具体表现为认真分析风险、有意识地承担风险、科学地管理风险、稳妥地获取风险收益。既要从整体角度分析风险，因为风险管理不是简单地将各部门面对的风险进行汇总，而是集中研究各个部门风险的整体效应，并从宏观层面进行风险分析，因此，风险管理贯穿于包括事前、事中和事后等组织运营的整个过程（如图1-1所示）。根据系统理论、集合理论和相关文献回顾，本书提出社会保险基金风险管理三维体系，搭建起相关概念框架。社会保险基金风险管理三维体系包括风险管理目标、风险管理范围和风险管理流程。

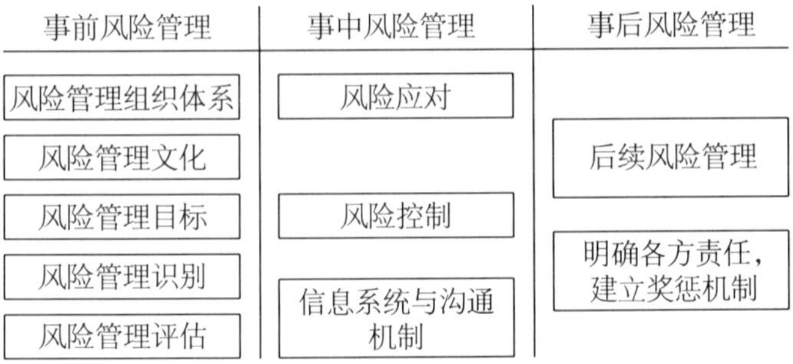

图1-1　社会保险基金风险管理流程

（1）社会保险基金风险管理三维体系的理论应用

在社会保险基金风险管理三维体系中，应用了很多经典理论，主要有委托代理理论、系统论理论、集成理论和预警理论。

第一，集成理论为社会保险基金风险管理三维体系的建立提供理论支持。根据集成理论，本书在社会保险基金风险管理研究中，有目的、有意识地比较、选择和优化风险控制目标、风险分析方法和应对体系等集成要素；按照内外环境分析起点、流程规范社会保险基金内外风险的分析、识别、度量和控制，建立健全内部控制与外部监督体系，发挥集成要素优势；集成后的整体框架使社会保险基金在内部与外部风险控制的效率和效果得以保证或成倍增长。集成理论还有助于社会保险基金风险管理信息化，不但对于构建社会保险基金内部控制体系中的信息沟通具有重要意义，也有利于健全社会保险基金外部监管机制。集成活动是在系统的不同层次上展开的，不同层次的集成方式各不相同，层次性是集成的主要特征之一。社会保险基金风险管理信息化应划分为三个层次：一是技术层次的集成，是指用于系统集成的各类信息技术的集成应用，包括实现信息系统的协同、交互和集成过程中所采用的各种数据交换技术、应用集成技术等；二是信息系统资源的集成，指应用系统集成技术对组织中各个独立的信息系统进行的集成，以实现数据和信息的充分共享和一致，包括信息资源的集成、应用系统的集成以及技术平台的集成等；三是业务层次的集成，指对某一业务要素或多种业务要素通过有目的、有意识的比较、选择和优化而形成的一个有机整体的过程。在组织风险管理信息化中，包括流程、组织及控制的集成，业务层次的集成贯穿于信息化应用的全过程。在信息系统环境下，技术层次集成是信息系统资源集成的基础，信息系统资源集成又为业务层次的集成创造了条件，三者必须协调配合，信息化应用工作才能发挥整体功效。

根据集成理论，本书从社会保险基金内部控制和外部控制两个角度，将影响风险管理的各项要素有机地集成为一个科学有效的风险管理体系，该体系贯穿于风险管理的风险识别、风险分析和风险控制三个环节，集成了全国社保基金和各地方社会保险基金两个体系的内外风险，克服了之前研究普遍从单一体系去研究社会保险基金风险管理无法顾全大局的缺陷，真正发挥了整体优势，促进了社会保险基金整体利益的实现。

第二，系统论理论是社会保险基金风险管理三维体系的核心思想，基金风险管理过程既受到内部控制因素影响，又受到外部控制因素约束，而两种控制又构成了整个风险管理系统。社会保险基金风险管理体系同样不可避免地受到系统外部环境和内部环境的重大影响。外部环境包括立法环境、政策环境、参保人因素、利益相关者和社会中介机构等，而内部环境包括社会保险基金管理机构机构设置、岗位职责、管理控制与财务控制方法、风险分析方法、信息与沟通和内部监管等。因此，构建社会保险基金风险管理体系的过程中，要以系统论理论为依据，综合考虑内部和外部因素的影响，将内部风险与外部风险作为一个体系有机整合，既达到社会保险基金的管理目标，也实现政府和参保人的委托责任。同时还要注意社会保险基金内部控制体系、外部监管体系与信息系统体系的协调，共同组成整体风险管理体系，实现社会保险基金管理目标最大化。

第三，委托代理理论很好地解释了社会保险基金风险管理中外部控制的作用。参保人和参保单位向政府缴纳社会保险费，政府则委托社会保险基金管理机构对资金进行管理，而基金管理机构又将资金委托给专业的基金管理公司去投资运作。在这双重委托代理关系中涉及三个主体，整个体系中也会产生相应的代理风险和逆向选择问题。因此，社会保险基金管理机构为了应对风险建立内部控制体系以控制基金管理公司的代理风险，政府也通过外部控制等一系列激励和监管实现对基金管理机构的代理风险控制。这主要是由于社会保险基金风险管理的经济后果会波及整个社会保险基金的安全甚至整个国家的经济利益，可能会造成潜在的不利影响，因此政府作为社会保险基金的举办人和出资人是社会保险基金委托人，必须加强对社会保险基金管理机构的外部监管。在外部控制体系中，参保人也作为委托人必须要进入监管角色。同时，社会保险基金管理机构作为委托代理关系中的代理者，应该认真履行受托责任，针对社会保险基金管理过程中面临的委托代理风险，进行风险识别、风险度量和风险控制活动。因此，社会保险基金管理机构要建立内部控制体系，对受托基金管理公司进行风险控制，保障资金安全，实现委托代理双方的利益最大化。社会保险基金风险管理体系的构建需要考虑委托代理问题，将协调、监控委托代理关系的内容贯穿于风险管理体系之中。

第四，预警理论对社会保险基金风险管理有很好的指导作用。根据预警理论，本书可以更好地明确社会保险基金风险管理的流程，识别风险管理过程中可能存在的各种风险，建立多种风险的指标分析体系，将风险度量出来，并以此作为风险预警机制的核心部分，对于超过警戒线的风险要进行重点关注，及时发现风险，采取应对措施，合理分析各类风险类型，准确预测分析风险带来的损失程度，以规避风险、降低损失。

（2）社会保险基金风险管理目标

社会保险基金管理运营目标是一切内部控制活动的基础，有了目标，实际工作才具有方向性，工作效果才有评判优劣的标准。从社会保险基金内部控制的必要性出发，本书可以将社会保险基金内部控制的目标概括为“三个保证，一个提高”，即保证社会保险基金管理运营的合法合规，保证社会保险基金的战略目标顺利实现，保证社会保险基金管理机构披露的财务报告及相关信息真实完整，提高社会保险基金的运营管理效率和效果。

第一，确保社会保险基金管理过程合法合规，是实现社会保险基金风险管理其他目标的保证。这一目标具体是指社会保险基金的管理机构不得违法经营，必须遵守社会的基本规范，包括法律规范和道德规范，必须在法律允许的范围内展开社会保险基金的管理运营活动，而且要肩负社会责任，不能以牺牲参保人的利益为代价。遵守法律法规是一切活动的前提，也是实现其他目标的基础和保证。这一目标的实现有赖于对社会保险基金管理机构与人员相关法律法规的普及、培训，管理机构办事流程的合理安排以及管理机构之间和自身内部权责明晰的分配。

第二，保证社会保险基金战略目标顺利实现，是社会保险基金风险管理的主要目标。资产作为社会保险基金存在的主体形式，保证资产的安全完整就是保证参保人的权益不受侵害。作为具有专项用途的资金，社会保险基金的主要用途是偿付社会保险费用，在确保完全偿付社会保险费用之后，基金的结余部分再通过投资的形式实现保值增值。资金的投资也是在确保安全的前提下，通过对风险的合理规避实现收益的，而不会一味追求高收益，令资金承担过高的风险，威胁资金的安全。这一目标的实现，需要社会保险基金会建立完善的资金管理制度，明确各个环节资金管理人员的职责，并应根据制度的要求定期对资金的财务状况进行检查，并在日常管理中加强基金管理机构对资金安全的重视度。

第三，保证社会保险基金管理机构披露的会计及相关信息真实完整，是实现内部管理透明化和监督社会化的信息保障。具体来说，这一目标的提出，不但为了社会保险基金管理的需要，同时也是内部信息外部化的需要。社会保险基金管理机构不仅需要对基金的经营成果、资产状况和现金流量等日常财务信息进行分析和处理，还要对偿付能力和投资能力等影响未来财务状况的因素进行预测和风险防范。在这个过程中，社会保险基金管理运营数据等信息就显得格外重要。另外，广大参保公民有权对社会保险基金的运营情况进行了解和监督，财务及相关信息则能直观地展现出社会保险基金的收支状况和投资运营成果，从而使公民了解政府管理机构对社会保险基金的受托责任完成情况。这一目标的有效实现是政府公信力的表现，也是社会走向成熟的标志。政府部门预算开支、“三公经费”等财务信息向社会的公开，标志着我国政府管理正趋于透明化，但是这些都建立在所披露的信息真实完整的基础之上，只有及时且真实的信息披露才能真正起到社会监督的作用。该目标的实现依赖于政府管理机构的职业道德和专业水平，以及管理机构内部审计机构的独立性，当然，还可借助外部审计机构对其真实性进行分析。

第四，提高社会保险基金的经营效率和效果，可谓是社会保险基金风险管理目标中最直接的一个，有效的风险管理体系可以从不同方面提高社会保险基金的运营效率和效果。首先，通过明确权责划分，精简组织机构，实现各部门和各工作环节之间的密切配合，协调一致，从而充分有效地使用资源，提高社会保险基金的运营绩效。其次，通过完善内部控制，建立良好的信息和沟通体系，可以使信息在社会保险基金管理机构和地方社会保险基金管理机构间有效地流动，从而降低各部门间信息的不对称性，更加高效地对社会保险基金业务进行处理。最后，可以建立内部考核机制，通过对基金征集、支出和投资等相关部门和部门内员工进行工作考核，并结合相应奖罚机制，起到激励和促进作用，实现整体工作效率的提升。这一目标充分体现出了有效的风险管理对社会保险基金管理机构发挥的积极作用，是社会保险基金风险管理目标与其管理运营目标的结合，也是在建立和完善内部控制过程中所投入成本的回报所在，因此，社会保险基金风险管理因其占用资源、耗用成本而不受重视，反遭忽视的态度是不可取的。

（3）社会保险基金风险管理范围

按照全文对社会保险基金主要环节的介绍，社会保险基金风险管理主要应用在筹集、支出和结余资金投资环节。由于各个环节均涉及不同的部门，社会保险基金风险管理范围必须具体到实施主体。本书按照社会保险基金不同的业务类型、不同的管理机构和体系及不同的外部控制主体将风险管理范围界定好。本书根据前文对内部控制和外部控制的理论和文献回顾，认为风险管理范围应该结合组织内部风险控制体系建设和外部风险控制机制。因此，本书将社会保险基金风险管理范围界定为内部控制和外部控制。而内部控制又根据不同的业务类型和管理体系，分为社会保险基金经办机构内部控制和投资运营机构内部控制。本书将按照这样的风险管理范围，对社会保险基金风险管理进行风险识别、风险分析和风险控制，以达到社会保险基金风险管理的目标。

从内部来看，社会保险基金管理机构建立的内部控制体系作为风险管理的实施主体，内部控制要素也是社会保险基金管理机构建立和实施风险管理的基础。总体上来说，社会保险基金管理机构包括五个要素，分别是内部环境、风险评估、控制活动、信息与沟通和内部监督。第一，内部环境决定了内部控制的基调，是社会保险基金管理组织机构建立和实施内部控制的基础，影响着内部控制的各个方面。本书认为，社会保险基金管理机构内部环境包括：制度规范、治理结构、机构设置、权责分配、人力资源政策和组织文化等。具体来说，社会保险基金制度规范作为内部环境建设中的标准，奠定了整个内部控制的基础。组织架构是明确内部各层级机构设置、职责权限、人员编制、工作程序和相关要求的制度安排。组织架构在内部环境中处于基础地位，包括治理结构、内部机构设置和权责分配。治理结构主要包括决策机构、执行机构和监督机构以及这三者之间的权责分配。人力资源是内部环境的重要组成部分，是社会保险基金风险管理的人力支持。在内部控制系统中，人既是实施内部控制的主体，又是内部控制的控制对象，即内部控制的客体。组织文化是指在社会保险基金管理机构内部逐渐形成的为整体团队所认同并遵守的价值观、管理意识和文化精神，以及在此基础上形成的行为规范的总和。第二，风险分析的任务是对社会保险基金全部重大风险进行识别和分析，而且是一个重复不断的过程。本书认为，社会保险基金面临的风险可以分为宏观和微观两个层次的风险，其中偿付能力风险、投资运营风险和外部控制风险作为宏观层面风险，而微观层面风险主要在会计控制风险中体现。第三，控制活动是帮助确保社会保险基金风险控制得以实施的政策和程序。控制活动的发生贯穿于整个社会保险基金管理机构，遍及各个层级和各个职能机构。它们包括一系列不同的活动，例如授权审批控制、不相容职务分离控制、会计系统控制、财产保护控制、预算控制和绩效考评控制等。第四，信息与沟通贯穿于内部控制体系的内部环境、风险分析、控制活动和内部监督四个要素中，同时又是实现这四个基本要素的重要工具，为内部控制的有效运行提供信息保证，从而有助于提高内部控制的效率和效果。社会保险基金管理机构应当收集各种相关信息，包括内部信息和外部信息，并对收集的信息进行合理筛选、核对、整合，以提高信息的有用性，并在内部各管理级次、责任单位、业务环节之间，以及管理机构与财政部门、税务部门、审计部门、监管部门、参保单位和个人、中介机构和新闻媒体等有关方面之间进行沟通和反馈，信息沟通过程中发现的问题，应当及时报告并加以解决。社会保险基金管理机构应当建立一套有效的机制和制度提高信息的有用性和沟通的有效性，包括建立内部报告制度、建立反舞弊机制、建立岗位责任制、建立内部控制的信息化系统。第五，内部监督是社会保险基金管理机构对其内部控制的健全性、合理性和有效性进行监督检查与分析，形成书面报告并做出相应处理的过程。建立的内部监督制度应当包括如下方面：内部控制评价制度、内部审计制度、党委纪检和监察制度、绩效考核制度。从外部来看，由立法机构、政府部门、参保人、利益相关者、中介机构等构成社会保险基金外部控制体系也同样作为风险管理的实施主体。刘永泽（2012）认为，外部控制是相对于内部控制而言的，指的是组织外部的组织对组织施加的一种控制行为。社会保险基金外部控制主要是以社会保险基金管理机构外部的立法监督、政府监督、参保人监督、利益相关者监督和独立中介机构的鉴证等要素综合完成的，并以外部审计监督作为社会保险基金监督体系的重要组成部分，对社会保险基金风险进行应对。

因此，本书将社会保险基金风险管理的风险因素归纳为组织机构控制风险、偿付能力风险、投资运营风险、会计控制风险、信息管理风险和外部控制风险。在风险识别、风险定性分析和风险控制等流程中对这六大风险进行梳理和分析，提出整体和具体风险控制措施。

（4）社会保险基金风险管理流程整合

社会保险基金风险管理流程主要是将风险要素进行整合，按照先后顺序排列而成。按照全面风险管理理论，社会保险基金风险管理体系应包括相互关联的八大要素，各要素贯穿于风险管理全过程，为实现基金管理目标提供保证。第一，内部环境，主要是在社会保险基金风险管理组织机构中建立完善的内部控制制度，树立良好的风险管理理念，营造出色的风险管理文化，为其他风险管理要素的实施打下环境基础。第二，目标制定。基金管理公司必须首先确定社会保险基金管理目标，才能够在此基础上确定对目标的实现具有潜在影响的各种不确定因素。第三，事项识别。风险管理要将可能导致损失的风险事项识别出来，主要包括：因信息和资料使用不妥当致使决策失误；会计核算资料不够完整准确；资产保护不完善；基金信誉受损；基金组织决策、计划不合理；存在违法或违规行为；资源利用低效；目标和任务不能及时完成等等。第四，风险分析。风险分析应该建立在社会保险基金管理公司对风险事项的充分识别基础上，从定性与定量两个主要方面，主要围绕风险的动因、概率和影响进行评估。第五，风险反应。风险反应可以分为承担风险、分担风险、降低风险和规避风险四类。对于每一项重要的风险，社会保险基金管理公司都应考虑所有的风险反应方案，将风险发生的可能性和影响都控制在容忍度之内。第六，控制活动。控制活动是为了实现风险应对效果而实施的相关政策和程序，存在于社会保险基金管理的各个层面，一般包括实施政策和与之配套的程序。第七，信息和沟通。社会保险基金管理机构应该以定期形式对内部和外部的相关信息进行确认、计量和报告，以保证社会保险基金管理机构的所有环节能够恰当履行各自职责。第八，监控。对社会保险基金风险管理的监控是指分析风险管理要素的内容、运行以及执行质量的过程，具体来说，可以通过持续监控预警和个别风险评估两种方式来进行，确保风险控制流程及时高效。

结合以上分析，本书将按照社会保险基金风险管理的实际情况，对全面风险管理理论的八个要素进行整合，认为完善的社会保险基金风险管理体系应将风险管理视为闭环型的流程管理，包括风险识别、风险分析、风险控制三个主要流程，按照逻辑层级依次推进并循环往复，在整个过程中还要持续进行风险监控和预警。

第一层级为风险识别，即确定何种风险可能会对社会保险基金产生影响，并以明确的文档描述这些风险及其特性。一般而言，风险识别是一个反复进行的过程，应尽可能地全面识别可能面临的风险。这一过程是分析风险和应对风险的基础，系统全面的风险识别可以做到“防患于未然”，有效地对潜在风险进行合理预期和检查，从而提高社会保险基金抵御风险的能力。对风险进行分类和归纳是风险识别中常用的方法。风险分类应当反映出社会保险基金行业属性或应用领域内常见的风险来源。例如，技术方面的风险、时间安排方面的风险及财务方面的风险等。根据积累的风险数据和信息，特别是在风险管理过程中形成的数据集合风险管理知识库，可以较为完整地开发和编制风险检查表。检查表的好处是提高了风险识别过程的效率。社会保险基金风险管理要求广泛、持续不断地收集与社会保险基金各项风险和风险管理相关的内部、外部初始信息，包括历史数据和未来预测，查找社会保险基金管理各业务单元、各项重要经营活动及其重要业务流程中风险是否存在和风险种类。应把收集初始信息的职责分工落实到各有关职能部门和业务单位。

第二层级为风险分析，即评估已识别风险可能的后果及影响的过程。风险分析则涉及被识别风险的重大程度、风险发生的概率和风险控制方法，是风险识别后的主要任务。风险分析是量化风险的过程，将识别出的事项进行理性判断并得出相应的应对措施，为具体的控制活动提供行动依据和参考。风险分析过程对风险的衡量标准值得重视，需要结合具体机构和事项本身，应考虑对风险的容忍程度，从而达到在风险控制过程中的资源合理分配，降低风险管理成本的效果。风险分析可以选择定性分析或定量分析方法，进一步确定已识别风险对社会保险基金的影响，并根据其影响对风险进行排序，确定关键风险项，并指导风险控制计划的制订。风险指标体系是一个有效的风险分析模型，主要用于表征社会保险基金的风险程度。该体系根据风险识别和风险分析的结果，运用数学模型计算得到一组量化的风险指数，从而实现对风险的量化反映及横向校核，并监控风险管理的绩效。具体来说，社会保险基金管理机构对在风险识别过程中收集到的风险管理初始信息和社会保险基金各项业务管理及其重要业务流程进行风险评估。社会保险基金风险评估包括风险度量、风险分析两个步骤。评估过程中应将定性与定量方法相结合，定性方法可采用人员访谈、专家咨询、情景分析、政策分析、问卷调查、集体讨论等。定量方法可采用数理统计方法（如ARMA与VAR模型）等在各种统计软件中实现。

社会保险基金风险定性分析是将风险识别流程中整合后的风险以定性的方法进行分析，主要采用专家咨询、情景分析、政策分析和实地访谈的方式对风险进行现状描述和原因分析，对社会保险基金主要风险进行定性分析，为定量分析做好充分的论证。对社会保险基金风险进行定量分析时，应建立各种风险的度量模型，并通过具体数据提取，在保证模型的前提假设、参数设置、数据来源和定量分析规范的情况下进行风险分析。具体负责部门还要根据风险环境的变化，定期对模型的假设前提和估计参数进行复核和更新，将定量分析结果与实际数字进行比对。风险分析是对辨识出的风险及其特征进行明确的定义描述，分析风险发生的条件，并分析风险对基金管理目标的影响程度。风险分析还应包括各种风险之间的逻辑关系分析，以便发现各风险之间的连带关系和风险组合的整体效应。

具体来说，社会保险基金风险的定量分析与宏观经济变化、人口数量和结构变化、投资领域风险程度和业务管理人员素质高低等方面是密切相关的。结合我国社会保险基金的实际情况，社会保险基金风险定量分析主要针对两方面内容，即社会保险基金的偿付能力风险和社会保险基金的投资风险。社会保险基金的偿付能力风险是指，社会保险基金收入无法满足社会保险支持的需要，进而增加政府财政压力的风险。随着我国人口老龄化趋势明显，竞争压力加剧造成的失业人口数量增加，我国社会保险基金的社会保障任务正不断加重，尽管目前的基金收入可以满足支出需要且形成资金的结余，但资金结余部分的边际增长量呈下降趋势，社会保险基金的中长期发展面临偿付能力的风险。风险分析正是起到防微杜渐的作用，通过对社会保险基金偿付能力进行风险分析，从而及时了解资金缺口的大小变化，并通过把握其发展走势，进行及时的政策调整、合理安排预算支出以应对资金缺口的风险。社会保险基金投资风险，是指社会保险基金结余资金在投资保值过程中造成资金损失的风险。我国的社会保险基金施行部分积累制，资金在正常偿付社会保险费用的同时会形成结余部分。随着结余资金的不断增加，其投资保值增值成为社会保险基金投资运营的重要部分，此外，国家财政拨付给全国社保基金理事会的保障资金也社会保险基金投资的组成部分借鉴国外社会保险基金投资的先进经验，结合我国宏观经济、金融市场和社会保险制度的具体情况，目前，我国社会保险基金的投资正逐渐增大股票市场投资的比重，旨在追求较高投资回报的同时，提高基金资金的利用率并推动我国股票市场的健康发展。而我国股票市场投资具有高收益、高风险的特征，这就决定了社会保险基金进入股票市场之后，追求保值收益的同时，要面对高于其他投资方式的风险，投资风险的合理评估和分析显得尤为必要和重要。在我国，社会保险基金的股票投资主要由全国社保基金理事会负责，并委托给专业的管理公司负责，不同投资组合的风险评估和分析的工作亦由各自的委托管理公司完成。作为机构投资者，社会保险基金投资具有长期稳定的特征，因此，对于各个投资组合的风险评估和分析也应以中长期为主。通过对投资过程中潜在风险的识别和分析，界定风险的性质、量化风险的影响，从而及时制定有效的风险预警系统和规避方案，以避免社会保险基金投资过程中不必要的损失。下文主要从社会保险基金的偿付能力风险和投资风险两方面对社会保险基金风险管理进行论述，对风险进行具体评估和分析（如图1-2所示）。

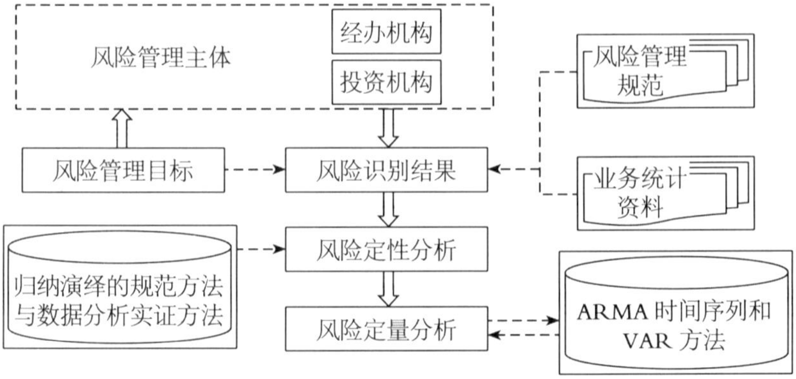

图1-2　社会保险基金风险分析程序

第三层级为风险控制，即针对社会保险基金面临的风险，开发、制订风险控制计划并组织必要的资源着手实施，目的是有效控制风险，避免风险失控转化为实际损失。风险控制包括社会保险基金当前及未来面临的主要风险类别，针对各类风险的主要应对措施，每个措施的操作规程，包括所需的资源、完成时间以及进行状态等。社会保险基金根据自身条件和外部环境，围绕社会保险基金风险管理目标，确定社会保险基金风险偏好、风险承受度、风险管理有效性标准，选择风险承担、风险规避、风险转移、风险转换、风险对冲、风险补偿、风险控制等适合的风险管理的总体策略，并确定风险管理所需人力和财力资源的配置原则。

首先，社会保险基金管理机构根据不同业务特点统一确定风险偏好和风险承受度，即社会保险基金管理机构愿意承担哪些风险，明确风险承担的上限和下限，并计算出风险的预警线及相应采取的风险控制对策。社会保险基金管理机构应该正视风险与收益之间的均衡关系，防止为了追求收益而承担高风险的现象出现，也要避免一味追求低风险而放弃改革和发展的机会。其次，社会保险基金管理机构根据成本与效益相结合的原则，结合资金预算，明确基金风险控制环境中的组织体系、人力资源，制定切实可行的风险控制的总体安排，并根据具体情况不断更新和完善。再次，社会保险基金管理机构根据风险控制总体安排，针对不同的风险制定具体的风险控制措施，具体包括风险控制所需要厘清的组织层级、业务流程，并采取全过程的风险控制方式。最后，社会保险基金管理机构的风险控制措施必须符合相关法律法规的要求，与基金管理战略目标和风险策略相吻合，平衡风险控制的成本和效益。

此外，风险监控与预警机制贯穿于风险管理全过程，跟踪已识别的风险，监控残余风险及识别新的风险，确保风险控制计划的执行，评估风险控制措施对减低风险的有效性，并形成风险监控报告。风险监控是风险管理生命周期中一种持续的过程，在经营过程中，风险不断变化，可能会有新风险出现，也可能有预期风险消失。整个社会保险基金风险管理三维体系如图1-3所示。

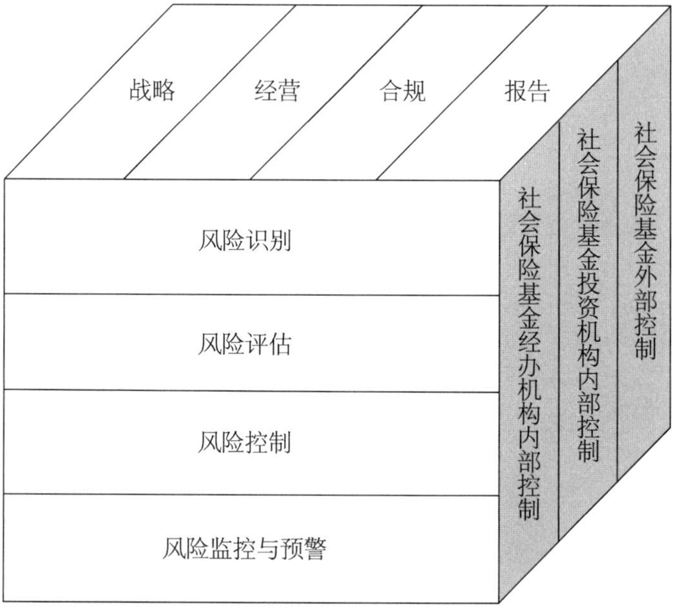

图1-3　社会保险基金风险管理三维体系

1.3 本章小结

本章主要介绍了包括概念界定、特征、制度基础等在内的社会保险基金基本理论，并在此基础上分析了社会保险基金风险管理的概念界定、必要性、目标和主要内容结构。根据社会保险基金管理机构内部控制的相关规定，内部风险控制由社会保险基金内部控制体系承担，外部风险控制由社会保险基金外部控制主体及其他利益相关者承担。本章还按照风险管理的流程，针对社会保险基金管理中的具体风险，将风险管理划分为风险识别、风险分析和风险控制，建立了以社会保险基金内部控制为主体，外部控制为辅助的风险管理体系，将相关理论进行归纳和总结，提出了社会保险基金风险管理框架。同时，本书按照相关文献对内部控制的分析，搭建起社会保险基金内部控制体系，充实到社会保险基金风险管理体系中，最后奠定了本书的研究思路和研究内容。

第 2 章

社会保险基金风险识别

本章通过对社会保险基金运营管理中的风险环境、管理机构和业务管理模式等方面缺陷的分析，对社会保险基金风险进行识别。本章列示出社会保险基金管理中可能存在的全部风险，并逐一分析风险产生的原因和特点，然后按照风险之间的逻辑关系，结合社会保险基金风险管理体系，将风险识别结果整合为偿付能力风险、投资运营风险、会计控制风险和外部控制风险，并作为风险分析阶段的主要对象。

2.1 社会保险基金风险识别依据与借鉴

2.1.1 社会保险基金风险识别与管理的国际经验介绍

关于风险管理和内部控制的概念演进，风险管理思想的发展可以追溯到古代人们认识的超越人类活动的自然事件所带来的风险。内部控制的思想则产生于18世纪产业革命以后，它是企业大规模化和资本大众化的结果。可以说，内部控制的概念是在风险管理的实践中逐步发展和完善的，两者又都是管理体系中重要的组成部分。被誉为“现代管理学之父”的德鲁克（Drucker）认为管理是一种以绩效责任为基础的专业职能。而现代管理学正是继承了他这种管理思想，认为管理学是在特定环境下，通过计划、组织、领导和控制等行为活动，对组织所拥有的资源进行有效整合，追求最佳效率和效果，规避和降低风险，使组织以尽量少的资源，尽可能多地完成预期的合乎要求的目标。现代风险管理理论大师奈特（Knigh）认为风险是可测定的不确定性，而不可测定的不确定性才是真正意义上的不确定性。这种不可预测的变化及其结果就是不确定性，而风险则是可以被计量的。

传统的风险管理起源于保险业，美国管理协会保险部在1931年开始倡导风险管理，并研究风险管理及保险问题。在20世纪50年代早期和中期，美国很多企业高管越来越发现风险管理对于防范重大风险损失具有重要意义，可以说，现代风险管理是以1953年通用汽车公司的一场意外火灾为契机，引发了美国风险管理实务界和理论界的广泛思考。1956年，美国管理协会（American Management Association，AMA）和美国保险管理学会（American Society or Insurance Management，ASIM）对斯奈德（Snider）提出的现代风险管理的概念进行肯定和支持，随即AMA于1962年出版了《风险管理之崛起》，被视为风险管理理论界的第一本专著，极大促进了风险管理的发展。1963年，《企业的风险管理》一文由美国知名保险业出版物《保险手册》刊载，推动了风险管理的理论研究更加系统化、专门化，从此风险管理逐步成为管理科学研究领域的独立学科。风险管理的系统研究以威廉姆斯和汉斯（Williams and Hans，1964）的《风险管理与保险》的出版为标志，其指出风险管理是通过对风险的识别、衡量和控制，以最少的成本将风险导致的各种不利后果减少到最低限度的科学管理方法。福特（Ford）于1971将风险管理界定为为了建构风险与回应风险所采用的各类监控方法与过程的统称。1973年，日内瓦协会的成立将风险管理思想带入了欧洲，20世纪80年代风险管理进入了亚洲和非洲，并迅速在全球流行。自此，风险管理成为组织三大管理活动（策略管理、经营管理和风险管理）之一。1980年，美国风险分析协会（The Society for Risk Analysis，SRA）正式成立，而且很快就演变为风险管理相关思想交流的核心论坛。1983年5月，美国风险与保险管理学会年会提出了包括风险管理的原则、风险分析、风险控制、风险财务应对、索赔管理、职工福利、退休年金和国际风险管理等理论。1986年，欧洲风险研究会由欧洲11个国家共同发起并成立。而该年10月，风险管理国际学术讨论会在新加坡召开，这标志着风险管理完成全球化进程。1993年，美国国防部（United States Department of Defense，DOD）认为风险管理是处理风险的行为或实践，它包括风险计划、估计（识别和分析）风险、制订风险解决方案、监督风险事件以确定风险评估值的变化，并且归档整体风险管理方案。

在这一阶段，风险管理领域也取得了许多理论成果，概率论和数理统计的运用，使风险管理从经验走向科学。1952年，马克维茨（Markowitz）发表了"投资组合选择"理论，将投资收益的不确定性和波动现象归结于投资主体内部与外部的风险组合因素，很多实证分析专家也开始用数理统计中的方差与标准差来分析和度量这种不确定性，成为金融资产投资风险研究的定量研究方法。1965年，夏普（Sharp）在投资组合的经验归纳和理论研究的基础上提出了资本资产定价模型（CAPM）。罗斯（Ross）对资本资产定价模型进行深入研究，提出了更复杂的套利定价理论。布莱克和斯科尔斯（Black and Scholes）于1973年提出了期权定价公式。上述实证研究都极大地丰富了风险管理的研究方法和策略选择。在风险管理理论发展的同时，与之密切相关甚至部分学者将其等同为风险管理的内部控制理论也不断演变和成熟，并可以划分为内部牵制、内部控制制度、内部控制结构三个不同的阶段。20世纪40年代，现代内部控制的思想开始萌芽，但是此时的内部控制一般仅包括会计控制，即不能让一个员工完全管理账户，必须由另一个员工介入并控制其行为，也就是内部牵制的管理思想，因此，账务核对与岗位职责分离成为这一阶段的内部控制的主要表现。20世纪50年代后，内部牵制逐步为内部控制制度所代替，并将内部控制划分为管理控制和会计控制。其中会计控制的目标为保护企业资产安全，确保会计信息的可靠准确，内部管理控制的目标则是提高企业的管理经营效果和效率。这一阶段的标志性事件是美国会计师协会（American Institute of Certified Public Accountants，AICPA）的审计程序委员会于1958年10月正式发布了《审计程序公告第29号》。20世纪80年代后，内部控制结构的思想开始出现，认为控制环境、会计系统和控制程序共同构成了内部控制结构，而会计控制与管理控制之间已没有明显界限，而是紧密联系在一起，都是为了合理保证企业战略目标的实现而建立的各种企业制度、政策和管理程序。这一阶段的标志性事件是美国会计师协会（AICPA）于1988年发布的《审计准则公告第55号》。1985年美国为了打击资本市场严重的财务舞弊问题，建立反财务舞弊委员会（Treadway委员会），负责深入调查财务舞弊的动因和出台舞弊防范规则。

20世纪80年代末、90年代初，随着国际金融和工商业的不断发展，社会经济发展模式正在经历爆炸式的扩容，各方面的风险也更加复杂和多样，风险造成的损失也是由多重风险组合形成的，从亚洲金融危机、拉美国家金融动荡等国际性系统风险，到巴林银行、爱尔兰联合银行、长期资本基金倒闭等组织风险，都说明了这一问题。风险管理实务界和理论界逐步发现缺乏系统性的单一管理不能应付组织面对的各种风险集合。在组织内部既有不同部门的风险，还有不同业务的风险，有的相互叠加放大，有的相互抵消减少，因此，不能仅仅从某项业务、某个部门的角度考虑风险，必须根据风险组合的观点，从贯穿整个组织的角度看风险。而内部控制框架的发展也是贯穿于全面风险管理思想的整个过程中的，如何在新的时代背景下，对多维的复杂风险进行控制成为风险管理与内部控制理论高度融合的契机。

1993年，首席风险总监（Chief Risk Officer，CRO）的职称首次提出，这标志着风险管理由传统风险管理向全面风险管理过渡，全面风险管理阶段正式拉开帷幕。1995年，联合技术委员会由澳大利亚标准委员会和新西兰标准委员会联合成立后着手对相关信息搜集、整理和讨论，出版了全球第一个风险管理标准《澳大利亚/新西兰风险管理标准》（AS/NZS4360）。该标准具有广泛的适用范围，建立了一个可以应对多种行业和部门风险的共同框架，因此在全球范围内受到青睐，极大地指导与推动了现代风险管理实务的发展。1996年，在全球金融系统风险加大的环境下，欧美国家对银行业金融风险问题趋于重视，为了增强风险管理相关人员之间的交流与互动，使风险管理工作通过后续教育、培训等资格认证模式化，以利于风险管理文化的形成，欧美国家成立了全球风险管理协会（Global Association of Risk Professionals，GARP），极大地推动了金融风险师（Financial Risk Manager，FRM）认证资格考试制度的成熟，成为分析风险管理人员能力认证的主要标准。1998年10月，美国长期资本管理公司（Long-Term Capital Management，LTCM）经营情况的恶化促进风险管理人员意识到单一形式的风险也具有系统性和集合性。风险管理不但要对单个业务的个别风险进行管理，还要从系统性和集合性的角度实现风险整体管理，产生了整体风险理论。该理论的核心思想是要对风险进行可量化的控制，这就会涉及风险偏好和风险估价因素，结合金融风险管理过程中的价格、偏好和概率三要素，进行系统和动态的分析，对风险实现全面控制。

内部控制理论在对全面风险管理的发展中，进入到第四个发展时期，即内部控制框架阶段。Treadway委员会任务完结后，新的委员会COSO（The Committee of Sponsoring Organizations of the Treadway Committee）由国际内部审计师协会（Institute of Internal Auditors，IIA）、美国公共注册会计师协会（AICPA）、国际财务管理协会（International Financial Management Association，IFMA）、美国会计协会（American Accounting Association，AAA）、美国全国会计协会（National Accounting Association，NAA）和管理会计协会（Institute of Management Accountants，IMA）等几家权威机构联合发起并成立。1992年，COSO发布了《内部控制—整体框架》（Internal Control-Integrated Framework）作为内部控制的宪章性文件制度，并于1994年对《内部控制—整体框架》进行修订。美国联邦储备局、美国证券交易委员会、巴塞尔委员会等监管部门对《内部控制—整体框架》非常认可，并广泛采纳到立法与规章制定中。美国证券交易委员会（The U.S. Securities and Exchange Commission，SEC）还规定企业管理层评价其内部控制的标准必须符合以下条件：标准严谨适当并经过公众审议；非营利而无偏见；定性和定量分析；包括所有影响因素；与财务报告中的内部控制相关等。加拿大控制基准委员会（The Canadian Criteria of Control Board，COCO）和英国Turnbull指南（The UK's Turnbull Report）的相关规定都是认可的（二者都是以美国COSO的报告为蓝本）。

1998年，风险管理理论界提出了全面风险管理（Enterprise Risk Management，ERM）和全面综合的风险管理（Global Risk Management，GRM），建立更为严密的管理程序以对风险在交易环节、资产组合和经营范围的分布情况进行分析，分析和度量不同类型的风险的预计损失值，并建立金融机构风险管理的专业部门，降低风险防范的成本。1999年，《巴塞尔新资本协议》（Basel New Capital Accord）发展了全面风险管理理论，将资本约束的范围扩大到市场风险和操作风险，阐述了将资本充足率、监管部门监督检查和市场纪律作为风险管理的三大监管支柱。进入21世纪，全面风险管理的概念获得广泛认同，同时《内部控制—整体框架》影响更加广泛。1998年，巴塞尔银行委员会（Basel Committee on Banking Supervision）制定的《银行机构内部控制制度框架》（The Internal Control System Framework of Banks）以及2004年美国国会颁布的《萨班斯—奥克斯利法案》（The Sarbanes-Oxley Act）中的内部控制报告的基础皆为《内部控制—整体框架》。2000年以来，在美国连续爆出安然、世通等舞弊案件。风险管理理论界认为在健全的公司治理结构中，这类案件的发生要求企业不仅仅控制风险，而且要管理风险。内部控制的功能仅限于在目标的指导下对风险进行控制，但是这不是完整的风险管理，有效地管理风险，应该在目标设定基础上，对风险进行识别和分析，借助于内部控制对风险进行全面控制，并提出相应的风险控制措施。COSO于2003年颁布了《企业风险管理框架》（Enterprise Risk Management Framework），认为风险管理是一个复杂的过程，并由治理层以及其他管理人员共同实施的，识别可能影响企业各个层面的风险，并对风险进行定性和定量的分析，按照风险偏好管理风险，保证企业目标的实现。可以说，COSO已经将内部控制融入了风险管理的思想，并将仅适用于传统金融机构的风险管理推广到适用于大多数的企业。

在了解了关于风险管理与内部控制的概念演进之后，本节将从社会保险基金风险管理体系出发，对风险进行全面识别。风险识别是依据我国社会保险基金风险管理的相关制度，并结合国外社会保险基金风险管理经验进行归纳和总结。

2.1.2　我国社会保险基金风险管理制度

我国财政部于1999年至2003年先后颁布和实施了《社会保险基金财务制度》、《社会保险基金会计制度》和《社会保险基金会计核算若干问题补充规定》，对社会保险基金管理机构的会计控制工作进行规范，并作为内部控制和风险管理制度建设的重要组成部分。

为规范社会保险经办机构经办社会保险基金的财务行为，加强社会保险基金管理，维护保险对象的合法权益，根据国家关于社会保险的有关法律、法规，制定本制度，我国于1999年6月15日颁布了《社会保险基金财务制度》。该制度适用于境内社会保险基金经办机构（以下简称“经办机构”）经办的企业职工基本养老保险基金失业保险基金、城镇职工基本医疗保险基金等社会保险基金。该制度明确社会保险基金的概念是为了保障保险对象的社会保险待遇，按照国家法律、法规，由参保单位和参保人分别在不同的缴费基数层面上，按照一定比例筹集的专项资金。基金财务管理的目标是贯彻和执行国家相应的法律、法规和政策，足额筹集基金和高效投入使用，完善基金的预算计划、预算控制、会计核算、预算完成情况分析和考评，并对外披露基金收支和投资情况，做好社会保险基金的监督和检查工作。为保证基金的及时和足额收支，社会保险基金经办机构和代收代缴的税务机关在参保单位人力资源和财务信息的基础上，对社会保险基金的数据和资料进行汇总，并把基金纳入独立核算的社会保险基金财政专户，严格按照实现“收支两条线”的管理模式，实行专款专用，更不许以任何名义挪用资金用于平衡财政预算。同时，地方社会保险基金不能投资于高风险领域，只能投资于银行存款和债券等固定利率方式，以免承担高投资风险，保障地方社会保险基金偿付能力。同年7月1日，为了指导和更好地规范企业职工基本养老保险基金、失业保险基金、城镇职工基本医疗保险基金等三项社会保险基金的会计核算工作，维护参保单位与参保人的合法权益，根据《中华人民共和国会计法》、《社会保险基金财务制度》和其他社会保险基金管理的法律法规，财政部制定了《社会保险基金会计制度》，印发给全国各地方社会保险基金经办机构执行。该制度规定社会保险基金的会计核算应在划分正确的会计期间的基础上，定期结算账目和编制会计报表，同时规定会计核算应采用现收现付制和借贷记账法，保持不同期间的会计处理方法和会计指标口径的一致性，在财务情况说明书中加以说明，并按照规定编制和披露社会保险基金会计报告。该制度还明确了社会保险基金管理机构会计部门设置、会计人员配备、会计核算、会计监督、内部会计管理制度的要求，按照《会计基础工作规范》的规定执行。2003年6月19日，为了更好地适应社会保险基金发展的需要，规范社会保险基金会计核算，公布《社会保险基金会计核算若干问题补充规定》，就社会保险基金会计核算若干问题做一补充规定，包括增设“105国库存款”科目、多收社会保险费的会计处理、预收社会保险费的会计处理、以实物资产冲抵社会保险费的会计处理、有关数据核对和增设“待转保险费收入”等项目。

由于地方社会保险基金规定只能投资于银行存款和固定利率债券等投资方式，不能投资于其他风险较高的领域，因此，为进一步完善我国的社会保险基金管理体系，保障基金的筹集和积累，中央政府决定成立专门的投资机构，即全国社保基金理事会，管理全国社会保障基金（以下简称全国社保基金），并于2001年12月19日，公布了《全国社会保障基金投资管理办法》和《全国社会保障基金理事会章程》，规定全国社保基金的构成方式和制定投资运营策略，选择和委托相应投资管理公司对基金资产进行投资运营，并对投资情况进行监督和检查。全国社保基金理事会还负责全国社保基金的财务管理与会计核算，编制和定期披露会计信息，向社会公布全国社保基金资产、收益、现金流量等财务情况。全国社保基金资产是独立于理事会和基金管理公司的资产。同时，财政部会同人力资源和社会保障部制定全国社保基金投资管理的相关政策，对全国社保基金的投资运作和托管情况进行监督，中国证券监督管理委员会和中国人民银行按照各自的职责和分工对全国社保基金委托的投资管理公司进行监督。

2007年1月17日，为了加强社会保险基金经办机构内部管理与监督，提高基金管理机构内部控制的设计与执行效果，确保社会保险基金安全和完整，强调社会保险基金经办机构内部控制工作的重要意义，人力资源和社会保障部关于印发《社会保险经办机构内部控制办法》的通知，将社会保险基金管理机构内部控制与我国社会保险基金发展相结合，及时而系统地梳理现有基金管理的内部控制制度，重点规范了社会保险基金收支经办业务工作，作为完善基金财务管理制度的重要组成部分，优化业务操作流程，将内部控制办法融入业务操作流程之中，建立岗位之间、业务环节之间相互监督、相互牵制的制衡机制。社会保险基金管理机构应该结合各地方的实际情况，建立健全内部控制评价机制，相关部门要切实履行内部审计与内部控制评价职责，每年要对本单位及所辖机构内部控制工作进行检查评估。各地要认真贯彻落实《关于进一步加强社会保险稽核工作的通知》的要求，高度重视内部控制人才队伍建设，大力完善内部控制组织体系，严肃处理违反内部控制制度的机构和责任人，建立内部控制制度运行情况定期报告制度。

2010年10月25日至28日召开的十一届全国人大常委会第十七次会议上，万众瞩目的《社会保险法》经第四次审议最终获得了表决通过。为了规范社会保险关系，维护参保人的合法权益，使公民共享我国经济发展成果和保持社会稳定，根据宪法的相关要求，制定了我国社会保险领域的首部综合性法律《社会保险法》。该法被认为是我国社会保障体系建设中一次重大的制度突破。国家建立各项社会保险制度，保障公民享受社会资源再分配的权利。国家对社会保险基金实行严格监管。国务院和各级政府建立健全社会保险基金监督管理制度，保障社会保险基金安全、有效运行。各级政府社会保险行政部门负责本行政区域的社会保险基金管理工作，各级政府其他有关部门在各自的职责范围内负责有关的社会保险工作。《社会保险法》还对社会保险费征缴、社会保险基金细则、社会保险经办实务和社会保险监督方法等相关制度进行规定。

由此，本书从社会保险基金风险管理的相关制度梳理中发现：社会保险基金制度设计主要是为了识别、分析和应对基金管理中面对的各种风险。制度必须根据各种风险的外在表现、内在动因和应对措施等内容进行设计，而且制度必须要全面应对和控制各种风险。但是，我国社会保险基金风险管理体系尚未成熟，很多风险并没有系统的制度体系进行应对，因此，本书对风险的识别主要依据相关制度和风险管理现状提出风险识别结果。同时在风险识别结果的整合过程中，必须要结合国外社会保险基金风险管理中已经成功应对和失败应对的各种风险，还包括各种亟待应对的风险。

2.1.3 社会保险基金风险识别国际经验借鉴

本书通过对发达国家和典型发展中国家的社会保险基金制度和基金风

险管理情况的梳理能够看出，尽管各国的基本国情、政治体制、经济发展状况有所不同，但在社会保险基金风险识别方面有着很多共同的经验，集中体现在社会保险基金组织结构、收支水平、投资风险、会计核算和外部监管等方面。对这些相似特点的总结，能够对我国社会保险基金风险识别起到良好的借鉴作用，并以其为参照考量我国的发展情况。

（1）社会保险基金收支水平要与国家经济发展水平相适应

根据欧洲国家的研究数据显示，从1980年至2060年的80年间，由于欧盟国家老龄化问题不断严重，社会保险基金收入和支出的差额将会不断缩小。目前，欧盟国家社会养老基金偿付水平过高，已经成为国家财政的沉重包袱（这是由于欧盟国家既作为社会保险基金举办人也是出资人）。特别是近20年，随着世界经济发展格局的巨变、新兴经济体和发展我国家经济的迅速兴起，欧美经济发展速度不断下降，导致财政收入增加减少，加之退休人员寿命延长，致使养老金收支缺口扩大，这也是导致欧美国家产生主权债务危机的一方面原因。目前，经济合作与发展组织（简称经合组织，英文缩写为OECD）的30个市场经济国家的社保平均替代率为57%，也就是说这些国家社会养老保险参保人退休之后能拿到退休前工资的一半多。深陷欧债危机的希腊社会养老保险替代率高达95.7%，也有研究称这个数字甚至达为111%，也就是说希腊社会保险基金参保人退休后的收入等于甚至大于退休前工资水平。同期美国社会养老保险替代率却只有39%，德国和法国等欧洲国家的替代率都还不到希腊的一半，由于希腊国家经济的发展不足以支持如此高的替代率，因此政府不得不向外国大量借贷，债务率大大超过了正常限度，而2008年的金融危机又使经济的“造血能力”不断削弱，外债偿付能力不断下降，最终引发了国家债务危机。可见，社会保险基金收支不平衡作为欧债危机产生的主要诱因的观点已然被广泛接受。因此，社会保险基金的发展和管理必须与国家的经济发展水平相适应，二者总是处于一个动态的平衡。国外社会保险基金发展经验说明，过高社会保险基金支付待遇水平没有经济发展水平相匹配，会直接带来严重社会保险基金偿付能力风险，国家只能通过逐渐增加财政预算来维持社会保险基金的运营，从而给国家的财政背上沉重的包袱，最后直接拖累国家经济的发展，放缓经济发展速率，甚至出现经济的负增长（如希腊、意大利、阿根廷等国家）。另外，过低的社会保险基金支付待遇水平同样难以为继，这会降低参保人的劳动积极性，社会生产效率将受到影响，国家的经济发展将更加受到制约。经济不景气带来的失业人口增加同样反作用于社会保险基金的发展，劳动人口的下降会增加每个劳动者所供养退休者的比例，进而会增加劳动者和国家财政的双重压力，并为社会保险基金筹集带来巨大风险，偿付能力恶化逐渐显现，而这种趋势在我国等发展中国家较为普遍。结果是社会保险基金制度不能发挥其保障功效，社会保险基金制度也成为社会经济的繁重负担。因此，社会保险基金制度必须与国家经济发展水平相适应，这样才能发挥其基本保障、社会再分配、促进社会公平等功能。

（2）社会保险基金组织机构体系应满足风险管理职能

发达国家的社会保险基金管理机构体系独立于政府，如德国、美国、荷兰和英国等国家。这些国家实行由缴费人和参保单位各推举半数代表组成的委员会的自我管理，并拥有独立的法律地位和资金的管理权限，除20%的政府补贴之外，预算也脱离于政府的公共财政预算，政府的作用更多的是对基金管理机构是否遵守法律进行监督。养老保险基金可以在不同的基金经办机构内部进行调配，以保持社会保险基金支付的平衡，若经调剂后仍存在资金缺口，基金管理机构就会提出使用政府无息贷款的申请，来补充基金缺口。作为新加坡中央公积金的统一管理机构，中央公积金局是一个半官方的单位，它虽隶属于劳工部，但相对独立，其他部门不得干预其日常工作。它主要负责中央公积金费用的征收，记录的保存，收益的支付以及所积累基金的投资，但相关投资决策由另外两个政府部门完成，分别是新加坡货币管理局和新加坡政府投资管理公司。社会保险基金的产权属于广大公民，基金管理机构受政府委托，代替公民进行统一管理，为保证公民对其所有权不受伤害，通过立法明确社会保险基金收支管理和运营投资过程中各个机构、部门的责任，并配合相应的奖惩办法的手段十分可行。社会保险基金组织结构风险随着基金保值增值任务的加剧，各种系统性风险值得我们关注。

（3）社会保险基金投资应按照风险与收益兼顾的原则

世界主要发达国家如美国、英国、日本等国家，已经发现现有的社会保险基金投资管理模式已不足以应对人口变化、通货膨胀等因素给社会保险基金支付带来的挑战，必须要进行一定的调整和完善。社会保险基金过于稳健、单一的投资模式，以及各地方政府的社会保险基金过于分散、有失约束的投资方式都应做出改变，单纯一味地提高税率只会阻碍社会保险基金可持续发展和经济的发展，同时影响社会的稳定。新加坡将中央公积金的投资管理分为三部分：第一部分是中央公积金局直接运作的基金，全部投资于非交易型政府债券。第二部分是“公积金投资计划”（CPFIS）。参保成员可从“普通账户”和“特殊账户”中取出部分公积金资产，到指定的代理银行开户，可投资于保险、信托基金已将其、股票、债券、黄金及其他产品。第三部分是保险基金，主要外包给资产管理公司，可投资于定期存款、可转让存款凭证、股票和债券等。1981年，智利作为发展中国家的典型代表已经将DC型的个人账户成功引入到养老金私有化改革中，为每个参保人建立养老金个人账户，成立专门的养老金管理公司负责基金投资运营，而参保人自由选择养老金管理公司，退休时养老金给付由账户积累资产转化为年金或按计划领取。智利政府成立养老基金监管局，负责对养老金管理公司的监管，并且由政府对最低养老金进行担保。起初，养老金只允许投资固定收益类工具。从1985年开始，养老基金被允许投资于股票，1990年允许养老基金投资国外证券。目前政策允许的股票投资比重达30%以上，国外证券投资达到40%。

（4）会计核算管理应符合本国社会保险基金风险管理现状

发达国家社会保险基金风险管理（如德国）已经对原有会计核算制度的弊端充分论证，并开始根据本国的人口分布情况建立现收现付制和积累制的双重核算体系。因为完全积累制会给就业者带来双重负担。但是在应对人口结构性变化，老龄人口增加等新挑战之时，传统的现收现付制已不能轻松满足社会保险支付的要求，国家财政的压力也会逐渐增大，部分积累制也显得尤为必要。近年来，作为发展中国家的智利社会保险基金风险管理也同样面临人口数量、人口结构性变化等带来的巨大挑战，政府也在对社保制度进行结构性的改革调整。最初的智利模式是缴费型的社会保险制度，现今一些国家转移支付性质的非缴费型社会保险基金计划也逐渐加入到智利模式之中，注入“社会基础养老金”政策的出台就是弥补最初改革力度过大带来的缺陷，但与其他采用现收现付制的国家相比，个人账户的建立和完善使智利在应对社会保险基金偿付能力风险时显得更为从容，只需要配套相应的促进社会公平的、宏观性的、带有转移支付性质的政策措施，希望一系列政策的出台能够使“智利模式”成为世界各国摆脱全球性的社会保险基金偿付能力危机的范本。

（5）基金外部控制主体应发挥风险监管的职能

各国政府在社会保险基金发展过程中所扮演的角色有所不同，大致可分为两类，即政府直接参与和政府间接监管。两种角色没有优劣之分，分别适合不同的国情以及同一国家不同的发展时期。但是政府的职能必须得到明确，不能模棱两可，既为社会保险基金的统一管理者又为社会保险基金管理的监管者，这种专制式的双重身份很容易在社会保险基金运营管理过程中出现效率低下的现象，甚至产生利己性的腐败行为，这一问题在广大发展中国家普遍存在。因此必须明确政府在社会保险基金中的职能。政府直接参与的模式有助于社会保险基金管理的协调和统一，作为立法者政府可以通过政策的制定和统一的实施实现社会再分配功能，并且通过政府直接的财政支持和经济担保有效抵御社会保险基金潜在的风险，在经济欠发达的发展中国家，这种模式的应用较为普遍。大多数政府直接参与的模式必须要辅以有效的社会监督，即保证基金所有者的信息知情权，了解基金投资运营过程中的收支情况以及政府管理部门的管理情况，这样的监督能提高政府管理效率，以防国家管理机构对社会保险基金的挪用和滥用。政府间接参与的模式，一般应用于市场较为发达、经济发展良好的发达国家（如美国、英国、荷兰、日本、新加坡等国家，而智利则是在特殊背景下的非典型案例)，政府为了减轻自身负担，将社会保险基金实行明确的分权管理，政府不再承担基金的投资等具体事务，而是交由信托保险基金公司来完成，如美国。这一模式中政府更多地完成立法、协调和监管的工作，将管理推向市场化运营，基金的投资主体发生变化，因此其对国家经济发展水平和市场发达程度要求较高。不论哪种模式，政府作为社会保险基金的一级委托人，在基金的管理过程中对自身职能的明晰，是使社会保险基金健康、高效发挥功能的重要前提。目前，世界上监管体系比较健全的荷兰社会保险制度，除了养老保险的立法、行政和经办机构外，也有健全的监督机构，主要包括社会事务与就业部监督司、社会保险监督委员会和经办机构内部监督，前两个都是独立于立法、行政部门的专设机构，三个层次的监督有机结合，形成了较为完备的监督体系。

通过对社会保险基金制度较规范国家的风险识别经验的分析，本书可以总结出一些在社会保险基金风险识别过程中的一般性经验，结合我国社会保险基金风险管理制度，对我国实务界的相关风险进行识别，并按照一定体系将风险进行整合，以便进行风险的定性和定量分析。

2.2 我国社会保险基金风险全面识别与整合

根据前文对我国社会保险基金风险管理制度的梳理，结合了国外在风险识别领域的先进经验，本书将对我国社会保险基金风险管理现状进行描述，并将风险全面识别与整合。作为参保人的共有基金，社会保险基金与其他各种形式的公共管理或非公共管理的基金一样，同样面临着诸多风险。一旦某种风险被忽略或者没有被识别出来，将会导致参保人的利益和政府的信用受到损害，严重时甚至可能引发社会动荡。因此，本书将对社会保险基金风险进行全方位识别，并对识别结果综合分析，将风险进行整合，以便对风险进行定性和定量分析。本章将按照我国社会保险基金管理中面临的各种风险，结合文献综述中相关学者对风险的识别，全方面分析社会保险基金的风险来源，并对主要风险进行识别。从社会保险基金事务工作来看，基金主要面临组织机构风险、筹集风险、给付风险、精算风险、投资风险、资产保管风险、核算风险、信息管理风险和监管风险等。

分析我国社会保险基金风险管理中存在的问题，可以从当前基金内部控制与外部控制的主要环节入手，根据上文中详细论述的《内部控制办法》，同时参考各地区社会保险基金管理机构制定的内部控制管理办法。《内部控制办法》将各级社会保险机构对系统内部职能部门及其工作人员从事社会保险基金管理服务工作及业务行为进行规范、监控和评价。《内部控制办法》将内部控制划分为组织机构控制、业务运行控制、基金财务控制、信息系统控制和监督控制等组成部分。

本书对社会保险基金风险进行整合，整合标准将参照《内部控制办法》。因此，本书在具体整合过程中将组织机构控制中的问题整合为组织机构风险，将业务运行风险分为偿付能力风险和投资运营风险两大类，即将业务运行风险中的筹集风险、给付风险和精算风险整合为社会保险基金偿付能力风险，将资产保管风险和投资风险整合为社会保险基金投资运营风险，将会计核算风险整合为会计控制风险，将内部信息管理风险和外部信息披露风险整合为社会保险基金信息管理风险，并将外部监管风险整合为外部控制风险。本书按照社会保险基金风险管理三维体系，从风险导向的社会保险基金内部控制中的主要组成部分出发，辅以外部控制，将风险识别、风险分析和风险控制的风险载体最终定义为社会保险基金组织机构风险、偿付能力风险、投资运营风险、会计控制风险、信息管理风险和外部控制风险，并对六种风险进行重点识别分析。

2.2.1 社会保险基金组织机构风险

社会保险基金管理机构是社会保险基金内部控制体系的计划者和实施者，也是建立风险管理和内部控制体系的载体。宋志华、李凯（2008）认为，社会保险基金会计主体是基金主体，即以社会保险基金为会计主体：一是社会保险基金要按规定发放给受保人，并不留存于经办机构，经办机构只具有社会保险基金的管理权，而不具有处置权。所以社会保险基金在运行过程中形成其自身的资产与负债，与社保机构无关。二是社会保险基金的所有者是广大参保者，而不是社会保险基金管理机构。以社会保险基金为会计主体，确认其资产、负债、收入、支出以及结余，有助于保护社会保险基金的独立产权，从而保护广大参保者的利益。三是参保者将社会保险费缴给政府或相应机构，就将自己与之相关的社会保险基金事项委托给了它们，政府与经办机构就接受了参保者的委托，以社会保险基金为会计主体，也便于反映这种受托责任，明确参保者、政府和机构的权利和责任。徐灿（2002）认为，《社会保险基金会计制度》并没有对此会计核算做出明确规定，这显然与社会保险基金及其增值收入必须坚持专款专用的原则相违背。陈温、李树晗（2007）认为，会计主体讲的是会计核算的空间范围，社会保险基金会计主体一直不太明确，一般情况下认为基金管理机构是会计主体，而税务机关将其征缴的社会保险基金上交国库，国库管理部门将社会保险费转入财政专户统一管理，这种社会保险基金会计主体多重化对基金风险管理造成很多不利后果。彭媛媛（2007）认为，我国社会保险基金管理范围界限很不明确。由中央政府和地方政府管理的基金范围一致没有界定清楚，造成社会保险基金管理的混乱，各级政府权责不分，存在舞弊和贪污的风险。陈海军（2009）认为，社会保险基金在实行财会部门会计一级核算之前，经办机构的每一个分支机构都是一级会计主体，按照收支两条线的原则，各险种分别设立收入账户和支出账户进行基金征缴和支付核算，同时按险种分别报送财务报表。这种两级财务报告架构的财务信息系统比较分散和复杂，每一个分支机构都有自己的会计核算部门，并开立若干个账户，编制若干套报表。加上各分支机构会计人员水平参差不齐，导致整个财务报告编制的时间和流程较长，会计数据质量不高，与精细化管理的要求越来越不相适应。

社会保险基金组织机构控制主要按照业务经办规程设置。社会保险登记、缴费基数审核和养老保险费征缴、个人账户管理、退休待遇审核和调整、养老金支付、社会化管理、基金财务管理、养老保险基金运营、信息管理、稽核监督等设立独立的工作部门或专项工作岗位。明确各业务部门工作职能、岗位职责、工作程序、工作标准、考核办法及具体要求，科学合理设置各业务部门内经办岗位。各岗位人员职责明确，权限明晰。涉及养老保险经办管理中的重大事项决策，应按照民主集中制的原则，由具体经办业务部门提出建议，单位领导班子集体决策。业务部门提出培训计划，报单位主要负责人同意，综合部门定期组织并实施对各经办机构、各业务岗位人员进行业务培训和考核。每年应组织不少于一次的业务培训。

通过对“上海社保案”内情进行深入研究后发现，社会保险基金组织机构设置、权责划分和授权机制不合理导致基金损失的情况很严重。一旦出现这种情况，往往会产生大量的违规行为。“上海社保案”中的大量社会保险基金被挪用投向民营企业，造成了参保人利益受损。这说明目前我国社会保险基金管理决策模式和程序都不够严谨，虽然社会保险基金管理机构应该按照行政事业单位的传统模式实行集体决策体制，而机构领导者会或多或少地影响到机构决策。如果机构缺乏对机构领导者的制约和监督，这就容易由于组织机构权力监督缺位而导致损失，严重影响社会保险基金的安全完整、保值增值。同时，很多社会保险基金管理机构都缺乏对领导的追责机制，对机构领导的权利范围也不明晰，在损失发生时会出现推诿的情况。如“石嘴山市医保案”中的社会保险基金管理机构领导将挪用资金借贷给房地产公司的决策推给负责具体经办业务的财务部门而推卸责任。据广东省社会保险基金管理机构情况显示，多个地方存在社会保险基金收支业务的经办、复核、审批等岗位没有分离，而是多种业务由同一人员负责，而且长期兼任，并没有建立科学严格的岗位轮换机制，或者在执行环节中不规范。社会保险基金管理机构内部部门与岗位之间缺乏必要的制衡机制，存在因人设岗，或者以经办人员业务熟练、人手不足等理由，忽略了岗位和部门的分离，影响了社会保险基金收支与投资业务的正常运行，增加了参保人的利益受损的可能性。

2.2.2 社会保险基金偿付能力风险

Campagne（1961）将保险公司资产超过负债的那部分自由资产定义为保险公司的偿付能力额度。最低偿付能力额度的计量基于一个破产概率模型，建立了基于保费基础的最低偿付能力额度模型。对于偿付能力的计算，Swiss Re（1995）给出了一个简单的模型，通过分析保险业的收支测算和内外环境评估，来决定估算其偿付能力。殷俊（2002）结合了我国社会保险基金偿付能力现状并提出两个趋势性的相对指标“社会保障支付率”和“积累率”来描述社会保障偿付能力，即用相对指标来反映社会保障偿付能力。

高志强（2008）对基于风险的保险公司偿付能力框架的国际发展进行回顾，认为在过去的几年中，发达国家开始采用了基于风险的偿付能力分析模型，相对来说，欧盟偿付能力标准和瑞士的偿付能力测试都是比较先进的。何小伟（2008）认为，自从2003年《保险公司偿付能力额度及监管指标管理规定》颁布和实施以来，我国首次引入了偿付能力风险的概念，并开始搭建偿付能力的框架体系。偿付能力风险主要应该从偿付能力额度与监管指标进行监管。偿付能力额度直接体现为对资本数量的要求，类似于银行的资本充足性，即实际偿付能力额度必须保持在最低偿付能力额度之上。我国的偿付能力额度监管是在借鉴原欧盟偿付能力额度监管的基础上发展起来的。这种监管模式层次清晰，操作性强，技术要求较低。同时，为了对偿付能力进行全面、充分和及时的管理，还应制定分项监管指标，并给出了这些指标正常变动的参考范围，对可能出现的偿付危机做出预警，及时采取应对措施。监管指标，既应该包括美国的保险监管信息系统（IRIS）以财务比率为主的量化指标，还应该包括非量化或半量化的指标，对偿付能力状况进行全面反映。因此，我国保险的偿付能力风险评估体系主要包括偿付能力额度监管以及监管指标监管。吴定富（2007）认为，偿付能力内容极其复杂，影响因素很多，保险公司的机构架构、管理模式和内部控制都会影响偿付能力的强弱。

殷俊（2002）首次将偿付能力的概念引入社会保险基金制度中，结合我国社会保险基金事业的发展，认为社会保障偿付能力不单是社会保障制度经济功能的体现，也是社会保障制度可持续发展的关键，适度的偿付能力还是社会总效用最大化的要求。目前大多数社会保险基金偿付能力的研究局限在理论上的定性评价，而定量研究主要是对隐性负债的估计上。研究还提出利用趋势性的相对指标“社会保障支付率”和“积累率”来描述社会保障偿付能力，即用相对指标来反映社会保障偿付能力。王延中（2001）认为，我国社会保险基金收不抵支主要来自两个原因：第一，我国社会统筹基金支出金额巨大，养老保险个人账户空账运行。其中养老保险支出是所有社会保障项目中支出规模最大的。第二，社会保险名义费率太高，影响收入的增加。杨红燕（2002）认为，我国养老社会保险基金偿付能力的现状堪忧。一方面，社会保险基金收支状况不容乐观。由于经济滑坡、国企改革、征缴力度不够等原因，我国养老保险费收缴率较低。而且道德风险的存在，使得交费工资与职工实际工资相差较大，名义交费率远远高于实际交费率。这就导致了我国高交费率下的低保费收入。另一方面，社会保险基金投资管理效率低下。由于我国资本市场发育尚不完善，国家对养老基金实行了谨慎而严厉的管制，只允许存入银行或购买国债。这种单一的投资渠道，使得养老保险根本不具备规避利率和通货膨胀风险的能力，基金保值增值问题突出。此外，养老保险基金还存在管理成本偏高及挤占挪用问题。这些对于原本就脆弱的偿付能力而言，无疑是雪上加霜。

相关学者对社会保险基金的收入与支出，即社会保险基金偿付能力做了大量实证研究。邓大松（2000）采用实证方法测算社会保障的“隐性债务”时假定60岁以上人口的存量的总体延续期为10年，在此基础上测算出的隐性债务为2.02万亿元人民币，这一测算数据与我国较权威的其他估算结果非常相近。因此，我国社会保险基金隐性负债是偿付能力较低且呈逐年下降趋势的根本原因。谭湘渝、樊国昌（2004）以国家统一的城镇职工基本养老保险方案实施前的1996年作为旧制度终止的年份，以2001年末的数据作为基准，分别建立了未来参保人数与退休人数预测模型、统筹基金养老金支出的精算模型、个人账户支出精算模型、“老人”养老金支出精算模型和在职与退休职工死亡支出精算模型，来测算我国养老保险制度未来的收支水平。研究发现在最乐观的预测下，我国的社会养老保险基金将大约从2037年开始出现收不抵支的状况，在大约2045年达到最高，随后开始下降，不过由于在前期每年不断累积的收支顺差形成了一笔庞大的养老基金，其本息足以抵消每年并不太高的赤字。养老保险基金将在2035年左右出现收支赤字，到2042年将耗尽前期积累而面临支付危机，而到2050年累计亏空额将达到当年支出额的1.24倍。张勇、陈耕云（2008）认为，应该把死亡率分布直接引入并构建我国社会保险基金偿付能力精算模型，在分析基金财务状况的基础上，探讨实现基金长期收支均衡的策略。使用修正后的方法来分析各个因素对支付能力的影响，包括缴费率、利率、工资增长率、养老金增长率、起始工作年龄、退休年龄、死亡率及性别等等。结果发现，在1990—2000年的11年期间，支付能力大约下降了13%，而且死亡率还会继续降低（期望寿命延长），因此应对这些变量做出更为准确的预期和判断。刘畅（2009）则认为应该继续扩大社会保险基金支出。在理论界，通常把财政社会保障支出占财政支出的比重作为衡量社会保障支出水平的主要指标。研究发现，财政社会保障支出对经济增长具有推动作用，政府不应只将其看作是一种消费，而应增大对社会保障的财政投入。

刘永泽、吴作章等（2009）运用ARMA模型的方法，对某省的社会保险基金收入与支出的时间序列是否存在未来缺口进行预测时发现收支矛盾造成的资金缺口不仅长期存在，而且将日益扩大。同时，社会保险基金财产所有权主体是参保人，而不是政府及财政部门，社保资金不是国有资产。目前我国社会保险基金是低水平的，尚未开征社会保障税。财政部门对社会保险基金给予一定的补助。但由于历史原因，社会保险基金存量仍存在巨额缺口，只靠财政部门以当期税收为来源给予少量补助不能根本解决。社会保障缺口是历史欠账，劳动力价值固化为国有资本，应由国有资本变现来补偿历史欠账，在国有资本经营预算的支出方面增列补助社会保障基金支出，完全符合历史的逻辑。陈元刚、李雪等（2010）运用时间序列中的协整关系检验和修正模型，分析社会保险基金收入和支出的数量变化和趋势协整关系。研究表明：我国社会保险基金收入和支出之间存在长期均衡的协整关系，在短期内还具备动态调整机制，但是，均衡关系社会保险基金支出增加幅度大于收入增加幅度，所以基金面临着保值增值慢和支出迅速增加的双重压力，需要外力的介入才能有效加大调整的力度，缩短周期。朱璐璐、寇恩惠（2010）利用1991—2008年间江苏省城镇居民收入和社会保险基金支出的数据等进行分析，利用格兰杰因果检验等发现社会保险基金支出与居民收入差距不存在明显的因果关系。社会保险基金支出缺口问题依然很严重，当务之急是要加快改革社会保障体系的分配制度而非扩大其覆盖面或其他。张翔（2010）根据2003—2007年山东省社会保险基金支出数据，运用人口理论和柯布-道格拉斯生产函数构建了社会保险基金支出适度水平测算出山东省社会保险基金支出的适度水平区间，并通过与目前山东省社会保险基金支出水平的比较发现：山东省的社会保险基金支出增长速度高于全省经济发展速度，并且山东省的社会保险基金支出水平低于支出水平适度下限，社会保险基金支出明显不足。

综上所述，相关学者对社会保险基金收入与支出的数据做了大量研究，运用很多计量模型对两者时间序列的数量关系变化进行描述，得出的结论比较统一，即社会保险基金在筹集与支出环节存在支出缺口风险，而且这种风险随着时间的推移越来越大，因此提出相应的对策和建议，对风险进行管理控制。

自从我国保险业将偿付能力的概念从国外引入之后，2003年我国颁布了《保险公司偿付能力额度及监管指标管理规定》首次正式将偿付能力风险的概念引入到了保险行业。陈元燮（2003）认为偿付能力是指偿还到期债务的能力，只要资产大于负债就说明具有偿付能力。对保险业来说，偿付能力是指所承担的经济责任在发生保险事故时履行赔偿或给付的能力，即未来的损失赔偿和给付责任。在宏观经济环境没有发生很大波动的前提下，若保险企业能够做到保险费率厘定合理，并有完善的保险基金管理制度，就不存在偿付能力风险。保险企业的业务经营实质上就是一个风险集中和损失分散的过程，而保费是由大数法则在各种假设条件下计算出损失率确定的。从理论上讲，保费收入需要满足保费支出即可。而在实际工作中，由于各种风险发生的不确定性、厘定保费率假设的局限性以及数据资料的误差，保费收入就不足以满足保费支出，保险企业的偿付能力风险加大，就不得不用保费收入以外的资金来进行支付。因此，保险企业的偿付能力风险应该考虑超出正常年景下的赔偿支出能力所承担的风险。

由于与商业保险有同宗同源的联系，社会保险理论界也开始对社会保险基金偿付能力风险的概念进行讨论，并开始搭建偿付能力风险标准的框架体系。殷俊（2002）将偿付能力的概念引入社会保障制度中，结合我国社会保障事业的发展，认为社会保障偿付能力不单是社会保障制度经济功能的体现，也是社会保障制度可持续发展的关键，适度的偿付能力还是社会总效用最大化的要求。目前大多数社会保险基金偿付能力的研究局限在理论上的定性评价，而定量研究主要集中在对我国社会养老保险的“空账”规模的测算上，而忽略了对社会保险基金偿付能力风险的总体估计。社会保险基金的偿付能力风险是指在一定的积累模式下的社会保险基金总负债超过可供支配的总资产而发生超支的概率，如果按照当年的来看就是社会保险基金可供支配的支出超过收入而发生超预期支出的概率。与商业保险的偿付能力不同，社会保险基金的偿付主体是国家而不是社会保险基金管理机构，所以社会保险基金的偿付能力风险的内涵不仅反映了社会保险基金的经济功能、社会保险基金的可持续发展，还反映了最大化的社会效用与适度的社会保险基金偿付能力之间的关系。而且在整个社会保障体系中，相对于社会救济和社会福利，社会保险也是社会保障体系的核心部分，由社会保险基金偿付能力风险则成为社会保障体系风险管理中最重要的部分。因此，如果对社会保险基金偿付能力风险进行评估，并建立与之匹配的预警机制将作为社会保障制度可持续发展的关键，以改革现行的社会保障制度。

社会保险基金偿付能力风险的经济内容表现为由社会保险基金管理机构所代管的社会保险基金收入总额不足以满足当期或未来各项社会保险基金支出总额的资金而导致损失的概率。社会保险基金资金来源主要来源于参保人上缴的社会保险费，且具有投资、储蓄以及支出产生的消费等经济功能，所以它的经济调节功能占有更重要的地位。社会保险基金收入总额一般由社会保险费（税）收入、国家预算拨款和投资收益等组成，也构成了社会保险基金的偿付准备金，其增减变化也体现偿付能力的消长。由于社会保险的保险水平具有刚性，如果偿付准备金数额有可能满足不了社会保险基金支出的数额，社会保险基金偿付能力风险则会增加，国家将承担最后财政责任。为了避免这种情况出现，社会保险基金管理机构可能会向金融机构借贷或发行特别国债来负债运营。

2.2.3　社会保险基金投资运营风险

李俊娴（2008）从社会保险基金投资的风险管理层面，构建了风险约束机制、风险分散机制、风险监管机制、风险保护机制，为控制不可量化的风险提供了广阔的思维空间，也梳理了社会保险基金投资风险的影响因素。笔者认为，社会保险基金偿付能力风险与社会保险基金投资运营风险的关系十分紧密。王延中（2001）认为社会保险基金需要估算不同时间阶段的基金收支平衡，还需要管理风险巨大、安全性要求高的大量累计结余资金。由于我国对社会保险基金投资渠道的限定、相关技术人员的不足和配套风险管理体系的缺位，基金增值率赶不上通货膨胀或利息率，因此我国社会保险积累结余资金的管理与保值增值问题日益突出。张勇、陈耕云（2008）通过实证研究发现社会保险的偿付能力与投资收益率呈同方向变化，说明社会保险基金投资收益率越高，偿付能力越强，偿付能力承担的风险越低。尽管提高投资收益率仅仅是增强社会保险偿付能力的若干措施之一，但是通过对主要包括提高投资收益率、提高缴费率、延长退休年龄、调整计提比例等不同措施对社会保险基金偿付能力的贡献度分析发现偿付能力对投资收益率有很强的敏感性，因此，提高投资收益率是在所有偿付能力风险控制措施中最有效的，而在社会保险基金投资领域中，资本市场是收益率最高的领域，同时也是投资风险最高的领域。因此，对社会保险基金投资风险与收益的度量就成为投资风险管理的重要内容。因此，社会保险基金结余资金管理与保值增值的问题日益突出，而提高投资收益率是在所有偿付能力风险控制措施中最有效的，所以对社会保险基金投资组合风险的度量是其风险管理的重要内容。以下主要是针对社会保险基金投资的风险评估和度量方法进行阐述。

本书认为鉴于社会保险基金收支的刚性化，提高投资收益率是在所有偿付能力风险控制措施中最可行的，但是需要建立在控制投资风险的前提下，所以对投资组合收益和风险的度量是保障偿付能力的重要因素，也是社会保险基金风险管理体系的重要内容。以下主要是针对社会保险基金投资的风险评估和度量方法进行阐述。

本书先对利用均值方差、资本资产定价模型对社会保险基金投资风险评估的文献进行回顾。我国相关学者结合投资组合的均值方差模型与资本资产定价模型对社会保险基金投资收益和风险进行大量研究。毛小纶（2004）根据社会保险基金投资运营的基本原则，结合投资组合理论在资本资产定价模型的基础上利用的单指数模型，建立了社会保险基金投资目标规划模型，并用此模型计算了社会保险基金投资的股票组合中各只股票在不同市场风险水平和预期收益率的条件下的权重以及分析了权重的变化趋势。刘子兰、严明（2006）采用均值方差模型等分析工具，对全国社保基金投资风险进行测度，构建了社会保险基金投资组合模型并展开实证分析，为社会保险基金可量化的风险管理提供了解决思路。周秀弟（2006）以上证指数、上证国债指数和1年期定期存款利率在不同的投资组合中的期望收益率作为收益指标，以收益率的标准差作为风险的衡量指标，总结出社会保险基金进入资本市场后进行投资组合的收益风险模型。李小欧（2007）根据该模型做了跟进研究发现我国的股票市场风险虽然较大，但如果合理与逐步地加大社会保险基金资产投资比例，在风险可控的前提下，收益率将会有显著提高。祝献忠（2008）认为虽然我国资本市场远远达不到有效市场，但社会保险基金投资于资本市场，投资组合的收益与风险关系依然符合资本资产定价模型的要求，符合风险与收益的正方向线性相关，因此，风险永远是在社会保险基金投资组合中衡量收益的指标。宋晓纳（2008）通过各组合与市场指数的拟合情况来看，各组合与市场指数的相关程度极高，社会保险基金组合超越大盘指数的能力并不明显，还有很大的非系统性风险没有分散掉，建议在保证安全性的同时逐步放开全国社保基金在股票和证券投资基金上的投资限制，以便在较低风险水平下获取尽可能高的收益。荔锐（2010）对国际金融危机背景下社会保险基金的风险管理进行了研究，着重进行了风险识别并使用资本资产定价模型和β系数法对社会保险基金投资风险进行度量，发现社会保险基金投资组合的系统性风险远低于我国A股市场的同期水平，在风险控制方面做得相当不错，但是社会保险基金投资组合的收益率只比市场平均收益率略高一点，并同处亏损状态，可见国际金融危机下股票市场存在巨大的系统性风险，投资收益均为负值，只是大小不同而已。

以上研究表明，均值方差模型与资本资产定价模型都可以对社会保险基金投资风险进行度量且其度量结果基本一致。但是，有学者研究证明社会保险基金投资组合风险规避能力有限，很大的非系统风险没有分散掉；有学者认为社会保险基金的风险控制做得相当不错，其投资组合的系统风险比较低。之所以会有这种矛盾的结果主要是由于相关学者在度量过程中，普遍选择研究时点最近的一年作为研究时间，这样会出现不同年份市场指数的时间波动对当年社会保险基金投资风险产生影响，导致度量准确性下降。而且相关研究对样本的选择也不尽相同，一般方法都是选择一个比重较大的投资组合作为研究样本，选择角度不同，选取的样本也不同。因此，本书在相关研究的基础上做进一步方法和数据选择优化，在全时间和全样本中评估和度量社会保险基金的投资风险。

下面，本书将利用VAR模型对社会保险基金投资风险进行评估的文献进行回顾。本书认为在采用资本资产定价模型或投资组合理论时，使用方差或标准差来度量风险存在两个问题：一方面，由大量实证检验可知绝大多数金融变量的收益率分布存在明显的非正态特征，明显的标志就是收益率的非对称与厚尾等特征；另一方面，方差度量对正负离差平等对待有悖于投资者的风险偏好。因此，VAR（在险价值）作为一种新的卓有成效的风险量化新技术手段应运而生，其可以在很大程度上弥补方差度量方法的固有缺陷，成为现阶段风险管理研究中应用程度最为广泛的方法之一。国外许多金融机构在构建风险管理体系中已采用VAR来度量和管理投资组合的风险，巴塞尔委员会也要求金融机构采用VAR测量其面临的市场风险。VAR不但是计算现有投资组合风险的有效技术手段，也是构造未来与潜在投资组合的重要工具，而且基于VAR思想的事前风险评估，并以之为依据构造证券组合也为投资风险管理投资提供了技术突破。

我国学者近年来也开始运用VAR风险管理模型度量社会保险基金投资风险。莫嘉玲（2005）对我国社会保险基金投资过程中的风险类型和风险的衡量展开了具体的分析，发现现有的大多数风险管理工具的精确性较差，社会保险基金无法准确地测度投资风险，更谈不上进行有效的风险管理和投资。因此，应该在社会保险基金投资中采用VAR方法，这样不仅可以精确地计量市场风险，还可以帮助社会保险基金构造最优的投资组合，主要因为VAR方法既可以将风险量化为具体数值，也可以比较不同时期或不同规模的投资组合的风险，VAR方法还可以对社会保险基金投资组合模型进行修正。胡继晔（2007）对1993—2006年我国资本市场运行的实证研究表明，作为风险量度的投资组合，VAR每增加1%，可以获得0.221%的预期收益。社会保险基金一定程度地参与股票市场，不仅可以享受经济增长的红利，而且可以取得投资组合分散风险的结果。刘渝琳，李俊强（2008）计算出社会保险基金的VAR取值范围，认为股票在投资组合中应占30%左右，而VAR=25%是投资组合风险控制上限的参考标准。薛江（2008）认为风险度量方法兼顾多种市场摩擦因素，并结合我国证券市场数据与实际运行的社会保险基金一〇九投资组合实证对比测试后得出，投资组合的收益提高，并且把风险控制在了理想的范围之内。刘颖（2009）从财务指标监管的角度，将运用VAR方法来度量并风险控制的方法引入到社会保险基金指数来加强投资业绩考核，尽可能减小投资失误产生的损失。目前国外一些大型金融机构已将其所持资产的VAR风险值作为其定期公布的会计报表的一项重要内容加以列示。高鹏、梁海明（2010）利用VAR方法对入市的社会保险基金收益率的风险进行了度量，表明社会保险基金收益率提高的同时风险值大幅度上升的事实，这为我国如何在基金风险控制与保值增值的权衡中做出选择提供了新的思考。

同时，也有相关学者将其他投资风险度量方法与VAR方法搭配使用。何军、周明（2008）使用均值方差模型、β系数模型、VAR模型度量社会保险基金资产风险。均值方差和β系数分析均表明，社会保险基金投资组合的系统性风险小于大盘风险；各股VAR值加权明显大于组合的值，也说明了投资组合可分散风险。李向军（2010）利用CAMP模型等资本市场理论和方法，对全国社保基金股票投资组合表现进行了实证分析，结果表明社会保险基金各投资组合基本上都体现理事会所倡导的价值投资和稳健投资理念，尽管投资组合非系统风险分散不够理想，但综合考虑风险因素和收益因素来看，大部分社会保险基金投资组合的收益率都高于市场组合的收益率。模型实证结果还说明多数社保组合投资有较好选股能力，而没有择时能力，两者呈负相关关系，说明社会保险基金的管理人尚不完全具备既能成功实现证券选择能力，又能成功预测市场走势的能力。同时，VAR模型的实证研究表明，T分布尽管有时无法体现社会保险基金投资组合的收益和风险分布特征，也能大概反映出收益和风险分布的特征。有近一半的社保投资组合收益和风险对股市好消息和坏消息的反应幅度不同，坏消息带来的负面影响显著大于好消息对收益的正面影响，存在杠杆效应，而多数社保投资组合的收益并没有体现所承担的风险，收益和风险不对称。

所以，本书认为均值方差模型和β系数模型等传统方法仍有一定的借鉴意义，因此在研究中同时使用了均值方差模型、β系数模型，结合我国股票市场的大盘指数，将社会保险基金投资风险与市场风险相联系，以两者的相关系数作为投资风险的度量形式。但是这种方式仅仅能将投资风险定义为随市场波动程度作为风险度量的唯一标尺，并没有考虑到其他因素，也不能将投资风险的潜在损失值估计出来，满足不了实务部门的工作要求。而VAR的风险度量方法不但成功地摆脱了均值方差模型、β系数模型等方法的固有缺陷，综合考虑了股票市场对决定股价的其他因素，引入了时间序列的纵向观察方法，以不同的持有期来将社会保险基金持有的股票进行权重组合，用全新的视角去度量风险，并将投资风险进行量化，计算出最大损失值，成功地将投资潜在损失的数值度量出来。因此，VAR方法对于社会保险基金管理机构来说有很强的借鉴意义，既能作为投资风险预警机制的核心方法，也可以作为投资绩效考核的重要指标。

社会保险基金偿付能力风险大大增加，也要求社会保险基金必须拓宽资金来源，在CPI指数高的环境下，加大投资力度，实现资金的保值和增值。随着我国资本市场的不断发展，市场运行机制将更加健全，为社会保险基金投资提供更活跃的市场基础和更广阔的收益空间的同时，由于市场的不稳定性，也加大了社会保险基金的投资风险。如何对社会保险基金投资运营风险进行管理也已经成为基金管理机构的重要课题，也为立法机构、政府部门、参保人、利益相关者和社会中介机构所关注。

现阶段我国社会保险基金可以划分为全国社保基金和地方社会保险基金两个部分。全国社保基金指中央政府集中的国家战略储备资金，是由国有股减持划入资金及股权资产、中央财政拨入资金、经国务院批准以其他方式筹集的资金及其投资收益形成的并由中央政府集中的社会保险基金，即是通常所说的可以进入股市的社会保险基金，而且各省市的地方社会养老保险基金的个人账户也由全国社保基金投资和运营。地方社会保险基金指地方社会保险基金收入扣除支出后的余额。除了两者投资主体不同之外，投资目的也不尽相同。全国社保基金投资必须要在安全的前提下实现保值、增值的目标，以应对未来人口老龄化提高带来的社保支出增加的要求；地方社会保险基金主要是应对地方现实支付情况，要求保证资金的安全性和高偿付能力。因为投资目的不同，两者投资能力和领域也有区别。全国社保基金拥有健全的管理机制和高水平的专业投资团队，能够使投资在赢得较高收益率的同时，又具有较高的安全性，投资领域能够涉及股票、实业、海外市场、股权等多个市场和投资品种。而地方的社保基金按国家规定留足两个月的社保支付金额后，投资的渠道一直限定为专户储存和购买政府债券，严禁用作其他投资用途。本书讨论的能够在资本市场进行投资的社会保险基金主要是指全国社保基金，也是通常所说的可以入股市投资的社会保险基金，地方社会保险基金主要投资领域就是银行存款和固定利率债券。

2.2.4 社会保险基金会计控制风险

高一斌、王宏（2005）指出内部控制制度的建设应从内部会计控制抓起，并以此推动整个内部控制制度的建立健全。内部会计控制能够保证财务信息的真实可靠，不仅有利于社会保险基金管理者优化投资决策、加强风险控制，还能为参保者的外部监督提供信息支撑。我国政府和相关学者纷纷开展对会计控制的理论和实务研究。我国财政部于2001年6月22日发布了《内部会计控制规范——基本规范（试行）》和《内部会计控制规范——货币资金（试行）》。刘玉廷（2001）指出，两个规范作为《会计法》的配套规章，是强化组织内部治理控制的重要举措。这也为我国社会保险基金加强内部会计控制奠定了制度和理论基础。林姗姗（2006）认为我国社会保险基金会计控制中面临很大的风险，不但会出现少计基金利息收入、少报基金收支、转移基金收入等现象，一些地方行政部门还利用相关会计政策上的缺陷和漏洞，以及会计核算处理的不规范，将社会保险基金用于经办机构经费补助支出，用于平衡财政预算，甚至将基金用于其他毫不相关的支出项目。随后，我国学者从不同角度对社会保险基金会计控制进行研究，并结合社会保险基金会计管理现状，提出社会保险基金会计相关问题的不同看法。

对于社会保险基金会计控制体系而言，社会保险基金会计理论是体系的基石。对于社会保险基金会计控制的研究离不开对社会保险基金会计理论的深入探讨。成圣树、郭亚雄（2001）认为我国社会保险基金会计理论体系法律构成长期缺位，一定程度上阻碍了我国的社会保险基金会计改革步伐。社会保险基金会计不同于企业会计和非营利组织会计，现有会计规范不适用于社会保险基金会计，其应有自己的一套理论和方法。现阶段，我国社会保险基金进入转型阶段，国家有关部门正在采取扩大社会保障覆盖面、鼓励社会保险基金进入资本市场，并拟开征社保税、实行国有股减持等具体措施，增加社会保险基金的供给量，加强基金运作，保证养老保险金、医疗保险金和失业保险金如期、足额发放。与此同时，社会保险基金会计改革相对滞后，不能及时转变传统的基金管理观念，没有起到对风险的监督和控制作用。郭亚雄（2002）还认为我国现行的社会保险基金会计体系始于20世纪80年代中期，财政资金会计管理体制约束了社会保险基金自身的发展，社会保险的社会职能难以充分发挥，社会保险基金会计控制体系亟待构建，需要重新修订现行的社会保险基金财务会计制度。宋志华、李凯（2008）主要从社会保险基金会计主体、会计要素及核算基础、账户设置和会计报告四个方面对社会保险基金会计控制体系进行研究，为下一步完善我国社会保险基金会计制度和理论体系奠定基础。周咏梅（2009）认为目前我国缺乏对社会保险基金会计基本理论的研究和指导，社会保险基金会计基本理论的研究成果极少。应建立社会保险基金会计理论研究体系，解决好国家法规与社会保险基金会计之间的关系，进一步完善会计控制体系。关于社会保险基金会计控制目标，美国会计学者从20世纪50年代开始对会计控制目标展开研究，认为政府会计控制的基本目标可以归纳为：（1）对公共履行职责的责任，使使用者能够确定这种受托责任；（2）帮助使用者评价政府主体年度的受托责任；（3）帮助使用者确定政府单位提供服务的水准，及符合他们必须履行责任的能力。岳松、李真（2008）认为社会保险基金会计的目标是社会保险基金会计理论体系建立的出发点和归宿点。由于我国社会保险基金管理制度同时存在不同性质的社会统筹账户和个人账户，因此我国社会保险基金会计应选择受托责任观为主要目标，并辅以决策有用观。周咏梅（2009）认为社会保险基金会计控制目标决定着社会保险基金会计信息质量和会计确认原则等会计理论基础要素，而我国社会保险基金会计目标在现阶段仍然很不明确，社会保险基金管理机构与其他利益相关者的关系尚未梳理清楚。

社会保险基金预算控制是社会保险基金会计控制的重要工具，是基金活动有计划、按步骤有效开展的基础。王静（2001）认为社会保险基金会计在我国的会计体系中被划为预算会计体系是不妥的。预算会计的资金来源主要是国家财政拨款，但是预算会计资金主要是用于行政事业单位及政府机关的日常必要开支，社会保险基金会计制度中规定资金来源并最终发放给投保人，资金来源不同于预算会计，资金也按规定发放给受救济、享受福利及优抚的人，所以从这个角度来看，社会保险基金会计归入预算会计体系是不妥的。汪泽英（2002）也认为由于历史负债问题，目前不具备把社会保险基金纳入财政预算的条件。然而不同学者对社会保险基金预算层次有着不同的认识，特别是近年来，更多学者比较支持将社会保险基金纳入预算体系中。石慧（2007）认为我国的社会保险基金管理存在不容忽视的问题，如社会保障呈现多部门管理，各个部门间保障责任不清，部分社会保险基金游离在预算体系之外，实行预算外管理。社会保险基金收支项目混于政府其他收支当中，难以准确全面反映基金情况等。我国应根据社会保险基金纳入预算管理体系的难易程度，提出了改革配套措施、分步构建统一完善的社会保险基金预算管理体系的总体构想。社会保险基金预算管理模式下的具体科目内容，通过多种形式表现出来，全面地反映了社会保险基金收支状况。陈建宇（2008）认为我国应当建设一个比较健全的社会保险基金预算制度和预算框架，以及时有效地反映其收支运动和资金结余的全面情况，并接受立法机构全面和全过程的监督。韩鑫昕（2008）认为社会保险基金应实行统一预算管理。王文素（2010）认为必须要编制预算将社会保险基金的收支科目重新归并和界定，将应当列入社会保险基金收支的项目列入预算，大大增加收支统计的准确性和可信度。可见，编制社会保险基金预算是必要的。

现阶段我国社会保险基金会计核算也是会计控制研究的重点。郭亚雄（2002）认为以收付实现制作为会计要素的确认基础，已经不能适应社会保险基金会计管理的需要。随着社会保险基金运营范围的拓宽，资产的形态不仅仅是现金、银行存款、债券，还会有短期投资、应收票据、存货、长期投资、固定资产，甚至有无形资产等形态的存在。胡继红、邓大松（2004）、李菊芳（2006）认为现行的收付实现制会计核算基础不能全面准确记录和反映社会保险基金的负债情况，不利于防范基金风险，也不符合政府会计改革的趋势。其认为收付实现制已经不能真实反映当前社会保险基金的财务状况。高立（2003）也认为现行以收付实现制为基础的基余财务制度所提供的财务信息不完整，甚至出现信息误导，使社会保险基金的决策、管理、监督等缺少准确依据。在收付实现制度体系下，财务信息的真实性、完整性和可比性存在先天不足，这不利于基金管理机构内部会计控制的建立，而没有一套公开透明、行之有效的监督管理体系，社会保险基金风险管理将无从谈起。姜宏青、季园园（2006）认为我国社会保险基金隐性债务是制约基金管理体制改革的关键因素。只有采用权责发生制和基金会计模式两种方法，才能将隐性负债显性化。邓沛琦、黄菱子（2011）认为我国为适应社会保险制度改革而建立的以收付实现制为基础的社保费会计核算方法，在社保费征收实践中有很大的局限性和缺陷，即不能全面反映社会保险基金的收缴、记账等运行情况，难以满足社会对社会保险基金财务真实准确的信息需求。林治芬、宋志华（2007）认为我国社会保险基金纳入财政专户管理的是社会统筹和个人账户的混合基金。对两种性质不同的基金使用同一套会计模式进行管理，使得我国社会保险会计理论与实践产生一系列混乱和矛盾。赵红梅、水梅（2005）认为社会保险基金会计制度是我国社会保险费收支会计核算的依据。目前我国社会保险基金现行核算制度尚有一定的局限性，不能全面反映社会保险基金的资产、负债与运行情况。随着我国社会保障制度改革的日益深化，社会保险基金的会计核算方法也需要进行相应的调整。社会保险基金会计账户设置问题也给会计核算带来诸多不便。郭亚雄（2002）认为社会保险基金会计科目按基金分类设置，会计核算科目杂乱，给会计管理工作带来困难。段宁华（2009）认为社会保险基金各险种会计科目的差异性导致不能对工伤保险基金、生育保险基金、最低生活保障基金等其他社会保险基金进行会计核算。杨珺（2009）认为社会保险基金会计核算体系中的个人账户核算不明晰。同时，社会保险基金会计核算的二级及以下科目的名称和核算内容均未确定。基金核算管理的规范性差，影响了基金综合分析的质量和效果。

社会保险基金内部审计作为内部控制的重要环节，也是会计控制的关键控制手段和方法。龚凌燕、周红（2006）认为由于社会保险基金经办机构至今尚未建立健全内部控制制度，对不相容职务未进行分离控制，相关岗位和职务之间缺乏相互监督、相互制约，不能形成有效的权限控制。因此，这种情况加大了社会保险基金内部审计的难度和有效性。李蕊爱、辛旭（2008）也认为由于部分社会保险基金管理机构内部控制制度不健全、管理不完善，加上社保资金来源渠道多、使用范围广、业务流程复杂等，致使社保资金在征收发放环节票据管理不严。内部审计体系内部还缺乏必要的协调配合。在内部审计部门与业务职能部门之间对社保资金审计缺乏必要的协调配合。在这种状况下，不仅审计内容不完整，难以避免不必要的重复和交叉，而且很难做到在统一的目标下，各职能机构协调配合，充分发挥内部审计监督的整体职能。寇勇刚（2009）认为我国社会保险基金内部审计监督缺乏及时性，监督方式单一，很难做到年度和实时审计，造成了资金使用中的很多职务舞弊。同时，这种事后监督的形式非常滞后，风险往往已经造成巨大损失后才被审计出来。姜梅、吴万春等（2007）针对我国社会保险基金内部审计的主要流程提出联网审计的崭新审计模式。通过尝试对社会保障基金数据的联网审计，研究探索联网审计模式。刘爱东、李云（2009）认为内部审计是保证社会保险基金资金运行效率的重要手段，而基金运行的特性也使社会保险基金内部审计与其他审计产生很大区别。因此，需要对社会保险基金运行流程进行再造，将内部审计程序嵌入基金运行体系中，找出风险点，完成整个风险导向的内部审计目标。

以上研究表明，国内学者从社会保险基金会计理论与制度、会计主体控制、预算控制、核算控制、会计信息和内部审计等不同视角对社会保险基金会计控制进行了探讨，但总体来说缺乏比较系统全面的分析和研究。目前，我国尚无社会保险会计准则规范会计处理，所以在对社会保险基金的会计处理上存在核算原则不相符、会计主体不明确、科目设置不匹配、会计确认和计量不准确、列报和信息披露不全面等问题，无法监督企业管理者实事求是的核算和计提社会保险基金，也无法监督政府部门和社会保险基金管理机构合理收支和保管基金，无法保证基金的低风险运行。因此，全面分析社会保险基金的会计控制问题，系统梳理会计流程中存在的风险，具有十分重要的意义。

我国财政部在 2001 年 6 月发布的《内部会计控制规范——基本规范》中对会计控制的定义是："单位为了提高会计信息质量，保护资产的安全、完整，确保有关法律法规和规章制度的贯彻执行等而制定和实施的一系列控制方法、措施和程序。"阎达五、宋建波（2000）认为广义的会计控制既包括"会计控制"，也包括"对会计的控制"。"会计控制"是指通过会计工作和利用会计信息对生产经营活动所进行的指挥、调节、约束和促进等活动，以实现组织经营目标；所谓"对会计的控制"则是指对会计工作及其质量所进行的控制，这是对控制者所进行的一种再控制。张炎兴（2001）、张俊民（2001）、程新生（2003）均认为在所有权和经营权相分离为主要特征的组织中，存在着双重会计控制：第一重控制是所有者对经营者的控制；第二重控制是经营者对生产经营活动的控制。张月麟、窦为恒（2008）认为内部会计控制是单位内部为保证经营方针和目标的实现而对经济活动进行组织、制约、考核和调节的一种控制机制。可见，会计控制的双重控制属性得到众多学者的一致认可。

社会保险基金会计控制虽然不同于企业会计控制，但政府作为委托人将社会保险基金委托给社会保险基金管理机构进行收支管理和投资运营，从这一点来看，社会保险基金同企业有着相似的受托责任关系。那么我们可以借鉴企业控制内容的分类，将社会保险基金会计控制也可分为“社会保险基金会计控制”和“对社会保险基金会计的控制”。因此，社会保险基金会计控制的概念可以分为两个层面去理解，第一层面为通过会计工作和利用会计信息对社会保险基金的收入、支出以及投资运营等业务活动的确认、记录和报告过程中所进行的指挥、调节、约束和促进等活动，提供真实、可靠的会计信息以保证社会保险基金的合规性，资产安全、完整以及高效运转，以保障基金偿付能力和实现保值增值的目标。第二层面为在这个过程中社会保险基金管理机构还要对其会计工作及其质量所进行的控制，对基金会计管理活动进行的一种再控制，全面了解会计控制中的风险，并进行规避。社会保险基金会计控制体系涉及诸多内容，其中最为基本的内容主要由三部分组成：一是社会保险基金会计控制的基本理论和制度，具体包括社会保险基金会计基本假设、社会保险基金会计要素、社会保险基金会计要素的确认和计量等。二是社会保险基金会计核算内容，包括社会保险基金预算控制、会计核算、会计账户的具体设置和会计信息报告。三是社会保险基金内部审计，主要是基金管理部门对会计控制工作的再控制，也是一种过程和结果的监控和管理，以便于基金管理机构及时发现会计控制过程中的风险，并及时整改并上报给上级部门。社会保险基金会计控制作为社会保险基金管理体系或制度的一个重要组成部分，其主要功能在于详尽描绘社会保险基金的征收、支付和投资运营的实际运行过程，从数据上揭示社会保险基金运行中的相互关系，从而为全面了解资金实际运行过程，具体制定各项宏观社会保险基金政策提供基本技术依据。

2.2.5 社会保险基金信息管理风险

社会保险基金会计信息作为会计控制的重要管理和监督手段及方式，国内很多学者对其管理做了深入研究。周咏梅（2001）对基金主体和基金管理机构进行介绍，详细说明了基金欠收明细表、暂收暂付明细表的编制要求，并增加了包括报表注释在内的其他会计信息内容。郭亚雄（2006）提出利润表和现金流量表两大报表，认为这是反映社会保险基金管理机构某一特定期间收入和费用等会计要素变化的报表。研究还涉及收入支出表和预算执行情况表，主要用来反映基金在年度内的收支运营和预算执行情况。补充报表主要反映基金的详细情况，主要包括基金征收明细表、基金发放明细表。罗丽娜（2005）认为社会保险基金会计信息功能未得到充分发挥。会计的重要职责是向信息使用者提供决策有用的信息。目前，社会保险基金管理机构缺乏足够的时间和精力对基金收支和投资情况进行审核、分析以及预测，基本无法提供有价值的会计信息。林永春、阎君（2006）认为我国社会保险基金金额巨大，并拥有庞大的参保人群体，而大多数参保人根本无法获得社会保险基金的财务信息。在信息时代，这种信息高度不对称的现象会导致社会保险基金会计核算丧失其功能，基金运行也偏离了服务公众的最终目标。岳松、李真（2008）认为社会保险基金会计信息是社会保险基金会计理论体系的重要部分。由于我国社会保险基金管理制度同时存在不同性质的统筹账户和个人账户，因此我国社会保险基金会计信息具有复合性的特点。黄丽娟（2003）认为由于我国社会保险基金会计信息需求者严重缺失，参保人和参保单位尚未察觉其在基金风险管理中的角色，也没有了解其作为基金最终损失承担者。王辰君（2008）认为我国政府对于全国社保基金投资问题一直都很重视，但是却从未在会计信息披露问题上多下心思，从根本上讲，这与全国社保基金的外部利益相关者的会计信息需求意识有很大关系。

社会保险基金信息披露作为参保人维护自身权益的主要依据，也成为相关学者关注的重点。黄丽娟（2003）认为我国社会保险基金会计信息披露的信息使用者缺失，政府为主体的监管主体没有辅以民间监督机构的监督就不能更有效地制约社会保险基金管理机构的行为。社会保险基金管理机构作为社会保险基金会计信息的提供者，其提供的会计信息主要依据政府制度的规定，而政府制度的出台通常滞后于实际的情况，会计信息披露完全起不到信息监督应用的作用和效果。付珺（2008）认为我国社会保险基金信息管理滞后，披露制度不健全，导致基金无法公开化和透明化运作，无法为社会监督提供任何载体。王辰君（2008）认为全国社保基金理事会负责社会保险基金投资运营，却鲜少有人知道全国社保金的真正情况，会计信息的披露成为政府监管的薄弱环节。梁磊、汪政（2006）认为全国社保基金理事会较少直接干预社会保险基金的日常投资活动，对社会保险基金的投资行为及市场表现的监管主要通过信息披露和现场检查两个途径来实现，其中社会保险基金定期向监管机构报告及向社会公开披露信息（也称为非现场监管）是最主要的途径，其披露信息的真实性和准确性则主要依靠外部的独立审计来完成。而信息披露情况不健全则加大了社会保险基金外部监管的风险。

从以上的比较我们可以得出国内学者在研究社会保险基金会计信息管理内容上的一些特点：一是基本框架内容一致。社会保险基金会计管理体系的构建仍然是以基本的会计信息披露体系为范本，所以社会保险基金会计披露内容也都包括基本情况介绍、财务报告和其他信息三方面。二是报告主体以会计主体为主。在主表的设计上大多以反映社会保险基金会计主体为主。三是重视对基金信息的定性披露。社会保险基金的收支、运营状况通过补充报表体现。

近年来，我国社会保险基金进入了高速发展阶段，社会各界对社会保险基金的关注更多，对基金管理信息的需求也愈加强烈。目前，我国五项社会保险基金缴费金额合计数已经超过工资总额的40%，甚至在很多地区超过50%，缴费水平领先世界其他国家。面对金额如此之大的基金管理压力，基金管理工作对信息管理的要求就会更高，由此也对服务于基金管理工作的计算机信息系统做出了更加严格的规范，然而针对目前现实情况来看，相当一部分省市社会保险基金管理系统水平低，不论在信息生成还是信息披露都未形成完整的信息披露系统。社会保险基金管理机构中以会计信息为主的信息系统尚不能提供可靠和相关的社会保险基金管理报告，不能满足机构内部管理的要求。在外部信息披露上，无论是在信息的决策有用性还是可理解性等方面都无法达到外部信息使用者的要求。

而且当前社会保险基金管理机构所使用的计算机软件，基本上没有对涉及基金的信息进行安全等级的区分，也没有建立数据操作的权限控制，基金管理机构并没有对信息管理制定相应的措施，无法及时监管管理人员在信息管理中的主观更改和客观失误。同时，社会保险基金信息管理人员往往缺乏合理的岗位设置，同一人员兼任信息制作与信息披露工作，而且在计算机系统中也没有进行权限登记，信息管理工作缺乏可复核性，不利于日后的内部审计与外部监督。此外，社会保险基金管理机构中的信息管理系统在软件和硬件方面建设尚不完善，特别是对计算机病毒的防范工作往往不到位，影响基金信息管理软件的正常运行，导致基金的信息管理运行中承担很高的风险。

2.2.6　社会保险基金外部控制风险

社会保险基金案的频发，引发了人们对于社会保险基金监管问题的热议。如何建立和完善社会保险基金监管体系，加强对社会保险基金筹集、基金支付和投资运营流程的监督，成为社会各界关注的焦点。林志超（2007）认为社会保险基金监管是社会保险基金体系的有机组成部分，贯穿于制度运行的各个方面，主要包括社会保险基金经办风险和运营风险。其中经办风险监管主要有基金征缴风险监管、支付风险监管和结余风险监管；运营风险监管主要有基金运营准入风险监管、动态的基金运营风险监管和运营退出风险监管。刘波（2010）认为有效监管是社会保险基金安全运行的重要保证，国家为此出台了一系列的政策在执行中存在法律障碍、体制障碍、技术障碍以及信息不对称等问题，健全监管法制，完善监管组织体系，推进信息化建设和完善信息披露制度是解决问题的有效之策。正是因为社会保险基金外部控制的重要性，国内学者基于不同视角对社会保险基金的外部监管存在的风险问题进行研究。

从社会保险基金制度监管风险的角度来看，巴曙松（2010）从法律和规则的角度看社会保险基金外部监管是通过法律和规则对基金的管理运营活动加以法律和规则的约束，系统地进行管理和控制，使其合规有效运营。从外部对社会保险基金进行风险控制和监管，保障基金管理制度和政策执行的连续性，防范基金管理的各种风险的发生，也为下一步制定和更新制度和政策提供案例支持。姚春辉（2009）认为当前社会保险基金监管法律层次和法律地位偏低，严格限量监管模式增加了监管成本，监管主体间职能重叠交叉、职责不清；缺乏对社会保险基金的流程监控。易定君

（2009）认为我国现行社会保险基金的运营存在的问题主要体现在监督对象和监督主体定位模糊，从深层次的角度来说，是法律体系的构建缺乏严密性和有效性，法律的滞后必然导致监管体系的无力。张新民（2004）认为作为国家的最高权力机关和立法机关，全国人民代表大会及实行社会保险统筹的地方人民代表大会应设立“劳动与社会保险基金委员会”，以加强对包括社会保险基金在内的整个社会保险基金的立法监督。

从社会保险基金政府监管风险来看，李春根、朱国庆（2009）认为我国行政管理机关与基金管理机关合一、只对上级负责的行政机构，使得我国的社会保险基金行政监管体制变得非常脆弱，监管体系是非常脆弱的，甚至是无效的。杨琛、易守宽（2010）认为我国社会保险基金的监管力度很薄弱，劳动和社会保险基金部自设立社会保险基金监督司以来人员长期处于缺编的状态，全国专职从事社保监管工作的人员明显不足。监管力量与当前监督工作的需要严重不匹配。罗华林、周俊（2009）则认为我国社会保险基金的政府监管存在着很多问题，主要包括社会保险基金政府监管的动力不足，精力欠缺，监管水平具有业余性和低效率，不但存在多部门分散监管的弊病，还存在监管的寻租与腐败。李小倩（2006）认为社会保险基金政府监管效率和评价方法有缺陷。社会保险基金支出的相当部分具有转移支付的性质，其中绝大部分具有非营利的性质，其费用支出没有统一的、固定的标准。大量转移支付项目的社会效益往往大于其经济效益，因此必须找到一套完整有效的尽量接近现实的监督指标，对其进行定量分析。张楠（2009）认为我国社会保险基金投资收益率较低，基金安全性差，建议实现社会保险基金行政管理权与经营管理权相分离、资产管理权与负债管理权相分离、统筹账户资产负债管理权与个人账户资产负债管理权相分离的“分权制衡式”社会保险基金安全性运营监管体系以保障社会保险基金的安全完整。

从社会保险基金外部控制中的参保人、资本市场投资者等利益相关者的角度出发，张克晴（2009）认为全国社保基金理事会的优势是资产承担的风险有底线，但最大的缺陷是容易产生代理人风险，而代理人风险在公共产权资产管理框架尚没有形成合理制约或激励的投资土壤上是最容易滋生的，也是最难根治的，而且全国社保基金理事会管理来源于财政拨款和国有股减持的资金，因为数额较大且所有者主体缺位（属于社会保险基金参保人），在管理上有一定难度。可以说全国社保基金理事会既是投资者又是监督者，难以保证监督的公正性。刘永泽、唐大鹏（2011）指出资本市场上社会保险基金的利益相关者对社会保险基金持股信息具有强烈的市场反应，被社会保险基金持股的上市公司股价超额收益非常明显。这意味着资本市场上各个利益相关者应该加强对社会保险基金信息监督，由于所有市场机构投资者或个人投资者都是社会保险基金参保人，也应该树立对社会保险基金运营监管的主体意识。唐大鹏（2011）认为资本市场上利益相关者对社会保险基金投资信息关注不断提高，并对上市公司股权筹资偏好产生很重要的导向作用，作为社会保险基金的投资对象，上市公司对资金雄厚的社会保险基金的投资更加关注。刘永泽、唐大鹏（2011）还认为社会保险基金在长期来看对上市公司的盈余管理的治理效果说明其对资本市场利益相关者具有非常大的影响力。

从社会保险基金社会审计的角度出发，杨茁（2001）对社会保险基金风险预警、防范及审计监督系统的建立与可操作性进行研究，发现在社会保险基金要加强筹集和支出管理，并要大量进入资本市场、社会保险基金进行多样化投资时，如何规避风险，维护整个金融市场秩序，尽快建立规范的社会保险基金管理审计监督系统，对社会保险基金管理及运营的监控，不应当事后监督，而是在社会保险基金制度运行过程中就应当具备自检查、自修正的内外部结合的监控系统。魏新军、孙键（2001）认为应该将社会保险基金筹集、支出和投资运营全过程置于经常性的审计监督之下，如何使社会保险基金审计卓有成效，是社会审计理论界和实务界都非常关注的一个崭新的话题。刘爱东、陈森（2009）认为应该充分调动社会（民间）审计力量的积极性为了使有限的资金发挥最大的效用，由于国家审计部门的资源有限，不能在某些技术方面满足社会保险基金审计的要求。加上国家审计机关设置在国家行政部门的关系网络中，难以保障其实质上的独立。所以，社会保险基金审计工作应调动社会审计力量的积极性，为提高风险导向审计的效率和效果创造了一个良好的环境。

可见，国内学者大多针对社会保险监管的制度监管、政府监管和信息监管进行了探讨，但是缺乏一定的系统性，研究往往从某一领域或视角出发，缺乏对社会保险基金外部监管的全局把握。同时，由于包括我国社会保险基金参保人、资本市场投资者和民间审计力量在内的众多社会保险基金利益相关者地位没有得到广泛重视，其在社会保险基金管理和决策中没有任何发言权，缺乏社会监管的社会保险基金在运行中必然要承担很大的委托代理风险和投资风险。我们发现社会保险基金信息作为外部控制的主要手段，不管对于政府相关部门的监管还是对于利益相关者的监管来说都是至关重要的。从市场化监督的角度出发，政府相关部门的对于社会保险基金信息特别是投资信息披露还没有相应的规定。在这种松散的控制条件下，社会保险基金信息披露方式与信息含量往往引起利益相关者的极大关注。目前，我国资本市场特别是A股市场是社会保险基金投资的主要领域，我国人数众多的利益相关者既作为社会保险费的缴费人同时又是资本市场上的投资者应该享有社会保险基金投资信息的知情权，并应该责无旁贷地肩负起监督的义务，加强对社会保险基金的外部监督，以降低其投资风险。资本市场上与社会保险基金性质的其他机构投资者也被赋予降低资本市场的波动性的使命，也是社会保险基金的外部监督的重要力量。但是我国缺乏对社会保险基金参保人和利益相关者等问题进行广泛的研究。因此，全面梳理我国社会保险基金外部控制风险点是十分必要的。

社会保险基金外部控制是相对其内部控制而言的，是由社会保险基金管理机构之外的机构和个人对基金管理经营中产生风险的控制活动，是社会保险基金风险管理体系中的重要组成部分。社会保险基金外部控制旨在对基金收支管理和投资运营予以监管，从而保证内部控制目标更好地实现。相比社会保险基金内部控制而言，外部控制具备更强的独立性，监督作用更加客观，管理运营信息反映更加全面。为便于对社会保险基金实施会计监督，还需要建立和完善一个以司法部门（公安、检察、法院）、政府经济管理部门（财政、税务、审计、工商）、政府行政管理部门（监察、纪检、劳动和社会保险基金）、利益相关者（全体参保人和资本市场投资者）和中介组织（会计师事务所、律师事务所、研究咨询机构及其他社会团体）为主体的社会保险基金经营主体社会监督体制。本书社会保险基金外部控制的概念是为了防范和降低社会保险基金管理运营总的各种风险，保护参保人的合法权益，保证基金资产的安全完整和保值增值，保障社会保险基金按时和足额支付，国家根据相关的法规和政策，授权专门机构，包括行政监管机构和专业监管机构，对社会保险基金收支管理和投资运营业务中涉及参保单位、社会保险基金经办机构和运营机构或其他相关的中介机构进行监督、评估和鉴定，掌握和监督社会保险基金管理状况和管理行为，在确保社会保险基金正常运行的基础上，兼顾其他参与者合法利益的制度、规则及相应风险控制活动的总称。

社会保险基金外部控制可分为两个方面：对事务的监管和对组织机构的监管。所谓对事务的监管，是指通过审查和评价社会保险基金管理绩效，以检查社会保险基金管理机构处理日常事务的效率和效果以及信息披露情况；对组织机构的监管是指通过厘清社会保险基金管理机构的机构设置、办事流程、人员分工，从而评定社会保险基金管理机构权责分配是否合理，管理系统是否冗余。实施外部控制的第三方从以上两个方面入手，在确保外部控制目标实现的同时，能够使公众更好地了解社会保险基金收入、支出和结余资金使用情况，为社会保险基金管理制度的完善提供参考和依据，更有助于社会保险基金管理机构与人员的工作规范。由于社会保险基金是一项政府受托基金，因此政府在外部控制当中占有非常重要的分量。一般来说，政府监管分为两种类型。一种是审慎型监管，要求负责社会保险基金运营的管理公司在对社会保险基金投资时应本着仅为受益人利益考虑的原则。法律并不对社会保险基金的投资实行限制，而由社会保险基金管理机构根据市场情况制定投资原则和投资战略，由管理公司本着谨慎性的原则负责实施。另一种是严格限量型监管，通过设定限量标准对社会保险基金的投资管理进行规制，即通过列举的方式规定社会保险基金准许投资的资产类型与投资比例标准。在审慎监管模式下，社会保险基金上级监管部门或全国社保基金理事会将会较少干预基金的日常收支管理和投资运作，基本仅仅在基金运行出现问题时才会介入，监管工作主要依靠外部审计机构、资产评估机构、社会保险精算师、法律顾问以及新闻媒体等中介组织。在严格限量监管模式下，社会保险基金上级主管部门或全国社保基金理事会更多地干预基金管理的日常运作，并成立专门的监管机构对社会保险基金收支管理和投资运营进行监管。这种模式要求基金管理机构必须达到最低的审慎性监管要求，还要求基金的资本结构、投资运营绩效等具体方面必须符合更加严格的限量监管，加强社会保险基金风险的外部控制与监管，将风险降低在可接受的范围。

2.3 本章小结

本章通过对社会保险基金运营管理中的风险环境和管理机构自身缺陷的分析，对社会保险基金风险进行识别。本章列示出社会保险基金在实务工作中可能存在的全部风险，并逐一分析风险产生的原因和特点，然后按照风险之间的逻辑关系，结合本书社会保险基金风险管理体系，将风险识别结果整合为偿付能力风险、投资运营风险、会计控制风险和外部控制风险，并作为下一个风险分析阶段的主要定性分析对象。

第 3 章
社会保险基金风险定性分析

本章通过风险识别结果，结合对社会保险基金管理机构的实地调研，主要从风险实际情况和风险动因角度对偿付能力风险、投资运营风险、会计控制风险和外部控制风险进行定性和定量分析。本章还对偿付能力风险影响因素进行分析，总结和归纳出指标分析体系，对投资运营风险的风险和收益情况进行分析，将股票市场投资作为投资风险的主要分析重点，为两种风险的定量分析奠定了理论基础。

3.1 社会保险基金组织结构风险

我国社会保险基金包括地方社会保险基金和全国社保基金，其分别由地方社会保险基金经办机构和全国社保基金理事会管理。地方社会保险基金会计控制主体和监督主体的重叠、统筹层级过低和全国社保基金会计控制主体多样化不利于地方社会保险基金的收支管理和全国社保基金的投资运营，如图3-1所示。

3.1.1 社会保险基金组织机构总体分析

社会保险基金管理机构与会计报告主体不一致。现行制度规定社会保险基金经办机构作为社会保险基金会计主体，负责管理社会保险基金，但

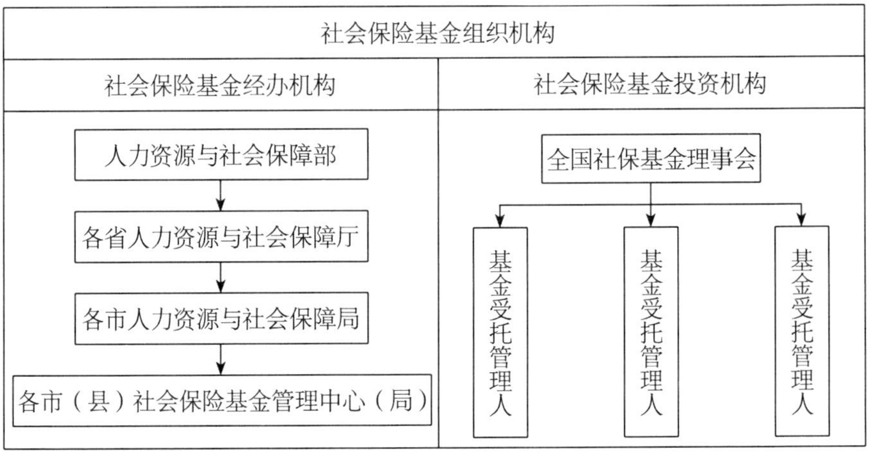

图3-1　社会保险基金组织机构

会计报告的主体又不是经办机构，而是以各类社会保险基金作为报告主体，会计主体和会计报告主体不一致。在个人账户与统筹账户的管理上，相关管理部门都具有部分会计主体和监督主体的性质，但是又不能完全履行的职责，造成基金管理中的缺位，使基金承担很大的偿付能力风险。

在基金管理机构的会计主体地位方面来，我国将个人账户资金纳入财政专户由政府统一管理，缺乏理论依据和实践认可。个人账户基金为参保人所有，其会计责任并不完全属于政府，而社会统筹账户基金则带有明显的公共基金性质。虽然政府对个人账户基金安全性的监管负有相应的责任，但是将其完全纳入财政专户并与社会统筹账户基金统一管理则缺乏一定的理论和制度依据，这种模式模糊了政府与市场在社会保险基金管理中的职能分工。将社会统筹和个人账户两种性质不同的基金混在一起、用同一种模式征收，不论是税务征收，还是社保征收，都难以避免政府与市场责任的混淆，由此造成两大征收主体无法统一[①]。在具体工作中，社会保险基金管理机构、人力资源与社会保障部门、财政部门和税务部门之间的矛盾正是由于这个原因而产生的。社会保险基金经办机构的会计控制流程，可简括为“税务征收、财政监督、社保管理”。在这一流程下，资金的核算主体趋向多元。具体说就是，由“一个”（原来的社会保险基金经

① 至今仍是19个省级地区由税务征收，12个省级地区由社保征收。

办机构）变成“三个”（财政、税务、社会保险基金经办机构）。我国至今尚没有对社会保险基金会计控制主体做出清晰的科学界定。仅就财务报告而言，地方社会保险基金经办机构在对外报送财务报告时，究竟是以单个基金的形式对外报告，还是以机构为主体对外报告尚不确定。如果主体不明确，那么资产、负债就难以界定，收入和支出就无法衡量。这样的管理模式使会计控制主体缺失，管理机构会计部门无法对会计责任进行匹配。

从地方社会保险基金监督主体来看，各地方的社会保险基金经办机构负责社会保险基金的管理工作，监督工作则由人力资源与社会保障部门的基金监管部门负责，两者在行政上均隶属于人力资源与社会保障部。人力资源与社会保障部既是“裁判员”又是“运动员”，暴露出自我审核的弊端；其下属部门分别从事管理和监督，又呈现出“左手管右手”无关痛痒的形式主义，那么其监管的有效性便会降低。这样一来，社会保险基金监管弱化，投资运行中的风险管理也难以到位，社会保险基金的安全完整也将受到威胁。

3.1.2　地方社会保险基金经办机构分析

自社保制度建立开始，我国地方社会保险基金一直存在统筹程度不高的问题，目前全国只有北京、上海、天津、陕西四个省市真正实现了省级统筹。此外的省级统筹只是在名义上实现，即通过很少比例的“省级调剂金”形式，以类似财政转移支付的方式调剂[①]。在现实中，社会保险基金分散在市县一级的社会保险基金经办机构中，并沉淀在财政专户中，其中又以县级为主。公开统计显示，我国社会保险基金基金会计控制主体多达2 000余个。其实，中央政府一直将提高统筹层次视为政策方向，并计划于2012年实现全国统筹，但在实践中难度非同一般。中国社科院世界社保研究中心主任郑秉文教授认为，在目前中国地区经济发展差距巨大的情况下，如果强行用行政手段提高统筹层次，可能带来效率降低，制度成本

① 以广东省为例，2011年前11个月，广东社会保险基金结余1 100亿元，其中约70%为社会养老保险基金结余，位居全国之首，但广东省级统筹程度也不高。根据2009年《广东省企业职工基本养老保险省级统筹实施方案》，省级养老保险调剂金上缴比例为企业养老保险单位缴费的9%，这意味着，广东省级统筹调配的社会养老保险基金只有9%。

增加的风险，一个可能的后果就是社会保险基金受益人数会大幅增加。另外，在实践当中，哪一级政府统筹，就意味着哪一级政府要承担社会保险基金偿付的全部责任，这种情况下，省级政府自己提高统筹的意愿也不高。出于现实的考虑，责任最小化，利益最大化自然成为地方政府的首要权衡问题，它们既想要省级统筹的利益，又不想要省级统筹的责任，于是就变成目前名义上的省级统筹，各省份成立省级调节金，有一定的权利，但责任还是在下面的市、县。根据未来全国统一的社会保险基金投资运营主体的构想，机构并不设在人社部之下。而将分散在各级社会保险基金经办机构中的资金收缴集中，需要人社部的配合。而由于大部分个人账户资金系存放在财政专户中，也需要各级财政部门的配合，社会保险基金集中于一个会计控制主体面临着多部门协调问题，难度不小。即使通过行政力量将各地社会保险基金经办机构管理的资金加以统筹，并纳入统一管理，但因为各地个人账户的结余不同，最终的利益分配可能存在隐患，而且，一些存在账户亏空的地方政府比较愿意交出管理权，而一些账户盈余的地方政府则顾虑重重。

3.1.3 全国社保基金理事会分析

全国社保基金理事会作为全国社保基金的管理机构，具有会计主体的属性。理事会也按照一般基金管理公司的要求，定期公布全国社保基金的财务报告。但是也存在与地方社会保险基金一样的问题，就是会计主体与报告主体不一致。从全国社保基金会计监督主体来看，我国社会保险基金的监管模式是政府集中管理下的部门分散管理，监督职责由人力资源和社会保障部、财政部、我国银行业监督管理委员会、我国证券监督管理委员会等共同承担，监督部门的多元化虽然可以丰富全国社保基金的监督视角，但监督部门的分散化也容易造成权责中心的缺失，各部门都管便意味着各部门都不管，此外各部门独立执行监督职责，不同监督部门之间也缺少横向的交流和沟通，信息传递的成本以及工作协调难度便随之加大。全国社保基金进入资本市场已为众人所知，在风险四伏的资本市场中如果缺少了有效的监督，全国社保的投资效率降低，未来社会保险基金偿付能力也势必受到影响。

3.2　社会保险基金偿付能力风险

由美国次贷危机引起的金融危机爆发后，全球保险业沦为危机的重灾区，偿付能力急剧下降，处于崩盘的边缘。美国政府出台相关政策，并对保险业以各种形式进行补贴，使得AIG逃脱破产的厄运。欧盟也适时地发布保险业“新政”Solvency II，加强欧盟商业保险与养老保险偿付能力风险管理，保护参保人与投资者的权益。在这种大背景下，我国社会保险基金管理机构也应该防患于未然，加强偿付能力风险管理。无论对于社会保险基金参保人和社会保险基金事业，还是对于整个国家的经济发展和社会秩序，偿付能力风险管理都有着极其重要的意义。根据人力资源和社会保障部副部长胡晓义2012年3月7日公布的数据，2011年我国社会养老保险基金收入大约为1.3万亿元，支出约为1.2万亿元，略有结余。如果仅从社会养老保险基金整体收支来看，上述表述符合事实。但实际上全国多地个人账户空账运行，个人账户和统筹账户的资金全部参与了收支核算，实际上是个人账户资金参与了社会统筹支付，也就是将未来的社会保险基金支出额度填补了目前统筹资金的缺口，也造成了未来社会保险基金偿付能力风险。

3.2.1　社会保险基金收支模式

社会保险基金偿付能力风险主要来源于基金收入和支付环节，因此本书首先对收入渠道和支出项目进行描述，再将二者相结合重点对偿付能力风险进行分析。

根据《社会保险法》的规定，参保单位职工参加基本养老保险时缴纳的基本养老保险费应由参保单位和参保人共同承担，由参保人承担基本养老保险缴费的人群也界定为无雇员的个体工商户、未在参保单位缴纳基本养老保险的非全日制从业人员。目前中国城镇职工按照工资的8%缴纳社会养老保险基金并建立个人累积账户，雇主按工资总额的20%缴纳，由政府建立基本统筹账户。但是社会统筹账户收不抵支，占用了个人账户的资金，形成了养老金收支缺口。

由于社会保险基金的筹集已经进入国家保障制度和预算体系，具有类似税收的强制性的特征，所以，目前我国很多省市的社会保险基金筹集工作主要由税务机关承担。税务机关根据社保管理中心所提供的应缴情况，向用人单位进行统一收缴，并将收缴的资金存入社会保险基金财政专户。社会保险基金管理机构需要事先对本年度的收支情况进行预算，并将预算分解到各个不同层级分别统筹，按照险种分别确定资金筹集标准。我国社会保险基金实行社会统筹与个人账户相结合的方式，就征缴模式而言，我国主要采取社会统筹缴费的方式，根据社会保险项目分别制定具体的缴费办法，通过用人单位统一对劳动者进行费用收缴，未在用人单位的社会成员，可自愿向当地社会保险基金管理机构申请个人账户并缴纳相应的社会保险费用。根据资金来源的组成，本书可以具体划分出资金的筹集渠道，即国家的财政预算资助、用人单位的缴纳、社会参保成员的个人缴纳、基金投资运营的增值和社会捐助以及社会福利彩票收入。

社会保险所有参保人只要满足社会保险规定的保险费发放条件和累计缴费年限就可以享受社会保险的待遇。根据险种的不同相关规定也有所差异，例如参保人若参加社会保险中的基本养老保险，只要达到法定退休年龄时累计缴费已满15年的，即享受按月领取基本养老金的权利，所领取的基本养老金包括国家统筹账户和个人账户两部分。再以基本医疗保险为例，在偿付的过程中，不但要符合社会保险的一般条件，即累计缴费达到国家规定年限，还应满足基本医疗保险基金支付的医疗费用范围。由于我国处于城市化进程的高峰期，人口流动频繁，相关制度在基金的支付中还特别定义了“转移支出项目”，即转移支出是指社会保险对象跨统筹地区流动而转出的基金支出，这一制度安排对于满足我国劳动力人口流动性大的特征具有重要意义。从每年春运期间的客流量可以看出，我国劳动力农村异地务工人口数量庞大，这部分异地务工人口的社会保险费用支付是基金支付过程中非常重要的问题。因此，转移支付作为一种支付手段，发挥着社会统筹的作用，同时扩大了社会保险基金的支付范围。转移支付主要由三种形式构成，即横向转移、纵向转移和横纵结合，结合我国国情和具体实践情况，横纵转移相结合的方式更加高效。各地方社会保险基金管理机构在披露基金财务状况时，更要对转移支付的数额进行详细披露，根据各地方社会保险基金转移支付金额，推算出各地方社会保险基金的收支差距，为国家财政预算体系中的社会保险基金收支预算提供有效而及时的参考。

随着我国国民经济的发展，社会保险基金支出呈逐年增加的趋势，无论是支出总额还是人均支出均有大幅度的增长。社会保险基金支出占社会保障总支出的比例更是不断增大，而且社会保险基金的收入增长速率小于其支出的增长速率，这也是支出所面临的最大问题，若不进行有效调整，则收入与支出的资金缺口将不断增大，加大了社会保险基金偿付能力风险。与2009年相比，2010年我国社会养老保险基金总支出增加了1 661亿元，增长率为18.68%，快于同期基金总收入增长速度[①]。与2006年相比，2010年企业部门基本养老保险基金支出增加了5 123亿元，年均增长率达21.9%；与2009年相比，增加了1 523亿元，增长了19.3%。这是因为养老金水平上调之后，月人均养老金比2008年增加了137元，月人均达1 362元，由此养老金增支819亿元，占2010年养老金增支额的53.8%。而且，离退休人数较上年底增加443万人，导致增支662亿元，占整个养老金增支额的43.5%。另外，各省的情况存在很大差异性，如果剔除1 954亿元财政补贴，企业部门基本养老保险基金当期征缴收入大于支出的省份有17个，结余仅为657亿元。在这种情况下，社会保险基金参保人将会不断增加，截至2011年底，全国新农保和城镇居民养老保险这两项社会保险，国家直接部署的试点地区已达全国60%以上，参保的城乡居民已经超过3.32亿人，如果加上各地自行开展的试点，总参保人数已经超过3.64亿人。随着参保人数越来越多，我国老龄化大潮快速来袭，偿付能力风险逐渐显性化。根据中国社科院2011年12月发布的《2011中国养老金发展报告》，“十一五”期间我国基本养老保险制度变化有两个值得注意的倾向：一是缴费率（缴费人员占参保人员的比例）始终呈逐年下降趋势，历年分别是90%、89.9%、89.5%、87.7%

① 我国社会养老保险基金收入增长率为16.79%。

和86.5%，其中2009年和2010年缴费率下降幅度较大。另一个倾向是，虽然中国非正常退休人数占当期新办理退休人数的比例呈直线下降趋势，但其绝对人数呈上升趋势：2006年至2010年分别为22.3%（63万人）、20.5%（74万人）、20.1%（85万人）、15.6%（86万人）和12.5%（67万人）。缴费率下降和非正常退休人数上升这两个倾向不利于社会保险基金偿付能力的可持续性。

这一问题的形成，一方面由于社会保险基金的收入端增长滞后，另一方面则由于社会保险基金支出的分配缺乏有效性，当前最突出的表现为部分社会保险基金的统筹层次较低。在资金的支付过程中，由于地区平均收入水平、市场物价水平、人口总数以及经济发展程度等因素存在差异，因此国家统筹资金部分显得尤为必要和重要，尽管从总体收支情况来看，收入要大于支付的水平，但具体到各个地区则资金结余和收不抵支的现象均有存在。这就需要通过全局性或区域性的合理统筹，将结余资金调用于弥补资金的缺口，从而实现社会保险基金整体的收支平衡。但是由于社会保险基金的统筹层次较低，不能满足较大范围内的资金收支平衡要求，导致资金结余的地区将其存续使用，而资金支付出现缺口的地区则扩大财政开支来自我弥补，形成恶性循环，加重地方财政压力，也加大了社会保险基金偿付能力风险。最新实施的《社会保险法》并没有对每个社会保险项目的统筹层次做出明确的规定，资金偿付过程的统筹层次仍是制约资金有效分配的障碍，相信随着法律细则的完善，这一问题能够得到合理的解决。根据《2011年我国养老金发展报告》显示，我国14个省份和新疆建设兵团的社会养老保险基金在2010年收不抵支，缺口共计679亿元，比去年同期增加250亿元。其中，辽宁和黑龙江的缺口均超过100亿元，天津和吉林的缺口均在50亿元到100亿元，其他省份的缺口在10亿元到50亿元。虽然我国人口总体年龄结构还比较年轻，而城镇职工基本养老保险制度也还是大约“三个人养一个人”，但是社会养老保险基金的偿付风险也预示了危险的征兆。我国基本养老保险基金也确实面临着其他不利于财务可持续性的现象：基本养老保障制度覆盖面继续扩大，但遵缴率（缴费人员占参保人员的比例）却逐年下降，非正常退休人员不断上升，基金财务偿付能力空前提高，支出增长率快于收入增长率。

3.2.2　社会保险基金偿付能力风险分析

由于社会保险基金偿付能力风险已开始出现显性化的苗头，已经到了难以离开财政补贴的程度。社会养老保险作为社会保险体系的核心部分，其资金缺口的端倪初露，也警示我国必须对社会保险基金偿付能力风险进行系统的分析，理清其产生的原因。因此，本书根据社会保险基金偿付能力的实际情况，结合相关理论和文献，将偿付能力风险主要来源归纳为以下几个方面：

第一，社会保险费征缴工作不利。参保人和参保单位的缴纳是筹集社会保险基金的重要渠道，这一渠道也最能体现出社会保险基金收缴过程中的强制性。目前，我国所采用的代际供养模式，一方面解决了退休及老年人口的基本生活问题，另一方面也为企事业单位减轻了财务负担，但该模式并非完全社会福利性质，而是讲求回报与付出对等的原则，在享受社会保险的待遇之前必须完成相应的劳动义务，这也就是收缴社会保险费用的强制性所在。最新实施的《社会保险法》也对用人单位和参保人的义务按不同保险项目分别做出了明确的规定，参保人和参保单位必须严格缴纳社会保险费，并满足享受社会保险的条件，方可享受相应待遇。尽管具备强制性，但在实际当中仍然存在很多问题。社会保险基金征缴对象的经济状况不佳是造成社会保险基金征缴困难的一个很重要的客观原因。我国自从短缺经济进入到过剩经济以来，由于市场竞争日益激烈，整个经济社会的投资回报率不断下降，1998年以来的连续多次降息可以在一定程度上说明这种现象。这样，在优胜劣汰的残酷竞争中，部分企业出现经营困难也就不足为奇了。对于那些经营现金流尚且不足的企业来说，缴纳社会保障费自然也就力不从心。而且，当前过高的缴费率无疑将提高企业的经营成本。在现行制度下，企业职工除了缴纳“四金”（住房公积金、养老保险金、医疗保险金、失业保险金）以外，还须缴纳个人所得税，而这些税费不管是以企业还是以员工的名义缴纳，最终都表现为企业的经营成本。仅从养老保险费来看，个人账户11%的缴费率加上统筹部分13%的缴费率，共24%的工资支出，这就相当于对企业额外增加了24%的增值税。一些企业用人单位为了降低企业成本、减少开支，从而压缩职工的保险费用；部分企业主管以权利私，让非本单位职工享受单位保险待遇。还有企业在与员工签署劳动合同的同时，故意降低员工保险费用中企业应承担的部分在逃避不成的情况下，企业可能转入地下经济，而各种各样的检查、督促则会增加大量的行政成本。而且，我国社会保险缴费率已达到缴费工资的30%以上，部分省市已经达到35%甚至更高。社会保险费率已经超过29%的国际通行标准上限，继续上调的空间微乎其微，而扩大社会保险基金缴费覆盖面仅仅是缓解了当前的社会保险基金偿付危机。另外，作为征缴机关的社会保险基金管理机构，在征缴过程中也缺乏足够的权力和有效的强制性措施，如没有强制性权力检查企业账目等。地方政府征收社会保险费的积极性也值得注意。地方政府曾是社会保险体系的管理者，且在大部分地区至今仍然是实际的管理者，而社会保险省级统筹的逐步推进必将使它们失去对社会保险基金的控制权。显然，在它们拥有对社会保险基金控制权的时候，它们有积极性向企业收取社会保险费；而在它们丧失对社会保险基金的控制权之后，它们的积极性将相应降低。此外，在省级统筹的运作中，省内地区之间的转移支付也会对地方政府的积极性产生严重的影响。例如，如果一个地方的社会保险基金盈余被拿去与其他地方分享，这个地方将不会有实现盈余的积极性；反之，如果一个地方的社会保险基金赤字可以得到来自统筹基金的补贴，这个地方也不会去设法削减赤字。

第二，社会保险制度的“隐性债务”问题。我国社会保险基金偿付能力风险偏高的主要原因是社会保障制度转制过程中产生的“隐性债务”。如果不采取措施控制“隐性债务”，社会保险基金将会慢慢丧失自我积累能力，削弱社会保险基金个人账户的积累能力，打击企业和职工参加社会保险的积极性，甚至可能退回到原来的“现收现付”积累模式。换句话说，社会保险基金管理机构作为国家设立的经营社会保险基金的专门机构，与社会保险参保人的权利义务在时间上具有不对称性，即社会保险基金享受提前收取社会保险费的权利，未来保险合同事项发生之后才承担相应的赔偿或支付社会保险费的义务；而参保人却不得不先履行社会保险费的强制与自愿缴纳义务，在保险合同事项发生时才能享受获得社会保险费的权利。如果社会保险基金偿付能力风险过高，参保人就有可能失去部分甚至全额未来社会保险收益，蒙受巨大经济损失，对整个经济的正常运行和社会稳定产生不利影响。因为社会保险基金的特殊性质，如果社会保险基金偿付能力不足而导致的收不抵支，既会损害社会保险基金与政府的信誉，也加剧了国家的财政压力，都将极大地影响社会秩序和经济的可持续发展。目前，大多数发达国家都已经建立起以偿付能力风险为核心的社会保险基金风险监管体系，以保证社会保险基金具有充足的偿付能力。邓大松（2000）认为2020年之前的30年是我国最佳的社会保险基金积累时期，如果不及时对社会保险基金偿付能力风险进行控制，到2020年我国进入高度人口老龄化社会之后，社会保险基金的偿付能力风险转化为现实危机，最终将危及整个国家财政体系以及社会经济发展。因此，由于我国社会保险基金改制过程中形成了巨额的“隐性债务”，本应由政府承担的改制成本转为由社会保险基金制度自身来承担，导致我国社会保险基金偿付能力风险居高不下，这说明现行社会保险基金制度的发展已遇到障碍，必须对现行的社会保险基金制度进行修正。

第三，在全球经济发展增速放缓的背景下，我国人口老龄化趋势日益明显，社会保险基金偿付能力风险加大。目前我国是全世界老龄化最严重的国家之一，同时我国还在实行计划生育。预计到2015年我国劳动人口、劳动年龄人口占比和绝对数量达到峰值，并开始下降，劳动供给量将减少。而劳动力作为生产力增加的三要素之一，对经济增长的影响效果是不言而喻的。社会保险基金支出水平又必须与经济发展相一致，例如希腊男性退休后可以累计获得社会养老保险基金52.8万美元，而这个数字在美国仅为25万美元，而两国的经济发展水平相差巨大，因此脱离了经济发展的社会保险基金超额支付是难以为继的。预计到2050年，我国60岁以上的老年人占总人口比率的34.4%，同期美国的老年人比率仅有28%。此时，我国经济也将进入平稳状态，将无法保证社会保险基金收入来源，社会保险基金偿付能力风险将转化为现实损失。随着物质文化生活水平提高，社会保险条件完善，平均预期寿命是不断提高的。在城市化的进程中，农业人口不断进入社会保险受益人范围。在难以避免的通货膨胀情况下，社会保险基金支出中养老和最低生活保障的支出需求也是不断增加的。

第四，我国社会保险制度在参保人退休年龄、缴费年限、激励机制和区别支付制度等方面的规定滞后。首先，我国法定退休年龄为女性职工50岁、女性干部55岁、男性60岁，而欧洲国家的法定退休年龄则普遍比较高，例如西班牙女性为65~67岁、意大利为61~65岁、英国为65~66岁。退休年龄作为社会保险基金制度一个重要参数，直接决定了社会保险基金收入与支出金额。其次，我国规定社会养老保险的缴费年限为15年，但是欧洲国家中法国是37.5年，OECD是40年。由于我国女性退休后的一半剩余寿命远远超过15年，因此15年的缴费金额远远无法弥补退休后的偿付金额。再次，由于工资增长机制不健全，工资总额增长率一直低于劳动生产率和通货膨胀率。而且在我国外向型经济的刺激下，过快的工资增长也与国际竞争力提高的要求相悖。最后，我国现行社保制度对相关激励机制涉及很少，基本上这一领域一直处于制度真空。随着我国社会保险基金个人账户的建立，我国已经形成多缴费多收益的一种个人激励制度，但是由于个人账户金额和所占比例过低，这种激励效果非常有限，使个人账户建立的初衷迟迟无法实现。另外，社会保险基金支付制度差异造成事业和机关养老基金支出大。目前农村低保仅为城镇居民最低生活待遇的1/3，甚至更低；而企业职工退休人员基本养老金待遇仅为机关事业单位退休养老金待遇的1/2至1/3。在中国养老金总支出中，企业部门基本养老保险基金支出9 410亿元，占89.15%，事业单位和机关单位基本养老保险基金支出为1 145亿元，占10.85%。而根据人社部数据，2010年，全国事业单位参保离退休人数为411万人，大约占参保离退休人数的6.52%，机关单位参保离退休人数为77万，大约占参保离退休总人数的1.22%。全国事业单位和机关单位的参保退休人数占所有参保离退休人员总数量的7.74%，反映出全国事业单位和机关单位离退休人员收入更高的现实。这也引发了社会关于我国社会保险制度不公平的讨伐热潮。

第五，基金结余资金增值空间不大。基金投资运营的增值属于社会保险基金筹集过程中的“利得”部分，这里需要说明的是基金的投资运营增值。我国目前的社会保险基金制度属于“部分积累制”，即在满足当期需要而现收现付的同时，会出现一定资金的结余，作为社会保险基金的储备资金。这部分资金由于受到通货膨胀等因素的影响，存在贬值的风险，这就要求社会保险基金的管理部门对其进行保值增值的运营管理，合理投资就是其中的手段之一。同样考虑到投资风险的因素，对结余资金的处理大部分用于购买国有债券，股权投资和形成银行存款，小部分则投放于股票市场，并委托专业机构对其进行投资管理。参看国外对社会保险基金的投资管理，则主要用于股票市场的投资，并通过社会保险基金这一稳定的机构投资者促进股票市场的健康发展。而我国至今尚未形成较为成熟的以机构投资者为主的股票市场，股票市场的行情不能有效反映政策导向和经济发展水平，社会保险基金在股票市场的投资还存在较大风险，尽管相对其他方式股票市场能够带来更多的投资回报，但投资态度仍需相对谨慎。个人账户投资回报率过低在养老保险中表现得相当突出。由于个人账户是空账，即进入个人账户的资金没有被用来投资，而是被用来发放给现在的退休职工。个人养老金账户便成为一种名义账户，只是作为记账工具。在名义账户制度下，基金收益率是由政府规定的，不是实际的投资收益率，而政府并没有积极性多付利息或收益。政府压低收益率的好处就是降低支付负担，因为未来的支付额取决于个人账户中积累的资金的多少，收益率越高，支付额也就越高。但是，当社会保险基金收益率低于其机会成本（即参保人个人投资收益）时，参保人将更愿意自己投资以备年老之需，而不是投资于政府管理的社会保险基金个人账户，于是拒不缴费和偷逃现象也就产生了。相信随着我国股票市场的逐步成熟，机构投资者的主体地位不断确立和社会保险基金在股票市场投资运营的比重不断增加，基金投资运营的增值会为社会保险基金的筹集开辟出新的宽阔道路。

第六，政府补贴机制不健全。国家的财政预算资助作为社会保险基金来源的一部分，充分体现了社会保障制度的公平性和政府主导的性质。由于我国人口分布的不均衡以及地方经济发展水平的参差不齐，这就决定着我国的社会保障制度应通过整体的统筹来实现各地区的基本保障要求。因此，中央结合各地方社会保险的具体情况，对其进行相应的财政资助显得极其的必要。财政资助的具体形式不仅仅是财政专项拨款，还可包括财政政策方面的放宽和支持等，同样达到财政资助的效果。但是，作为一种国家福利性质的财政资助，地方政府与中央政府间存在博弈的过程，地方政府有可能存在财政资助浪费的情况，若中央政府调研不充分也会出现财政资助不合理的现象。这些问题可以加重国家财政的负担的同时形成恶性循环和逆向选择，亦会影响各地方社会保险基金的健康发展，因此作为中央和地方的政府部门，应对各地区情况进行合理调研，实事求是地分配财政预算资助，并将其充分有效地运用至社会保险基金之中。但是，我国社会保险基金对财政补贴的依赖导致基金自身调节能力减弱。目前财政补贴作为我国社会保险基金收入的重要组成部分，所占比例越来越大，导致社会保险基金对财政补贴的依赖已经成为刚性。从1998年到2010年，我国社会保险基金结余资金总额为1.5万亿元，扣除已经超过1万亿元的累计政府财政补贴后净额仅有5 000亿元[①]。如上所述，2010年若剔除1 954亿元的财政补贴，上海、江苏、湖北、湖南等14个省份和新疆建设兵团的基本养老保险基金当期征缴收入收不抵支，缺口高达679亿元。假设我国社会保险基金如果没有1万亿元累计财政补贴，整个社会保险基金体系必然无法支撑。目前我国社会保险基金偿付能力风险之所以还没有显现出来，主要是由于各地方社会保险基金每年进行财政转移支付，我国已经加快实现各地方社会保险基金全国统筹。如果各地方社会保险基金仍留在各省市级别统筹的话，这个收不抵支的局面还会在局部地区存在，严重影响社会保险基金偿付能力。中央政府和地方政府对社会统筹账户与个人账户的补助由于2008年下半年随着内外资企业所得税税率统一降为25%，以及世界性通货膨胀引起企业成本增长，财政收入增速下降等原因，调增空间已经不大。

由此可知，社会保险基金偿付能力风险虽然主要取决于国家的经济实力，同时也受制于国家的政治制度。因此，国家的总的物质财富的数量往往并不一定能准确反映社会保险基金偿付能力风险的实际水平。例如在西方发达国家，一方面物质财富大量集中在少数人手中，另一方面国家只能给广大公民提供并不高的社会保险水平，不同阶层人群的社会保险基金偿付能力差异很大，势必会引发社会动荡，例如2011年英国伦敦爆发的“8·6骚乱”等社会矛盾冲突，都给社会带来极不稳定的风险因素。我国政府为了提高社会保险基金偿付能力，推出了“国有股减持”和变现部分国有资产来补充社会保险基金的措施，通过降低社会保险基金的“隐性债

① 从各省份情况来看，这5 000亿元净结余中有大概3 000亿元来自作为全国经济强省的广东省，其他很多省份都是负数。

务”来降低社会保险基金偿付能力风险。同时，我国社会保险基金管理机构应着重对社会保险基金偿付能力风险进行指标化的趋势预测，建立以偿付能力风险管理为核心的社会保险基金风险管理体系，强调偿付能力监管的核心地位，确保社会保险基金正常运营。社会保险基金偿付能力风险本身就是一个反映社会保险基金管理过程中的财务状况以及有无能力履行支付社会保险费等义务的指标。社会保险基金管理机构也应该对偿付能力风险进行评估和预测，在偿付能力风险过高时应采取相应措施，使社会保险基金的财务状况好转以及偿付能力恢复正常，降低社会保险基金管理运营风险。社会保险基金应保持偿付能力低风险运行和财务状况良好，对偿付能力风险进行区分时间和区域的评估，以便及时发现自身财务状况的潜在风险，对于避免收不抵支情况的发生也非常重要。

3.2.3　社会保险基金偿付能力风险度量指标

社会保险基金偿付能力风险的关键问题就是如何量化，这也是社会保险基金风险管理与内部控制中的一个环节，即风险评估。对偿付能力风险进行评估的时候需要借助于很多度量标准，其中既有绝对数，也有相对数。Campagne（1961）将保险资产超过负债的那部分自由资产定义为偿付能力风险的度量手段，并建立了基于保费基础的最低偿付能力额度模型。Swiss Re（1995）给出了简化的偿付能力计算模型，通过分析保险业的收入（包括保费收入、投资收入和资本注入）、支出（包括赔付支出和经营成本）以及经营的内外环境，来决定偿付能力。具体来说，社会保险基金偿付能力额度决定了偿付能力风险。社会保险基金偿付能力额度是指对社会保险基金收入与支出之间保持的容量进行度量，并保持一个适度额度，以降低偿付能力不足的风险，应付未来实际偿付大于期望偿付或实际收入时产生的损失，确保参保人的利益。粟芳（2002）认为社会保险基金偿付能力额度主要包括：社会保险基金所具备的实际偿付能力额度、理论上应该保持的最低偿付能力额度和监督机构要求社会保险基金必须具有的法定最低偿付能力额度。由于我国尚未对法定偿付能力额度进行规定，如果社会保险基金的最低偿付能力额度低于最低偿付能力额度，就表明社会保险基金处于偿付能力不足的高风险运营状态，社会保险基金和政府应及时采取措施进行治理，直至达到合适的风险控制区间。由于我国社会保险基金社会统筹账户仍然采用现收现付制，因此笔者结合相关文献设计一套与社会保险基金收入和支出相关的趋势性的相对指标体系来度量社会保险基金偿付能力风险，主要包括社会保险基金偿付保障倍数、支付率、本期结余率和累计结余率来描述社会保险基金偿付能力[①]，即用相对指标来反映社会保险基金偿付风险：

$$\text{社会保险基金偿付保障倍数}=\left(\frac{\text{社会保险基金}}{\text{收入总额}}\div\frac{\text{社会保险基金}}{\text{支出总额}}\right)\times 100\%$$

社会保险基金支付率=1÷社会保险基金偿付保障倍数

社会保险基金本期结余率=（本期结余额÷本期社会保险基金收入额）×100%

$$\text{社会保险基金累计结余率}=\frac{\text{累计}}{\text{结余额}}\div\left(\frac{\text{累计}}{\text{结余额}}+\frac{\text{本期社会保险}}{\text{基金收入总额}}\right)\times 100\%$$

由于我国社会保险基金管理模式与核算方法的特殊性，以总资产和总负债来反映偿付能力风险尚不成熟，因此在这个指标体系中，本书主要使用社会保险基金收入与支出及结余等指标。社会保险基金偿付保障倍数是指当期收入对偿付能力的保障程度，保障倍数越大，说明偿付能力风险越低，当保障倍数不断趋近于1的时候说明当期收入与支出之间的结余越来越小，则风险越高，若保障倍数小于1，则说明当期收入已经满足不了当期支出的金额，偿付能力风险已经转化为实际的预期外超支。但是保障倍数越高，说明可能结余的资金越多，如果不好好地对结余资金进行管理，会出现结余资金闲置甚至贬值的风险。而社会保险基金支付率的指标含义正好与保障倍数相反，当社会保险基金支付率大于1的时候，说明社会保险基金偿付能力风险已经由未来或潜在的收不抵支转化为现实，这时社会保险基金本期积累率为负值，则需要从社会保险基金累计结余中弥补本期社会保险基金支出的不足，因此，社会保险基金结余率越高，说明即便当社会保险基金偿付能力风险转化为现实的支付不足，也不会影响到当期社会保险基金支付工作，很好地保障了当期社会保险基金的正常运转，但是社会保险基金管理机构要对当期社会保险基金偿付能力风险进行分析，以改善社会保险基金的管理运营，否则社会保险基金管理机构需要在高风险

① 本书中的偿付能力度量风险指标参考了殷俊的《社会保障制度的偿付能力与可持续发展》中设计的部分指标。

中负债运营，势必会加大了政府的当期财政压力。社会保险基金的偿付能力风险指标过高，说明现行社会保险基金制度缺乏经济基础，未来将会发生收不抵支的情况，而过低的偿付能力风险则表明有大量的社会资源处在闲置和浪费的状态，只有将社会保险基金偿付能力风险控制在一个适度的范围内才能实现最大化的社会总效用。若社会保险基金收入没有降低而逐年提高，并在较长时期具有维持社会保险基金偿付水平，则表明偿付能力风险是适度的，反之则是不适度的。本书中社会保险基金偿付能力与基金偿付水平有着本质的区别，偿付能力可以定义为保持一定正常偿付能力的基础上提高偿付水平，才能发挥社会保险基金效用的实际功能。

3.3 社会保险基金投资运营风险

目前我国社会保险基金面临两大矛盾，一是日益增长的养老保险需求与社会保险基金巨大偿付能力风险的矛盾，二是社会保险基金日益增长的保值增值需求与当今社保体制制约投资效率的矛盾。两大矛盾相互联系相互制约，偿付风险的解决需要投资效率的提高，而投资的方向与回报也依托于偿付风险的量化。我国社会保险基金偿付能力风险与投资风险的并存，为社会保险事业的持续发展埋下了隐患，是有可能导致未来社保制度财政崩溃的最重要因素。自1997年至今，由于社会保险基金个人账户被挪用而形成的空账规模约1.3万亿元。自2001年起，各地陆续展开做实个人账户尝试，将个人账户充实金额交由全国社保基金理事会统一投资运营，以弥补空账。经过多年努力，截至2010年底，有13个省份宣称已部分做实个人账户，其做实部分资金共2 039亿元。个人账户一旦被做实，因为其本身就是用于远期支付，需要长期滚存，因此具备强烈保值增值动力。现阶段，我国社会保险基金投资收益情况不容乐观，特别是地方社会保险基金保值尚不能实现，而全国社保基金投资收益丰厚。2012年1月17日，地方社会保险基金交由全国社保基金统一投资运营的全国首例获批，更多地方社会保险基金将进入资本市场，因此，社会保险基金投资风险问题越来越为社会各界所关注。

3.3.1 社会保险基金投资模式

按照立法机构和政府部门的相关规定，我国社会保险基金中只有全国社保基金可以用于资本市场投资，其投资原则主要有以下几点：第一是安全性。由于全国社保基金主要功能是维护社会的稳定和退休职工、病残职工基本生活的未来保障，所以安全性是社会保险基金投资的首要目的。第二是收益性。由于我国社会保险基金面临着越来越大的支付压力和通货膨胀的无形侵蚀以及未来几十年间的资金缺口，使得社会保险基金偿付能力风险不断加大，要求社会保险基金在确保安全性目标的基础上，积极追求基金资产的增长，即基金增值。第三是流动性。流动性原则主要是针对基金的现实或未来的偿付义务而提出的更为深入的目标。目的是使基金的短、中、长期投资与基金的支付期限相匹配，既注重中、长期投资资金的积累和增值，也要注重短期投资的及时变现和支付，控制偿付能力风险。第四是社会性。社会保险基金是除了应该具有其他基金追求高收益的特征外，还应该注重投资的社会公益性原则，保障所有参保人和利益相关者的权益，体现政府的政策导向，促进经济增长的同时有利于整个社会的稳定发展。社会保险基金的功能决定了其投资原则的排列顺序是：安全性、收益性、流动性、社会性，即在保证基金安全的基础上提高基金的收益率，保证其流动性和社会性需要。全国社保基金理事会成立于2000年，系国家战略储备基金的管理人，主要资金来源包括中央财政预算拨款、国有股减持划入资金等，用于弥补今后人口老龄化高峰时期的社会保障需要，并不用于当期养老金发放。在国家层面的养老金入市制度空白下，此前已有部分地方政府将中央财政下拨的部分个人账户补助资金，委托给全国社保基金理事会进行投资运营。自2006年12月，全国社保基金理事会正式开展个人账户中央补助资金投资运营管理，对象包括2004年开始试点做实个人账户的黑龙江、吉林，加上2006年展开试点的天津、山西、山东、河南、湖北、湖南、新疆，一共9个省市，首批受托资金104亿元。截至2010年底，全国社保基金理事会共受托管理9个省市的个人账户资金权益余额达566.4亿元，这些资金2009年之前年均收益率达18.9%。

从安全性、收益性的角度出发，可供社会保险基金选择的投资工具与一般基金并没有本质上的区别，都是在控制投资风险的同时追求收益的最大化。全国社保基金和地方社会保险基金投资工具主要有银行存款、政府债券、企业债券、公司股票、委托投资和产业投资等。

《社会保险法》中明确指出，社会保险基金必须在资金安全的前提下，按照国务院的相关规章制度进行投资运营，以实现保值增值。由于社会保险基金是广大劳动者的“保命钱”，根本作用在于保障人们的基本生活需要，而不是为了集体投资并从中获取回报，因此“保值”是社会保险基金投资运营的出发点和落脚点。根据社保年鉴的统计数字显示，从1989年至2010年，社会保险基金的结余部分作为投资的资金主体，全国社保基金逐年增加并突破8 000亿元人民币。随着社会保险基金结余部分金额的不断增加，如何安全高效地进行投资管理则成为一个重要课题。目前，我国社会保险基金按照投资运营方式的不同具体分为直接投资和委托投资两个部分，从全国社保基金理事会2010年的财务数据来看，委托投资的比例正不断增大，已占基金资产总额的41.90%。从投资的具体项目来看，包括风险很小的银行存款、风险较小的债券投资、具有一定风险的股权投资和风险较大的股票投资。由于风险较大，社会保险基金的股票投资备受关注，因其正确的政策把握和准确的政策预期，其在股票市场的投资具有一定导向作用。下面，将根据各投资方式的风险大小不同，具体分析各投资方式的特点。

银行存款是社会保险基金结余资金管理过程中风险较低的方式，通过银行存款相对稳定的利息收入，实现社会保险基金的保值。银行存款是社会保险基金投资比例最大的一种投资方式，也是安全性最高、收益最低、流动性最好的投资方式。但现阶段通货膨胀使基金连最基本的保值目标都无法实现。随着社会保险基金结余部分的不断增加，银行存款在资金管理过程中所占的比重逐渐下降。从资金使用效率来看，尽管银行存款相对其他投资管理方式风险较低，但其资金利用效率同样较低。对于社会保险基金发展早期，社会保险基金实行现收现付制，资金结余量小，投资价值较低，这一阶段银行存款作为结余资金的主要保值方式较为适合。随着我国社会保险基金向部分积累制的转变，社会保险基金的结余资金不断增大，其投资价值不断放大，大量以银行存款的形式保管结余资金带来了很大的机会成本，降低了资金的利用效率。但并非一味降低结余资金的银行存款份额才为明智之举，因为在各种资金管理手段之中，银行存款的变现能力最强，能够及时变现以满足保险基金支出的需要。尽管银行存款在结余资金管理中的比重逐步降低，但不会完全缩减，必将在一定数额范围内趋于稳定，以满足社会保险基金支出的需要。

债券投资也是社会保险基金投资中风险较低的方式，尽管如此，对于债券的选择仍需谨慎。政府债券作为社会保险基金投资比例第二大的投资方式，收益率中等但是几乎没有违约风险。由于收益率固定，不随市场利率的变化而变化，且期限一般较长，存在一定的变现难度，应对通货膨胀的能力也较弱。企业债券一般比政府债券收益要高，但是要承担更高违约风险。企业债券主要有公开发行和非公开发行两种。一般来说，公开发行的企业债券流动性较好而收益较低，非公开发行则相反，承担较高的变现风险。债券投资的特点是回报稳定，但收益较低，变现能力较差，对被投资单位的信用程度和支付能力要求很高。社会保险基金投资过程中最重要的就是保证资金的安全，这就决定了在投资债券之前，社会保险基金会和委托投资经理人要严格、准确地对被投资方的偿还能力进行评估，对偿还能力或信用评级不符标准的债券不予以投资。目前，社会保险基金持有的债券为中央或地方政府、大型国有企业和金融机构所发行的债券，也包括部分国外发行的全球性证券。社会保险基金投资过程中，在保证其变现支付能力的基础上，适当地持有一定数额的债券，一方面有利于社会保险基金的保值和增值，另一方面能使资金充分利用到国家公共事业和企业发展壮大的建设之上。

股权投资作为社会保险基金投资运营中的主要方式，也是基金中长期资产配置计划的组成部分。股权投资主要用于具有发展前途的朝阳产业或社会经济效益显著的国家重点建设项目，这既体现了社会保险基金投资的社会性原则，又能够带来较高的投资收益。但是由于这种投资方式仍缺乏制度制约，个别地方政府作为直接策划人或幕后支持者，抑制市场规律，会加大投资风险。2008年4月，经国务院批准，财政部、人力资源和社会保障部同意全国社保基金理事会发展市场化股权投资基金，但是按照成本计价的投资比例不得超过基金总资产的10%。根据《关于全国社会保障基金投资国家重点改制企业及国家重点改革试点项目的函》([2005]97号)的文件精神，社会保险基金也可以将中央直管企业改制或改革试点项目作为直接投资范围。其中，中央直管企业是指国资委直接管理的国有非金融企业和财政部直接管理的国有金融企业，这种投资的目的不是为了控制企业，也不需要参与企业经营，而且按照成本计价的投资比例不得超过基金货币资产的20%。截至2010年8月31日，社会保险基金直接投资项目9个，按新会计准则计算的账面价值合计达1 287.59亿元，占社会保险基金总资产的20.29%，累计已实现收益208.74亿元。

股票市场投资是社会保险基金投资过程中风险管理任务较重的一种，也是近年来备受关注的社会保险基金投资方式。公司股票是社会保险基金实现增值和收益性目标的重要投资工具，收益率较高但风险也较高，如果采取分散化的投资策略还是可以把风险控制在一定水平之下，同时得到较高额的收益。接下来，委托投资是基于基金公司对金融产品的专业性考虑产生的，基金公司往往会采用多种金融方法和计量模型来组合、优化社会保险基金投资组合。因此委托投资与社会保险基金管理机构直接投资一样，具有风险低、收益高的特点，同时可以节省数额可观的证券直接交易费用，但却需要额外的支付一定的管理费用，是一种比较中性的投资方式。目前，我国社会保险基金对股票市场的投资主要以投资组合的形式由管理公司来负责，这些管理公司均由专业性投资机构担任，在境内委托的管理公司主要包括的基金管理公司有：南方、博时、华夏、鹏华、长盛、嘉实、易方达、招商和国泰等基金管理公司以及中国国际金融有限公司。委托管理公司座谈会也以例会的形势定期召开，通过座谈的形式围绕社会保险基金投资管理过程所处的环境、面对的挑战和发展前景等问题展开讨论，并研究相关举措。社会保险基金会还会对委托管理公司进行年度考评工作，通过实地考察，对管理人的内部管理和投资业绩等进行考评，督促委托管理公司持续提高投资绩效和履行受托责任。由于我国股票市场的发展尚处于起步阶段，机构投资者还未形成市场的明显优势力量，这些因素决定了社会保险基金在投资股票市场的过程中，要持相对谨慎的态度，不应完全效仿其他国家，即大份额投资于股票市场。至2010年底，社会保险基金提高其在国内股票市场的投资比重，投资比例将占社会保险基金总资产的30%。因社会保险基金作为长期的机构投资者，外加其准确把握政策预期和市场走向的能力，其在股票市场投资份额的增加也将推动我国股市的稳定、健康发展。

因此，社会保险基金的投资原则与投资渠道是紧密联系的。在投资原则的指导下，社会保险基金采用多种投资渠道相结合的投资组合方式，可以同时保证安全性、流动性和收益性。但是每一种投资方式都有各自不同的特点，风险也差异很大。在选择投资组合比重的时候就要着重比较每种投资方式的风险和收益情况，按不同的比例进行分配资金。所以每一种投资渠道的特有风险和收益情况就是本书要比较的重点。

3.3.2 社会保险基金投资风险分析

据统计，目前全世界的社会保险基金总量是5.6万亿美元，从2000年以来，世界几个主要发达国家的社会保险基金都纷纷进入资本市场，只有我国各地方社会保险基金以银行存款的形式进行投资。根据人力资源和社会保障部公布的数据，截至2010年末，全国各省五项社会保险基金资产总额已达到24 309亿元。但以购买债券和委托运营的方式进行投资的社会保险基金占基金总额的比例不足一成，而CPI指数3.3%，基金面临严重的贬值风险。因为，根据国务院相关规定和社会保险基金投资管理制度，各省社会保险基金仅有少量个人账户资金委托全国社保基金理事会管理，其余各地方社会保险基金结余只有存银行和买国债两种投资渠道，显然债券和银行存款这两种方式的收益率是无法满足现状的。据社会科学院世界社保研究中心主任郑秉文测算，2000年至2008年全国各地方社会保险基金总收益率可能不足2%，低于同期的通胀率，如果扣除通货膨胀率，10年年均收益率为负数。全国社保基金理事会公布的信息显示，2011年底全国社保基金规模接近1万亿元左右，到2015年有望达到1.5万亿元。这意味着若按照30%最高限额入市计算，社会保险基金可入市规模将达到3 000亿元左右，比2010年增加了约600亿元的新投资，到2015年将达到4 500亿元。据世界银行预测，到2030年我国社会保险基金总额将达到1.8万亿美元，成为世界第三大社会保险基金。如何更高效的利用资金实现多元化的、市场化的投资，使其收益率高于通货膨胀率，满足保值这一最低要求，已经成为社会保险基金管理的重要课题。

（1）社会保险基金投资风险情况分析

全国社保基金最初进入资本市场要追溯到2003年6月。全国社保基金与南方、博时、华夏、鹏华、长盛、嘉实等6家基金管理公司签订相关协议，正式拉开了全国社保基金投身股市的大幕。当时的投资股票比例仅为5.1%，1年后的2004年4月最高限提升到30%。就目前情况来看，全国社会保障基金可按规定的比例分别投资固定收益类产品、股票和直接股权投资，从其公布的历年投资情况看，从2000年的0.17亿元投资收益起步，到2010年的321.22亿元收入看，除了在2008年因新会计准则调整出现了393.72亿元亏损外，其余10年都实现了盈利。但是，全国社会保障基金理事会2010年年度报告则显示，全国社保基金理事会管理的基金资产总额为8 566.90亿元。基金权益投资收益额321.22亿元，其中，已实现收益额426.41亿元（已实现收益率6.56%），交易类资产公允价值变动额-105.19亿元。投资收益率4.23%。也就是说，2011年全年，全国社保基金的资产总额仅增长了122.1亿元，其投资收益率则从4.23%降低至0.85%，年均投资收益率则由9.17%下降至8.41%。其中股票部分的年均投资收益率则下降至18.61%。从比例来看，2011年全年，社保基金在股票和债券上的浮亏已经占到了整体收益的82.8%。而这一切，均拜2011年二级市场的大幅下跌所赐。而接近70%的社保基金投资回报都来自于未上市企业的直接投资和PE投资，也正因如此，才使得全国社保基金在二级市场大幅下跌、投资证券市场已经亏损的情况下，整个社保基金仍然取得了正收益。全国社保基金投资运营总资产8 689亿元，其中，直接投资资产为5 042亿元，占58.03%；委托投资资产为3 647亿元，占41.97%。全国社保基金理事会强调，全国社保基金历年股票资产比例平均为19.22%，年化投资收益率达到18.61%，比全部基金累计平均收益率高出10多个百分点。尽管股票投资收益波动大，但只要在合理价位上购买股票，坚持长期投资，从长期看，仍可获得比固定收益产品更高的收益。社保基金会将总结过去投资股票的经验和教训，在对股票投资上始终坚持十分谨慎的态度，确保获得长期稳定较好收益。

与绝大部分地方社会保险基金的低收益相比，全国社保基金理事会管理的社保储备基金从建立起至今年均投资收益率高达8.41%，超过同期通货膨胀率（2.14%）6.27个百分点。只有在2004年、2008年和2011年通货膨胀率明显高于基金投资收益率。尽管收益率较高，作为应对老龄化战略储备资产的全国社保基金，自成立以来的财政性净拨入仅有4 437亿元。2012年3月15日，全国社保基金理事会理事长戴相龙表示社保基金8年投资股票累计获得投资收益1 326亿元，占全部投资收益的46%，年化投资收益率达到18.61%，比全部基金累计平均收益率高出10个多百分点。但是全国社保基金的规模一直不大，目前基金总量在9 000亿元左右，与我国社会保险基金总量和未来的资金缺口相比还不够。但是从全国社保基金在资本市场的投资成果看，屡次成功对价值绝对低估的投资品种进行战略配置，获得超额收益，不仅实现了本身的保值增值，也带动了资本市场长线投资理念的树立。因此，在当前市场整体估值偏低的情况下，各省社会保险基金入市不仅为基金保值增值拓宽了渠道，也为资本市场引来了源头活水。但是，股票投资与银行存款、固定利率债券等其他主要投资方式相比，投资风险明显偏高。因此，对于不同投资领域的选择，应结合风险和收益情况来决定，本书将在这三大领域对社会保险基金主要投资领域的收益和风险进行分析①，见表3-1。

由表3-1可知，在社会保险基金主要投资渠道中，银行存款和政府债券的收益是非常有限的，平均利率都在3%左右，而股票市场的平均收益率高达16.40%，2006年和2007年的收益率更是高达130%和87%，远远超过债券合银行存款的回报。所以说，银行存款和政府债券是几乎没有违约风险的，其收益性比较固定；而股票证券的流动性很强，其价值与公司业绩相关，变化比较大，收益率也相对较高。在社会保险基金主要投资渠道中，银行存款的安全性极高，收益率的标准差都小于2%；而股票投资收益率的标准差为51.35%，波动幅度很大，说明投资风险较高。特别是2001年、2008年、2010年和2011年整个资本市场收益率为负数，这当然与宏观的市场环境、经济政治有密切的关系；而国家政策一般是稳定不变

① 数据来源于Wind数据库。

表3-1 社会保险基金主要投资领域的收益和风险情况

年份	上证指数	指数收益率	国债利率	1年期存款利率
1997	1 194.1	30.22%	9.25%	6.57%
1998	1 146.7	-3.97%	4.86%	4.86%
1999	1 366.58	19.18%	3.88%	3.02%
2000	2 073.48	51.73%	2.98%	2.25%
2001	1 645.97	-20.62%	2.98%	2.25%
2002	1 357.65	-17.52%	2.14%	2.12%
2003	1 497.04	10.27%	2.31%	1.98%
2004	1 330.19	-11.15%	2.50%	2.25%
2005	1 220.93	-8.21%	2.35%	2.25%
2006	2 815.13	130.57%	2.31%	2.52%
2007	5 261.56	86.90%	4.14%	3.24%
2008	1 820.81	-65.39%	1.62%	3.53%
2009	3 277.14	79.98%	3.73%	2.25%
2010	2 808.08	-14.31%	3.73%	2.50%
2011	2 199.42	-21.68%	3.73%	3.50%
均值		16.40%	3.50%	3.00%
标准差		51.35%	1.83%	1.25%

的，银行存款和债券的收益率自然变化相对较小。近年来，我国CPI指数居高不下，资产贬值风险大大增加，社会保险基金则在这样的环境下，积极调整投资策略，采取投资组合的方式，将其资产分散投资到这些领域中，并取得丰厚的投资回报[①]，见表3-2。

① 数据来源于全国社保基金年度报告，见http：//www.ssf.gov.cn/。

表3-2 **全国社保基金投资收益情况**

年份	投资收益额（亿元）	投资收益率	CPI
2001	7.42	1.73%	0.70%
2002	19.77	2.59%	-0.80%
2003	44.71	3.56%	1.20%
2004	36.72	2.61%	3.90%
2005	71.22	4.16%	1.80%
2006	619.79	29.01%	1.50%
2007	1 453.50	43.19%	4.80%
2008	-393.72	-6.79%	5.90%
2009	850.43	16.12%	-0.70%
2010	321.22	4.23%	3.30%
2011	74	0.85%	5.40%
累计投资收益	3 105.06		
均值	282.27	9.21%	2.45%
标准差	534.20	15.16%	2.25%

本书将社会保险基金投资收益率与同期上证指数收益率、国债收益率和1年期存款收益率进行比较，以便分析社会保险基金投资与其他投资领域的数量变化趋势和关联，如图3-2所示。

基于社会保险基金主要投资领域投资收益情况，具体而言是社会保险基金对银行、债券、股票等投资渠道投资收益与投资比例的加权平均数，可以表明：相对于股票市场收益率的剧烈波动，社会保险基金投资收益率波动相对幅度不大，而且波动绝大部分在盈利区间，具有很强的安全性；同时，社会保险基金累计投资收益率是8.41%，远远高于银行存款和国债等投资方式的收益率，并高于CPI指数6个百分点，这说明社会保险基金的投资组合已经实现保值增值的要求。这是因为社会保险基金综合了主要

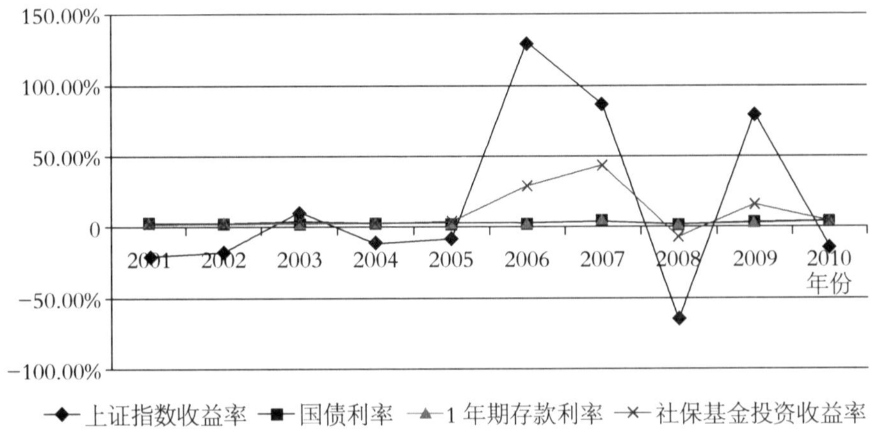

图3-2　社会保险基金投资收益率与主要投资领域收益比较

投资渠道，融合了不同渠道的收益与风险，所以其投资收益率介于股票和银行存款、国家债券收益率之间，标准差也介于之间，投资风险被成功分散。社会保险基金投资于银行存款和政府债券主要是遵循安全性原则，投资于股票债券则是遵循收益性和流动性原则，其各种投资渠道的综合恰好是保值增值的有效结合。但是，社会保险基金投资收益的主要来源为股票投资，股票市场的平均收益率达到16.40%，而标准差也达到51.35%，说明股票市场投资的收益性和风险性。同时期内，社会保险基金平均投资收益率大大低于股票市场收益率，而标准差只有15.16%，安全性远远高于股票市场，但是仍承担着一定的风险。由于投资比重和投资风险分布，本书所要研究的重点正是社会保险基金在股票市场上的资产风险，评估和度量这一领域的投资风险才是关键，特别有助于真正了解社会保险基金投资的风险，也有助于完善其投资策略。

（2）社会保险基金投资风险动因分析

应该说现在社会保险基金贬值风险与投资风险是和现行社保制度不完善、统筹层次过低分不开的。现在社会保险基金在面临着增值和保值遇到困境的时候就是安全性跟增值保值之间平衡的问题。

第一，地方社会保险基金投资政策限制。

目前，地方社会保险基金结余金额在留足2个月的偿付金额后，允许购买特种定向债券。近年来，社会保险基金投资逐渐放开，并允许在境内外进行其他直接投资和各种形式的委托投资，但是仍然禁止投资于风险性较高的领域，追逐投资收益的运营行为被严格的控制。因此，这种投资限制制约了社会保险基金的保值增值。在具体实务中，社会保险基金制度实行个人账户与社会统筹账户相结合的“双账户”制度。根据个人账户设计的最初设想，其收益率将与工资增长率持平，不断滚存增值，以保证社会保险基金制度可持续性。但在现行体制下，个人账户资金多存入财政专户，按1年期银行利率计息。由于这些原因，在过去10年间，平均1年期存款利息仅2.88%，在最近几年3%至6%的通胀水平下，资金实际已经贬值。中国政法大学法与经济研究中心副教授胡继晔曾对17个省份进行调研，发现其中一些省份社保基金结余中的58%，竟是以活期存款形式存在，而仅将活期改为定期，每年即可多得利息200亿~300亿元。按照中国社科院世界社保研究中心主任郑秉文的测算，从1997年到2010年，养老保险基金的账面亏损额高达约6 000亿元。这一问题早已引起政府注意。2005年，国务院发布的38号文即已提出，国家将制定个人账户基金管理和投资运营办法，但此后却未进入具体政策制定步骤。具体而言，整个投资制度将采用信托方式进行，即各省成立社保基金理事会作为委托人，代表省内的社会保险基金领取人，通过市场化的招标方式，选择基金管理公司作为受托人，再选取大型商业银行作为账户管理人，管理资产。以此结构形成对各方制约，以保资金安全，使受托人——基金公司动不了钱，托管人——银行可以动钱，但不能做投资决定。可惜，这套相对完善的方案尚未公开，即告流产。据接近当时决策的人士介绍，主要原因是各部门出于各自立场，难以达成一致。由于个人账户存在大规模空账，若要进入资本市场，财政必须加大支付，填补个人账户亏空，因此财政部态度比较消极；而当时全国做实的个人账户资金仅1 000多亿元，规模不大，全国社保基金理事会希望全盘接手运营，因而反对草案中的市场化竞标方案。各省份对此方案也态度不一。

第二，社会保险基金投资运营机构体系不健全。

各地方社会保险基金多元化的管理体制形成了部门分割、地区分割、城乡分割、不同所有制分割的混乱局面。基金的多头管理必然导致基金投资管理体系的分割。由于当前社会保险基金管理机构不是分开运作，根本无法在投资管理中实现相互制约，拥有社会保险基金支配权的管理机构将有权支配金额巨大的结余资金并用于投资，因此产生很多不合理或者效率低下的投资选择。在具体实务工作中，地方社会保险基金经办机构包括社会保险基金管理中心、社会保险局、社会保险处等机构形式，而社会保险基金分为五大险种，社会养老保险基金与失业保险基金分属不同的管理部门，而医疗、工伤、生育保险也由其他管理部门管理，各自机构之间独立经办业务，各个险种之间也独立核算，无法形成集中投资必需的资金规模。同时，各省市地方政府既是社会保险基金投资委托人又充当着监管者，这样的双重角色在社会保险基金投资实务中已经出现了很多问题，例如2006年的上海社保案。由于专业资质和投资水平的限制，社会保险基金投资风险将不可控制。因此，我国不能将社会保险基金的投资权利下放到各级地方政府。在社会保险基金实现全国统筹的基础上，可以将结余资金委托全国社会保障基金理事会投资，也可以委托国家专门设立的资产管理公司投资。这样的投资方式也会产生一些问题，首先，如果没有一个高效透明的运作机构，模糊不清的结构中社会保险基金管理往往会成为巨大的问题，管理积极性就肯定会受到影响。其次，如果将这部分资金集中交由全国社保基金理事会，各省政府和社会保险基金经办机构将会出现道德风险，影响各地方社会保险基金收入稳定增加。最后，全国社保基金由于多年的投资经验，获得巨大的投资收益，参保人都认为其投资已经成为黄金法则，不存在投资风险，导致全国社保基金有可能对是否能完成各地方社会保险基金保值增值任务信心不足。

第三，我国资本市场尚不完善。

我国股票市场发育尚未成熟，投资风险较大，股票业绩较差。上市公司公司治理结构尚未完全解决，公司管理层素质不高，信息披露也不充分。证券监管部门行政干预现象非常普遍，而鉴证机构、法律咨询机构、资质评估机构等社会中介机构还没有起到监督作用。这主要由于我国资本市场上的上市公司大多数是由国有企业转制形成的，在公司股权结构中的国有份额往往处于实际控制地位，也就是“一股独大”的情况。由控股股东任命的公司治理层和管理层则导致了公司“内部人控制”的局面，导致公司治理结构失衡，代理问题非常突出，许多上市公司被母公司或控股股东掏空，公司业绩普遍不佳。同时，我国资本市场发育尚未成熟，投资者产生较多的非理性投资行为，带有浓重的投机气氛，并严重依赖政府在市场低迷的时候出台相关政策。而机构投资者在数量和质量上均没有达到优质机构投资者的要求，尚不能发挥稳定与繁荣资本市场的功能。基金等机构投资者建立不久，运行机制不完善，特别是开放式基金是最近几年才开始建立的，市场中介机构不发达，在与上市公司的关系中处于不均衡状态，各种中介机构由于各种原因，在外部监督过程中也没有完全发挥作用，甚至协助上市公司进行舞弊。权衡利弊之后，只有实现中央政府对各种社会保险基金进行统筹规划，将全国社保基金与地方社会保险基金集中作为资金池，统一投资，以降低投资风险，提高投资收益。在现行投资管理模式下，全国社保基金要想实现保值增值，就必须建立完善的投资风险评估机制，建立预警机制，对风险进行应对。

3.3.3 社会保险基金投资风险度量指标

本书在选择社会保险基金投资风险度量指标时，采用发展成熟也是最普遍使用的资本资产定价模型中的β值，并引入近年来金融保险领域广泛应用的VAR方法。

资本资产定价模型建立在资本市场理论和投资组合理论的基础上，主要研究资本市场上资产的预期收益率与资产风险之间的变化规律，以及如何形成最终的均衡价格。β系数表示了资产的回报率对市场变动的敏感程度（Sensitivity），可以衡量该资产的不可分散风险。如果给定β值，就能确定某资产现值（Present Value）的正确贴现率（Discount Rate）了，这一贴现率是该资产或另一相同风险资产的预期收益率。按照CAPM的规定，β系数是度量资本市场上的资产系统风险的指标，用以衡量一种证券或一个投资组合相对总体市场的波动性（Volatility）。如果一个股票的价格和市场的价格波动性是一致的，那么这个股票的β值就是1。如果一个股票的β值是1.2，就意味着当资本市场指数上升1%时，该股票价格则上升1.2%；而市场指数下降1%时，股票的价格则下降1.2%。β值是通过统计分析同一时期市场每天的收益情况以及单个股票每天的价格收益计算出的[①]。当β值处于较高位置时，投资者便会因为股份的风险高，而会相应提升股票的预期回报率。举个例子，如果一个股票的β值是2.0，无风险回报率是3%，市场回报率（Market Return）是7%，那么市场溢价（Equity Market Premium）就是4%（7%−3%），股票风险溢价（Risk Premium）为8%[②]，那么股票的预期回报率则为11%[③]。一个风险投资者需要得到的溢价可以通过CAPM计算出来。换句话说，可通过CAPM来验证股票的价格是否与其回报相吻合。本书主要应用CAPM模型计算出β系数分析社会保险基金投资组合收益率与市场回报率之间的关系，作为社会保险基金投资风险度量指标。

VAR也叫在险价值，即在一定置信水平和持有期内，金融资产或者资产组合在资本市场上的预计最大损失金额。在风险管理的各种方法中，VAR方法最为引人注意。尤其是在过去的几年里，许多银行和法规制定者开始把这种方法当做全行业衡量风险的一种标准来看待。VAR之所以具有吸引力是因为其将资产组合风险概括为一个简单的数字，并以计量单位来表示风险管理的核心问题——潜在亏损。VAR方法可以事前计算风险，改变传统风险管理方法在事后衡量风险大小的弊端，而且这种方法不仅能计算单个资产的投资风险，还能计算投资组合风险，这是利用传统风险管理方法无法实现的。国外社会保险基金已经开始采用VAR方法作为风险管理的手段，这样能准确地估算出基金管理公司承担的投资风险，并可以为每个管理公司设置VAR限额，以防止过度投机行为而出现风险过高的现象。由于基金管理公司为了追求利润而承担高风险，社会保险基金出于投资稳健性的需要，必须对投机过度行为进行限制，所以有必要引入考虑风险因素的业绩评价指标。

因此，本书主要采用CAPM中的β系数和VAR两种指标体系来度量社会保险基金投资风险，从不同角度得到测试值，保证了计算结果的准确性，也可以对不同指标表现出的历年投资风险不同趋势进行分析，互相验证。

---

① 1972年，经济学家费歇尔·布莱克（Fischer Black）、迈伦·斯科尔斯（Myron Scholes）等在他们发表的论文《资本资产定价模型：实例研究》中，通过研究1931年到1965年纽约证券交易所股票价格的变动，证实了股票投资组合的收益率和它们的β值之间存在着线性关系。

② 2×4%，用β值乘市场溢价。

③ 8%+3%，即股票的风险溢价加上无风险回报率。

3.4 社会保险基金会计控制风险

我国社会保险基金事业发展迅速，同时也给社会保险基金风险管理和内部控制提出了更高的要求。会计控制作为社会保险基金内部控制的重要组成部分，在整个风险管理体系中发挥着重要作用，系统分析社会保险基金会计控制中存在的风险，对于及时反映和监督社会保险基金管理中的隐患和缺陷，提高我国社会保险基金收支管理和投资运营中的风险控制能力，促进基金持续健康发展至关重要。本书根据社会保险基金会计控制相关理论和制度，结合社会保险基金会计控制实务过程中的具体问题，对会计控制中的风险进行定性分析，风险分析主要分为以下几个方面。

3.4.1 制度方面

社会保险基金会计制度是为了规范社会保险基金主体的会计行为，加强基金日常会计核算和财务管理，维护参保人和其他利益相关者合法权益的理论和法规性文件，是指导社会保险基金会计工作的具体内容。社会保险基金会计制度必须按照社会保险法的规定，以相关会计理论为基础加以制订，具体包括社会保险基金会计政策、社会保险基金会计核算办法和社会保险基金财务管理制度，属于社会保险基金管理机构内部控制制度的组成部分等。

目前我国社会保险基金已经确立了基金会计主体。基金主体的资金运营目标、管理方式与非营利组织或者企业会计均有较大区别，如社会保险基金收支管理中采用统筹账户与个人账户的预算内外资金管理办法，其在资金投资运营中存在大量的委托代理关系，涉及的利益关系人较多等。因此社会保险基金会计理论在会计目标、假设、要素构成、要素概念的内涵和外延等方面与企业、非营利组织会计理论均有较大差异。社会保险基金会计基本规范既不能套用企业会计规范，也不能套用非营利组织会计规范，而应有自己的一套理论和制度方法。但目前社会保险基金会计理论的研究成果极少。由于缺乏会计理论的指导，造成了一些基金会计制度上的混乱。

一方面，社会保险基金会计制度在设计层面存在缺陷，相应配套制度很不健全，而社会保险基金会计理论欠缺是导致制度不健全的重要原因，最终加大了会计控制风险。社会保险基金会计制度必须以会计理论为基础，使基金管理模式程序化和制度化。许多社会保险基金会计改革思路和方案，如社会保险基金偿付能力风险预警与分析、社会保险基金社会化发放、结余资金投资运营、社会保险基金多渠道筹资、保值增值金的形成与分配、国有股减持解决转制成本、开征社会保险税等会计实务，在现行的会计理论中找不到依据，也不能及时得到理论上的指导。但在实际工作中，多渠道筹资、社会保险基金运营、基金管理民营化改革进程迫在眉睫，将要或者已经成为无可厚非的事实，而相关理论研究滞后，与社会保险基金会计实务工作严重脱节。关于社会保险基金筹集方式问题，《社会保险费征缴暂行条例》规定，社会保险费可以由税务机构征收，也可由社会保险基金经办机构征收，理论上有“税论”和“费论”两种争议。由此可见，社会保险基金会计控制在理论上尚无定论，在实际工作中更常常不知所措。关于如何解决转制成本问题，理论界对通过国有股减持变现方式解决转制成本问题已基本上取得了共识，但对于具体怎样运作意见分歧很大[①]。关于地方社会保险基金进入股市的问题，在2011年我国资本市场的低迷并急需活跃资金支持前提下和全国社保基金投资历史成绩来看，地方社会保险基金何时进入股市在政策上已经获得有关部门的支持，但是整个投资活动没有在会计理论和制度层面反复论证过，很多具体问题都没相应政策规定，尤其是对于社会保险基金投资风险的预警机制与资产安全的保障机制在理论上和制度上都没有成型的模式。

另一方面，从我国已经制定并执行的社会保险基金会计制度来看，在执行与反馈中还存在很多风险。可以说，在《社会保险基金会计制度》、《社会保险基金财务制度》（1999年，由我国财政部、财政部、劳动保障部联合颁发）、《社会保险基金投资管理暂行办法》（2001年12月）颁布之前，这一体系还是处于比较粗放的状态。自社会保险基金会计制度建立以

① 财政部牵头制定的《减持国有股筹集社会保障资金管理暂行办法》2001年6月刚出台，仅过了4个月，就被我国证监会予以否决，我国证监会已于同年10月22日发布公告，暂停新股发行和增发过程国有股减持工作，至今未形成统一的理论和相关政策。

来，由于我国社会保险基金的转制成本问题和当前投资管理模式问题，加上社会保险基金管理机构与人员对会计制度的不同理解、工作态度和方法的差异，使社会保险基金会计控制始终存在着与社会保险制度改革发展和会计实务问题相适应与相协调的问题。随着我国经济的不断发展，社会保险的保障范围不断扩大，企业、个人和国家收入的规模在增大，社会保险基金增长的幅度也在提高，同时，由于社会保险基金积累规模的扩大，导致会计控制风险加大。另外，与社会保险基金投资营运相关的会计制度执行问题也越来越多，社会保险基金被挪用的现象普遍存在，地方政府存在截留和转移社会保险基金收入，且金额巨大。而且从理论上讲，个人账户还应具有获取投资收益的功能，而“空账”就根本谈不上作为资本营运的收益性。因此，这种现象，实际上也是对个人账户的一种利益损害。就后者而言，更多地表现为，在会计核算时出现少计基金利息收入、少报基金收支、转移基金收入等。一些地方政府将社会保险基金或用于市政建设，或用于扶贫投入，或用于下岗再就业工程，或是将社会保险基金用于经办机构经费补助支出，用于平衡财政预算。产生这一现象的原因很复杂，除了其他因素外，会计制度在内部控制体系中执行不利是一个重要影响因素。

社会保险基金会计制度工作是反映社会保险基金流动过程、基金经营主体经营管理过程的理论基础和法规支持，是整个社会保险基金会计工作的立足点，是事务工作能否科学、系统和完整的基础。因此，社会保险基金会计制度的制定、修订和执行对进一步健全我国社会保险基金会计控制体系，不仅十分必要，而且对于防范社会保险基金管理过程中的各种风险、保障社会保险基金作为实现社会政策目标的经济基础，都具有非常重要的意义。在社会保险基金会计控制体系内，各种业务和利益关系错综复杂，基金管理机构和人员必须需要经常对会计控制业务进行调整，进行风险分析和规避。

3.4.2 会计主体方面

本书主要以社会保险基金会计控制目标为出发点，重点从会计控制主体角度来分析社会保险基金会计控制环境。在实际会计工作中，之所以选择某种程序和方法，而摒弃其他程序和方法，总是基于一定的动机和理由，而对动机和理由的追溯，这就是会计目标。社会保险基金会计控制也是为了一定的目标服务的，目标的混乱也将使得控制缺乏正确的导向。我国实行的是统账结合的部分基金积累制，统筹账户实行现收现付制，资金主要用于当期支付，只有少量积累，该账户更注重资金的流动性，而流动性与收益性呈反比，因此统筹账户基金的运营适合于低风险的固定投资，会计控制的目的就是反映和监督统筹账户的短期偿付能力，并对其账户流动性进行监控；与统筹账户不同，个人账户实行积累制，主要用于未来社会保险基金的发放，更加注重资金的保值增值，因此个人账户的会计控制主要是核算和监督资金的长期偿付能力和投资是否适合于多元投资以分散风险并实现基金的增值。然而现阶段，统筹账户与个人账户的混账管理，使得不同性质和会计目标的账户交织在一起，为基金管理者的过度投资提供了可乘之机，基金管理者可能不会分别对不同账户在不同时期的偿付能力进行财务数据分析和测试，还会背离不同账户的收益需求，盲目追求利益最大化的目标并加大社会保险基金运营风险，为社会保险基金的安全完整以及今后的偿付能力埋下隐患。会计控制目标混乱很大程度上是由于对基金管理者的界定不清造成的，换言之，就是社会保险基金会计控制主体的多样化导致的。而模糊的会计主体会使社会保险基金在会计控制活动中无法确定责任方，在监督过程中也没法准确对会计主体进行再控制，这将使社会保险基金会计控制面临严重的风险。

会计主体是会计理论的基本前提之一。会计主体，是指会计所涉及的或为之服务的一个特定单位。会计主体的界定就是要界定会计核算和报告的空间范围，这是进行会计核算工作的基本前提。就社会保险基金而言，其经营主体同时成为会计主体。国外社会保险基金会计主体的主流模式是基金主体，即以社会保险基金为会计主体，如德国的州立社会保险基金会计主体、行业性社会保险基金会计主体，美国的社会保险信托基金会计主体等。不同于企业会计以企业自身为会计主体，我国社会保险基金会计以其基金为会计主体的主要原因如下：一是社会保险基金要按规定发放给受保人，并不留存于经办机构，经办机构只具有社会保险基金的管理权，而不具有处置权。所以社会保险基金在运行过程中会形成其自身的资产与负债，与社会保险基金管理机构无关。二是社会保险基金的所有者是广大参保者，而不是社会保险基金管理机构。以社会保险基金为会计主体，确认其资产、负债、收入、支出以及结余，有助于保护社会保险基金的独立产权，从而保护广大参保者的利益。三是参保者将社会保险费缴给政府或相应机构，就将自己与之相关的社会保险事项委托给了他们，政府与经办机构就接受了参保者的委托，以社会保险基金为会计主体，也便于反映这种受托责任，明确参保者、政府和机构的权利和责任。

3.4.3 预算控制方面

一般来说，社会保险基金的会计核算应纳入政府预算会计体系中，财务报表也应纳入到政府会计报表体系中，也便于政府统一编制预算。社会保险基金单独核算，不利于对政府的基金预算进行全面反映，应把社会保险基金的会计核算纳入政府会计的核算体系中。我国社会保险基金的运行主要包括资金的筹集、支出和投资三个部分。在这些过程中，为了要达成特定的目标，并且顾及整个资金活动的每一个环节，首先必须做好预算控制，借以约束与监督，让资金的运作符合预定的目标或成果。我国社会保险制度起步较晚，财务资源还比较有限。在这一背景下，做好基金预测与预算、预算执行与控制，预算绩效分析等，都尤显重要。但是，从我国现阶段社会保险基金预算控制情况来看，这一环节存在很大风险。

从预算的重视程度来看，在我国现行的社会保险基金会计控制体系中，基金预算控制目前尚处于“缺位”状态。一则，就我国的社会保险基金经办机构而言，在其核算内容上，并没有包含社会保险基金预算；二则，现有的社会保险基金经办机构也会做一些所谓的“预算”，但这种“预算”仅是在根据社会保险基金制度的实施计划、任务编制的经规定程序审批的年度基金财务收支计划，谈不上严格意义上的基金预算，更谈不上社会保险基金预算控制。因此，由此产生的负面效应是不言而喻的。从预算的层次上来说，目前社会保险基金核算方式各异：财政部门管理的社会保险基金中，既有作为基金预算资金核算的，也有作为社会保险基金核算的。从会计规范上看，同是财政部门管理的社会保险基金，进入国库管理的，按财政总预算会计制度规定核算；转入和存入财政专户的，按社会保险基金财政专户会计核算暂行办法规定核算。核算方法的不统一，造成财政部门难以提供清晰的社会保险基金会计信息，致使很难直观地了解社会保险基金的总体规模。从预算的制定来看，社会保险基金管理机构在会计年度结束前按照规定的范式，根据本年度预算执行情况和下年度收支预测，编制下年度预算草案，由人力资源与社会保障部门汇总报财政部门审核，上报同级政府批准后按批复执行。社会保险基金管理机构在整个会计年度内执行预算，分析基金的收支情况，并定期报告预算执行情况。具体来说，首先，预算的编制以年度预算执行情况以及下年度基金收支为基础，下年收支预测缺乏科学的预测方式和方法，往往只是简单地对来年进行估计而缺少科学合理的调研和判断，预算的编制也就缺乏了应有的合理性。其次，预算部门经同级部门批准，审核层次较低，没有独立的审核机构进行监督和管理，导致预算具有软约束的特点。缺乏有效的监督管理又会使得对本年度执行情况的分析有失公允，难以真正应对当前的基金管理和未来的资金需求。再者，在预算执行阶段没有及时的反馈和汇报，预算执行过程中的问题难以被及时发现和应对，更多的是事后处理，并未充分展现预算本身所具有的事前、事中、事后全程管理的天然属性，不能全面发挥预算的管理作用。最后，预算缺乏应有的激励和约束机制，年终没有系统的分析评价预算执行情况，不能做到“赏罚分明”，既不能约束资金滥用、盲用的不合理行为，也不能激励妥善处理资金流向的科学管理行为，必然造成预算控制的“形至而实不至”，也没有充分发挥各级员工的工作积极性，造成了为预算而预算的恶性循环。

3.4.4　会计核算方面

社会保险基金会计核算作为整个会计控制体系中的非常重要的组成部分，负责地方社会保险基金收支管理中的会计核算工作，同时也负责全国社保基金投资运营的会计核算工作。目前，我国社会保险基金会计核算风险主要集中于会计核算确认原则和核算流程两方面。

（1）会计核算确认原则

社会保险基金会计核算确认原则采用收付实现制，会计记账方法采用借贷记账法。在社会保险基金发展初期，基金会计核算主要是记录收入、支出和结余，因此收付实现制是适用的，可以真实地反映基金的实际情况。收付实现制对加强基金管理能够起到积极的作用，但随着社会基金会计改革的深化，收付实现制逐步显露出明显缺陷，无法全面准确及时地记录和反映社会保险基金的财务状况，存在隐性债务，难以真实、准确地反映社会保险基金管理机构的预算完成情况。

本书将对现行收付实现制社会保险基金会计核算在实务中存在的风险进行分析。第一，现行核算确认原则无法全面准确地记录和反映社会保险基金的债权、债务情况，不利于反映和防范偿付能力风险。社会保险基金不能及时反映基金欠缴情况和隐性债务情况。这主要是由于在我国企业转制的过程中，很多企业经营困难，难以承担职工的社会保险费，即便有能力承担，很多企业为了降低经营成本而故意拖延或者不足额缴纳，都形成了社会保险费欠缴的情况。而这部分不能及时收付的资金实际上已经形成了社会保险基金应收款项，这种应收款项在收付实现制的情况下并不能及时和完整地反映。而且，社会保险基金中的个人账户中有大量的应计利息，只有在实际支付时才入账反映。这导致会计控制无法涵盖会计核算体系外的债权和债务，造成社会保险基金会计核算与会计信息无法全面准确记录和反映基金真实情况，将造成基金未来收入不可估量的损失，加大了社会保险基金偿付能力风险。第二，现行核算确认原则不能及时对个人账户收入登记入账，影响参保单位和参保人缴费金额的核算结果。由于收付实现制要求社会保险基金入账以收付时间为准，并不区分不同的会计期间。当参保单位补缴多年欠费，社会保险基金管理机构仍然按照收款时间入账，会计核算记录则出现该参保单位的实际征收金额多于当月应征收金额，而应缴纳月份欠缴记录没有发生变化，严重影响了会计核算的准确性和及时性。而且，社会保险基金应收和应付金额由业务部门按照权责发生制进行核定，而实际收入和支出金额则由财务部门按照收付实现制进行核算，造成两个部门的口径不一致，欠收欠付问题成为会计控制的盲区，这样必然会影响社会保险基金管理机构征收欠费额度的确定，产生会计控制过程中的风险。第三，现行核算确认原则不能反映政府现实财政补贴和未来支付义务。在我国现行收付实现制下，政府预算会计只反映当年的预算支出，不包括政府已经承担的未来支付的社会保险基金等信息。政府债务信息的隐性化，不利于政府的宏观决策和财政风险的防范，不利于政府受托责任的评价，也不利于对财政补贴和未来支付义务的管理和监控。自我国社会保险基金制度改革以来，政府以补助的方式偿还社会保险基金隐性债务，各地方社会保险基金支付遇到困难时，中央政府也提供了一定的财政支持。这种财政补贴的方式让参保人感觉不到政府财政对社会保险基金的实际补助，使得基金对非公有制参保单位和参保人的吸引力下降，不利于扩大社会统筹的覆盖范围。而且少量的财政补贴金额与政府应当在社会保险基金管理中承担的公共责任是极不相称的，现行财政补贴存在很大的随意性，缺乏制度规范，不利于形成偿付能力风险控制的长效机制。第四，现行核算确认原则不能全面反映社会保险基金的投资运营中的风险和收益情况。收付实现制不能准确和全面反映社会保险基金投资成本，也不能及时确认投资收益和利息收入。随着社会保险基金投资运营范围的拓宽，资产的形态不仅仅是现金、银行存款、债券，还会有短期投资、应收票据、存货、长期投资、固定资产，甚至有无形资产等形态的存在，资产运营管理中将面临更多的风险，会计核算必须对业务进行优化，以便及时准确地反映和应对基金各项资产运营中的风险。但是在收付实现制的核算原则下，采用权责发生制核算社会保险基金会导致无法单独核算和管理隐性负债，将个人账户和统筹账户混合核算，并导致两种不同会计确认方法下会计结余的差异，不利于对这部分资金的保值增值的运营，还误导了会计信息使用者。

（2）会计核算流程

从社会保险基金会计核算流程来看，我国社会保险基金会计核算涉及很多政府职能部门，一般来说主要包括：税务部门、财政部门和社会保险基金经办机构。整个会计核算流程非常复杂，各地方的核算流程差异很大，在筹集、支付、投资运营和账户设置等会计核算业务中存在很多风险。

在社会保险基金的筹集环节存在主体的多元性，即我国有16个省份由税务机关代收社会保险费，其他省份和地区则由社会保险基金经办机构负责征收。从宏观管理角度来看，不同征收主体的存在使得对社会保险基金筹集核算和监管难以形成统一的规范和标准，对社保费征收情况的审查难度也大幅上升；从微观代理角度来看，部分地区由税务机关代替社会保险基金经办机构征收，由于缺乏有效的激励和约束机制，加之代办业务不存在年终决算审查，税务机关作为受托人在保费征收过程中存在形式主义，对于逾期未缴、少缴或者漏缴的单位也并未大力追究；社会保险基金经办机构负责征收又不具备税务机关的强制力，导致其保费的征收困难重重。拿社会保险基金的征缴欠费管理来说，当参保单位未能按时或足额缴纳社会保险费时，业务经办单位或其负责人往往没有按规定执行催缴程序。在缴费核定环节，社会保险基金经办机构需要对参保单位送达的申报表和相关资料进行审核，根据相关规定确定参保单位当期应缴纳的社会保险费数额。然而，实际执行过程中，为了方便缴费，对于参保单位往往采用现报现核的方式进行核对，在此过程中往往只有业务经办责任人全权负责和核定，没有其他人员的核对和审查。如果参保单位与业务经办人员串通，通过给予经办人员一定的好处而少缴或漏缴保费，也没有相应的监管措施。社保费上缴难以足额落实，社会保险费用就必然达不到预期的征收计划，必然加大社会保险基金的偿付能力风险。

在支付环节中，我国社会保险基金实行“收支两条线”，筹集的资金要在基金收入户暂存，每月向财政专户转存，收入户月底无余额。基金支付时，由社会保险基金经办机构向财政部门提出申请，保金由财政专户转入支出户，再由支出户发放到退休人员的退休金存折。这项制度对于社会保险基金的收支管理起到了有效的监督作用。为保证社会保险基金收支管理的安全，还需要将经办机构的业务信息与财政部门的财务信息进行核对。然而，实际运作中由于行政层级的制约，经办机构难以实现与财政部门的财务核对，往往出现“财政专户、财政专管”的现象，如图3-3所示。这样一来，若账务出现偏差将难以核实改进，经办机构的直接管理主体地位也将遭到冲击，财政部门的监督管理作用也难以完全发挥。

结余资金环节中，以收付实现制为社会统筹账户的会计核算基础，这符合社会统筹基金的特点和预算会计的要求，但历史原因和参保人个人缴费情况、个人账户基金核算要求实行权责发生制，将隐性债务纳入会计核算流程中。特别是全国社保基金作为未来偿付能力的有力保障，宗旨就是应对隐性债务可能对我国经济造成的不利影响。而对隐性负债的遗漏低估

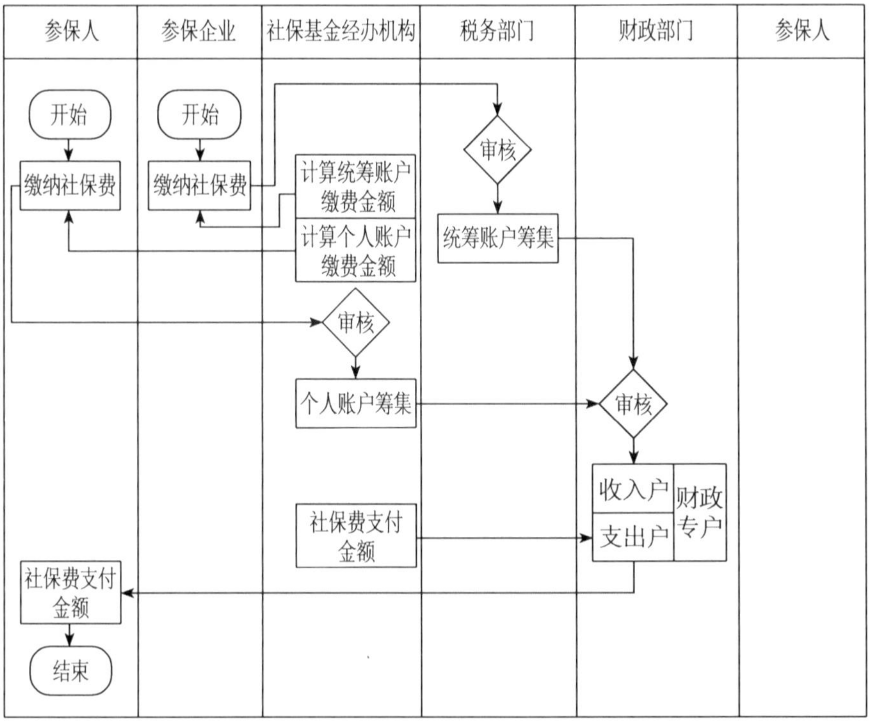

图3-3　社会保险基金筹集和支付流程

了未来的财务风险，既不利于社会保险基金经办机构和投资运营机构的激励与约束机制的良好运行，也不利于社会保险基金的健康运营，难以真正实现社会保险基金的风险规避、保值增值。

在会计账户设置方面，由于我国社会保险基金会计核算的某些流程上比较冗繁，浪费了大量的社会资源，而在一些细节问题的会计处理上又不够具体，会计账户处理粗略笼统。尽管近几年社会保险基金纳入财政专户实行收支两条线管理后，已经取得积极成效，基金的安全性与完整性有了可靠保证。然而，由于企业制度改革的深化，经济结构和市场经济的作用，各个地区、部门在这方面工作进展并不平衡，基金在收缴运营中也存在不少矛盾与问题，具体表现在：社会保险基金纳入财政专户的比例不高，收缴缓慢，截留坐支现象也很严重；财政专户存款存在对账难的问题。财政专户由各级财政部门和各级社保部门同时记账，但是由于未设统一的二、三、四级明细账，财政部门的专户收入中包含多级、多种收入来源，如果同级财政部门在记账时不将专户内的各类明细划分清楚并全额递交社保部门记账的话，社保部门和财政部门同一账户的记账金额很难一致；财政部门操作财政专户手续过于繁杂，难免发生拖欠现象。社会保险基金经办机构对应财政两个职能部门，财政内部一个管审核，一个办转账，这在时间上难以保证基金顺畅拨付，难免有拖欠现象的出现，这必定影响社会保险金的及时发放，也不利于省级统筹调剂金的及时上缴。

而社会保险基金会计账户则是对会计流程各个环节的集中体现，对社会保险基金会计流程的重新梳理，必然引起社会保险基金会计账户的优化。在社会保险基金会计账户的银行存款账户中分别有“收入户”、“支出户”和“财政专户”三个账户，这种会计核算制度在社会保险基金会计核算制度形成之初顺利实现了社会保险基金收支两条线的事业单位的会计核算管理。按规定“收入户”是用于核算基本养老保险基金存入国有商业银行收入户的款项，而实行税务机关征收基本养老保险费的地区，以及按规定经办机构可以不设“收入户”的，收到的基本养老保险基金各项收入直接划入“财政专户”，不通过“收入户”核算。但是，这项优化流程的制度并没有被各地社会保险基金使用。随着时间的不断发展，社会保险基金业务的不断优化和调整，社会保险基金“收入户”功能的重叠使得其存在的价值也越来越引起社保理论界的争议。我国社会保险基金事业尚处于起步阶段，社会各界对社会保险基金的重视程度普遍不足，个别企业在降低成本的利益驱动下延缴、漏缴甚至抗缴的现象严重，导致社会保险基金收入筹集不足，也严重影响了社会保险基金支出与运营等后续流程的日常管理。由于税务部门在税收征缴方面有着先天的法律、地位和经验优势，所以近几年在国家指导下，全国大部分省份陆续将社会保险基金收入的筹集管理交给税务部门来完成，而社会保险基金管理机构则负责按照其辖区内人员情况计算本期实际应筹集的社会保险基金收入，与年初的预算计划数进行对比和修正，将最终确定的实际应筹集的社会保险基金收入数报送上级财政部门审核，最后由所在地的税务部门负责实际征缴工作。这种制度同时保证了社会保险基金收入筹集的充分性和及时性。但是由于此时社会保险基金收入已经不需要经过社会保险基金管理机构的“收入户”上缴到“财政专户”，特别是随着社会保险基金收入“费改税”的制度在全国范围内改革和推广，税务部门已经具备完全替代社会保险基金管理机构实现社会保险基金收入筹集任务并直接转入“财政专户”的能力，“收入户”继续作为主要核算社会保险基金收入的账户存在则已经没有意义。同时要发挥社会保险基金预算制度的作用就要建立预算金额与实际金额的差额对比核算制度，这就要求社会保险基金会计核算账户及账户功能要做出相应的调整和优化。而且社会保险基金个人账户具有追求利益最大化的内在要求，并划转到每个参保人的个人账户。但现有会计制度并没有按此设置会计科目，尚未建立基金利息的会计核算制度。

此外，社会保险基金会计科目按基金分类设置，会计核算科目杂乱，给会计管理工作带来了困难；会计科目设置不完整，不能对社会保险基金运营业务、保值增值金分配业务进行核算，也不能对工伤保险基金、生育保险基金、最低生活保障基金等其他社会保险基金进行会计核算。

3.4.5　内部审计方面

社会保险基金内部审计是社会保险基金管理机构本身对内部会计控制的再监督，是会计控制体系的最后一道关口，其对于管理机构整个会计控制流程、相关人员和会计信息系统的风险管理和内部控制评价至关重要。

由于我国社会保险基金缺乏预算控制，导致内部审计缺乏审计基础数据和比对数据。虽然目前我国各项社会保障资金都纳入了国家预算，但其安排的社会保障支出分散在行政费和各项事业费的有关科目中，并未实行专门的预算管理。随着社会保障制度的深化和社会保险基金的日益扩大，将数额巨大的基金留在政府预算之外，由其他部门掌握和投资，实质是形成第二财政，大大分散财政能够集中统一使用的财力。

相关部门对社保基金内部审计的意义认识不清，对社会保险基金内部审计的重要意义在舆论上宣传得不够。同时，内部审计人员认为社会保险基金内部审计工作量大，涉及内容多，审计没有达到预期的目的。由于部分社保机构内部控制制度不健全、管理不完善，加上社会保险基金来源渠道多、使用范围广、业务流程复杂等，致使社保资金在征收发放环节票据管理不严。在缺少相互监督制约的情况下，容易造成贪污冒领或挪用。同时，内部审计体系还缺乏必要的协调配合。内审部门与各职能部门对社会保险基金内部审计缺乏必要的协调配合。同时，内部审计人员的综合素质与审计事业的要求还存在差距。虽然在社保资金审计中也查出了不少的问题，提出了不少合理化的建议和解决的办法，但并没有完全达到审计监督的预期效果，有的审计决定并没有得到有力执行，这些都与审计人员的综合素质低有一定的关系。

目前，社会保险基金管理机构对于内部会计控制流程的审计仅仅停留在对其规章制度的健全与否、相应内容表述的完整性方面进行监督，很难发现会计控制体系在实际运行过程中的缺陷和漏洞。如只检查是否具有不相容职务相分离制度，并没有真正考察实际工作中的任务安排情况。关于社会保险费的收缴往往被视为基金管理机构的关键控制点，内审部门往往并未深入探究执行情况而仅仅停留在文字表面，规章制定得好并不能代表其执行得好，在实际征收过程中关键环节往往会出现单个或少数管理者全权负责的现象，缺乏对相关权利的制约机制。离退休人员冒领养老金、死亡不报是社会保险基金收支管理机构所面临的棘手问题，也是内审部门所要重点解决的问题之一。然而由于殉葬信息系统的不完善，殉葬信息难以及时反映、及时上传参保人员的死亡信息，内审部门也就无从下手。再者，内审部门独立性较差，对于离退休人员社会保险金资格认证的审查缺乏与相关部门的信息反馈和交流，没有充分认识风险，制衡作用难以发挥。同时，信息系统作为社会保险基金会计控制的手段，也是内审部门对会计控制进行监督的重要领域。信息系统能够提供及时有效的信息保证各部门各层级决策制定和信息交流，对于信息系统开发、系统的安全性、信息的安全性的关注也是内审部门的职责所在。在系统开发方面，一般来说经办机构信息系统的开发均是采取外包形式由专门的机构进行构建，业务一般采取外包的形式进行，这就意味着信息系统的维护和售后服务均有外部机构负责，那么内审部门难以评价信息系统的开发风险，这部分的风险分析容易产生空白；在实际操作过程中，不同人员具有不同的操作权限，各类权限使用是否合理是很难通过事后检查来发现的，内审部门又不能做到实时监控，对于系统的运行就不能即时观测，因此，对信息安全度要求较高，一旦系统发生故障导致数据丢失，将给社会造成恶劣的影响，此外对于信息的盗取，信息的储存、信息的输出怎样做到合理检查和监控均是困难的。

3.5 社会保险基金信息管理风险

3.5.1 信息制作阶段

我国现行的社会保险基金会计报表在会计信息制作和披露过程中还很不规范，会计控制风险较大。《社会保险基金会计制度》规定各级社会保险基金经办机构将会计报表报送同级财政部门、主管部门和社会保险基金监督组织，并不用对全社会公开。另外，社会保险基金会计报表没有反映基金结余的明细情况，也没有反映管理机构或者基金管理公司管理费用的使用情况，没有表外披露的必要补充。目前来看，社会保险基金会计信息没有统一的会计报表，而人力资源与社会保障部门、财政部门、民政部门和社会保险基金管理机构都有各自的会计报表体系，而且信息使用者无法得到准确的社会保险基金会计信息。由于各地方社会保险基金会计报表的形式和内容相差很大，报表中的指标无法统一和汇总。这些差异致使现在无论哪个部门都很难十分准确地说清楚目前全国社保基金收支的真实情况。会计报告主体采用“基金说”，编制复杂，很难反映社会保险基金的总体状况，整体性、综合性不强；会计报告体系不利于社会保险基金会计信息的充分披露，信息质量不完整，信息使用者不能及时了解和掌握社会保险基金财务信息。

对于地方社会保险基金会计信息来说，我国主要是利用一些临时性的文件来指导各地社会保险基金会计信息报告工作，地方社会保险基金经办机构往往依据自身需要又出台了本地的政策文件，由于受自身利益的驱使，仍然执行地方社会保险基金经办机构制定的会计信息管理办法，其结果是对社会保险基金会计信息的可靠性和相关性都产生了很大影响。同时，全国社保基金会计信息制作也存在很多问题。全国社保基金是社会公民委托政府或有关部门管理的信用资金，其财务状况和运行成果关系到每个参保者的切身利益和社会稳定。从2001年开始，全国社保基金理事会每年制作的会计信息主要包括总括情况、基金资产负债表、收益表、现金流量表和基金权益增减变动表及会计报表附注，比较全面地反映了基金的财务状况，使公众对全国社保基金的总体情况能有概括的认识。但是，会计信息的制作过程中往往会受到社会保险基金管理机构的影响。如全国社保基金投资运营和委托管理情况的监督主要是财政部会同人力资源和社会保障部负责，而全国社会保障基金理事会的法人代表就是前财政部部长，其他主要成员也是由两个部门的人员组成，国家审计署等其他机构没有正式被授权对信息制作过程进行监管，不利于信息的真实性，也严重影响了信息披露的相关性。

3.5.2 信息披露阶段

社会保险基金的信托属性要求社会保险基金管理机构要与众多监管主体之间形成相互牵制、相互监督的关系。在社会保险基金运行过程中，各相关利益者之间的信息不对称现象大量存在，使社会保险基金在管理运营当中承受很大的风险。在这样的形势下，社会保险基金信息系统的构建和信息披露机制显得格外重要。我国社会保险基金外部监管主体对社会保险基金信息披露具有强烈的要求。社会保险基金外部控制主体主要有社会保险基金责任主体——政府、社会保险基金法规监管主体——立法机构、社会保险基金受益主体——参保人、社会保险基金利益相关者主体——资本市场投资者和社会保险基金外部审计主体——独立审计机构等等。这些外部控制主体与社会保险基金有着密切的关系，都希望社会保险基金会计信息能够帮助其了解基金运行状况，评价社会保险基金的管理绩效，提高社会保险基金管理水平。然而，由于各自的经济利益以及在社会保险基金中所处的位置和角色不同，外部控制主体对社会保险基金会计信息披露的要求也不尽相同。政府作为社会保险基金的组织者，需要社会保险基金管理机构各部门，尤其是财务部门全面提供受托责任完成情况的有关信息。社会保险基金管理机构，作为社会保险基金管理委托关系中的受托方，需要利用社会保险基金会计信息提供收支财务状况和运营成果方面的信息，进行分析和预测，以制订运营计划，选择相应投资方案。只有首先满足这些需要的目标，才能起到协调社会保险基金会计信息系统内外关系的作用。

立法机构作为社会保险基金法律制度的制定者，从制度上为社会保险基金管理实务提供理论支持，并从法律法规的角度对社会保险基金管理进行监督。参保人作为社会保险基金主要提供者，同时是社会保险基金服务对象和受益人，既关注基金有效运转情况，又关心个人账户的安全和完整，需要基金管理机构为其提供基金收支状况、财务状况及个人账户投资情况的信息。社会保险基金作为资本市场上的最大的机构投资者，其投资方向和时机都为其他投资者所关注。无论是短期对上市公司股价还是长期对上市公司治理都有很深远的影响。因此，资本市场其他投资者要求社会保险基金必须及时公开其投资信息。独立审计机构作为社会保险基金所有者——全体参保人委托审计基金经营情况的鉴证机构，要求社会保险基金管理机构提供可靠的会计信息，并对外披露。因此这五大方面对社会保险基金会计信息披露都有强烈的需求，都在很大程度上从外部对社会保险基金管理运营进行风险控制。

我国社会保险基金缺乏严格的信息披露制度。目前我国社会保险基金信息需求者缺位，参保人作为社会保险基金最终的风险承担者，由于自身弱势的地位，在社会保险基金运转过程中无法行使对信息的知情权，更无法实现信息监督的作用。社会保险基金会计信息的披露是通过一种封闭的渠道进行的，一般的参保人根本不可能了解社会保险基金的收支、运转的情况。这种封闭的披露渠道既不利于社会了解我国社会保险基金相关情况，也不利于对社会保险基金的监督和政策的更新。政府作为社会保险基金风险损失的直接承担者，并没有建立完善的基金管理信息体系，对基金运行情况进行全面的掌握和监督。在实际工作中，可以说地方社会保险基金信息披露机制尚处于空白，广大参保人也没有渠道获得个人账户的变化信息。相比之下全国社保基金理事会披露的会计信息形式和内容比地方社会保险基金有很大改进，并有相关审计机构进行审计，但是信息披露相对滞后，而且一年仅披露一次，对于广大利益相关者迫切需要的社会保险基金投资信息并没有披露。这种信息不对称还非常明显地体现在社会保险基金投资运作上。由于社会保险基金所有权与经营权分离，这就出现了委托代理风险和信息不对称，社会保险基金委托人无法及时准确地掌握基金管理公司的投资行为，“逆向选择”和“道德风险”不可避免。同时，我国社会保险基金管理机构整体信息化建设水平还比较低，造成外部控制主体的监管手段落后，没有形成一套完善的信息化管理系统，社会保险基金管理机构、人力资源与社会保障部门、税务部门和财政部门之间信息传递冗杂，缺乏及时性和相关性，各部门所需要的信息也不甚相同，数据之间的口径也不完全一致。

3.6 社会保险基金外部控制风险

根据前文对社会保险基金外部控制的定义和主要内容，本书将以信息披露作为主要的监管方式，从立法监管、政府监管、参保人监管、利益相关者监管和中介机构监管五大方面对外部控制风险进行定性评估分析。

3.6.1 立法监管方面

社会保险基金法律法规是社会保险基金会计理论纵深发展的结晶，是构建社会保险基金会计制度的法律依据。国外大多数国家都先通过立法后以强制性手段建立起社会保险基金会计模式，如英国17世纪颁布了《贫民法》，德国19世纪颁发的《社会保险法》，美国的《社会保险基金法》，瑞士的《保险法》、《救济法》，加拿大的《医疗保险和诊断机构法》等。国外社会保险基金会计演进的经验充分证明了：缺乏国家立法，社会保险基金会计理论就失去了应有的法律性指导效力，只能成为一纸空文，更谈不上科学地指导社会保险基金会计实务。国家规定在社保立法过程中，必须对法规政策的经济、社会和宏观、微观层面进行全面评估，提高公开性，建立相关利益群体协商的机制和程序。社会保险基金监管在经历了一段漫长的自由放任阶段之后，都开始从立法的高度对社会保险基金监管进行规范，建立起制度化的监管体制。

从我国社会保险基金监管的立法机构的角度来看，全国人民代表大会作为立法机构，负责制定并审议《社会保险法》的具体条款，通过建立并完善有关立法成果，明确社会保险基金各个相关部门、组织和人员的权利和义务。《社会保险法》的颁布和实施，标志着我国社会保险基金运行的法律环境得到了进一步完善。该法作为社会保险基金管理运行的“白皮书”，对社会保险基金管理诸如社会保险费的征缴、经办、监督和法律责任等方面都做出了说明和规定。如在社会保险费的征缴方面，该法强调了基金征集的强制性，规定未办理社会保险登记的企业应由社会保险基金经办机构核定其应当缴纳的社会保险费。在社会保险基金的预算方面，该法规定社会保险基金按照统筹层次设立预算，且社会保险基金预算按照社会保险项目分别编制。在社会保险基金信息公开和监督方面，该法着重说明了社会保险基金有定期向社会公布收支、管理和投资运营情况的义务，以及国务院财政部门、社会保险基金上级行政部门、审计机关对社会保险基金的收支、管理和投资运营情况实施监督，并形成专项工作报告由各级人民代表大会常务委员会审议，社会保险基金检查，并定期向社会公布监督和检查的结果。因此，立法机构有必要对社会保险基金管理的效率和效果进行审查，进而促进社会保险基金的安全运行，维护参保人的切身利益。

我国社会保险基金立法监管风险主要源于法制环境不健全。在很长一段时间内，我国还没有一部完整的规范社会保险基金的法律。我国《社会保险法》已于2010年10月出台，对社会保险基金的各个领域都做出了政策规定，并纳入了国家法律体系，改变了以往社会保险缺乏相应法律保障的尴尬局面，为规范社会保险关系，维护参保人的利益奠定了法律基础，由此我国社会保险基金正式进入执法阶段。但是《社会保险法》刚刚实施，社会保险会计理论体系法律构成长期缺位的影响依然存在，关于征缴、运营与投资、发放环节的具体工作的配套法规条例却迟迟没有出台，具体工作中没有明确规范，法规之间缺乏衔接，难以形成严密有效的监管网络，社会保险基金监管法规仍需要其他政府部门的协调和配合才能形成制度体系。完备的法律是加强社会保险基金监督的必要条件。然而，法律要充分发挥作用，还必须有相互制约的监督机制相配套。当前我国社会保险基金监管的问题之一是管理者与监督者合二为一，缺乏相互制约的监督机制。绝对的权力必然产生腐败，权力只有相互制约，才能充分发挥监督的职能。在实务工作中，社会保险基金行政管理与经营管理如何分离，如何保证社会保险经营主体的独立性，现行的基础性会计法规如何指导社会保险会计行为，社会保险基金怎样投资运作以确保其保值增值，以及社会监督体系的建立，经营主体会计信息的披露等问题都不可能有效解决，一定程度上阻碍了我国的社会保险基金会计改革步伐。此外，由于缺乏相应的惩罚机制以及反欺诈的奖励机制，导致很多违法案件无从查处，对各种社保案件的惩处也不够严厉。从国际经验来看，西方发达国家在社会保险基金监管方面无论存在多大的差异，一个共同的基本特点却始终未变，即拥有一套完整、严格的社会保险监管的法律体系。这些国家的社会保险基金监管体系随社会保险基金的发展、监管技术的改进和监管水平的提高以及监管理念的变革等诸多因素的变化不断做出适应性调整进步，并相应地修改其法律体系，二者形成互动。很显然，我国现有社会保险基金法律体系严重滞后于经济社会的发展，基金运营监管制度设计中缺乏最基本的专门监督机制，对于基金管理机构科学有效监管的缺失以及市场退出机制等方面的法律规范的缺乏，在一定程度上增加了社会保险基金管理、运营的随意性和风险性，难以保证社会保险基金运行的规范性和合理性。立法的缺失必然带来监管之痛，使社会保险基金监督失控，违规动用社会保险基金以及贪污挪用老百姓的“保命钱”就在所难免。

3.6.2 政府监管方面

政府监督职能包括定期检查社会保险基金管理机构的运营活动，审核运营报告；对某些问题进行专门的调查；接受有关社会保险基金方面的投诉或申诉等。一般地说，政府的财政部门也要对社会保险基金进行专业监管，包括决定储备基金的管理、对中央以及地方的社会保险基金予以财务监察、审查预算拨款的使用情况等。政府部门的监管作用主要发挥在社会保险基金管理机构对法律、法规的遵守情况上，同时，在社会保险基金管理和统筹方面，中央政府赋予了地方政府一定的政策空间，地方政府可根据地区发展情况，在中央政策允许的范围内，自行出台社会保险基金监管办法，并予以实施和监督。政府的外部监管职能还表现在对政府审计部门的支持上，政府审计部门作为社会保险基金外部控制的实施者，其工作的效率和效果一方面取决于工作人员的专业素质和职业道德，另一方面则是取决于社会保险基金管理机构的配合程度。而对于后者，政府的大力支持无疑是最有力的保证，这样既提高了外部控制的效率和效果，又会减少不必要的误会和摩擦。此外，政府还会聘请外部的精算、审计专家对社会保险基金的运营管理进行监督，促使基金管理机构进一步改进服务。

在实际工作中，政府监管风险主要来源于政府审计的过程中。一方面，我国社会保险基金政府监督管理模式就给政府审计带来了很大的风险。由于采用政府集中管理模式下的部门分散管理，我国社会保险基金由全国社保基金理事会和地方社会保险基金经办机构共同管理，不同层面的监督主体也呈现出多元化。行政监督在中央层次所涉及的机构主要包括人力资源和社会保险部、财政部、国家税务总局、我国人民银行、我国银行业监督管理委员会、我国证券监督管理委员会、我国保险监督管理委员会和基金托管银行；审计监督则包括审计署、人力资源和社会保险部社会保险事业管理中心监察审计处等；立法监督则包括全国人大、全国政协；社会监督包括参保单位、参保人、利益相关者和社会审计机构。其中有的部门如人力资源和社会保险部、财政部等，实际上同时兼有基金的管理和监督的职责。那么从监督主体的非单一性来说，不同主体对社会保险基金的筹集、支出和投资运营有着不同的要求和度量标准，因此不同地区、不同监管部门委托会计师事务所对社会保险基金管理机构的审计难以得到统一的评价和认知，相互之间也不具备可比性。由于政府审计具有强制性，不仅有能力对社会保险基金进行事前、事中、事后的全程审计，还能在战略高度统筹对社会保险基金的监督管理，政府审计在三个层次的审计中至关重要。然而，现阶段政府审计依然存在一些问题。《社会保险法》第七条指出：“国务院社会保险行政部门负责全国的社会保险基金管理工作，国务院其他有关部门在各自的职责范围内负责有关的社会保险工作。各级政府社会保险行政部门负责本行政区域的社会保险基金管理工作，各级政府其他有关部门在各自的职责范围内负责有关的社会保险工作。”由社会保险法可以看出，我国社会保险基金实行的是属地负责的原则，即当地政府是社会保险基金责任主体；而管理主体则为地方社会保险基金管理机构，这些机构大多数属于事业编制，它们不仅承担了相当多的行政职能，而且与政府有着千思万缕的联系，有的甚至就是政府的一个部门。社会保险基金管理机构的人员经费和业务管理费用由同级财政按照国家规定予以保障。那么从其经济权属角度讲，社会保险基金管理机构缺乏法人资产和独立经济收入，必然导致社会保险基金管理机构难以建立起有效的监督管理机制和风险控制机制。责任主体与管理主体的分离，造成权责分配不明晰，因此社会保险基金在地方或部门利益的驱使下，可能会被当做“准”政府预算资金支配使用，出现社会保险基金被截留和挪用等现象。那么，由当地政府审计社会保险基金就如同“家长审孩子”，丧失了审计的独立性，难以获得公平公允的审计意见，政府审计也难以发挥其监督管理的功用。

另一方面，我国社会保险基金基金监督力量薄弱，机构设置和人员配置都有很多问题。截至2010年，我国社会保险基金累计结余已达2.1万亿元，且基金每年以20%的速度增长。这笔巨大的资金将有步骤地由全国社保基金理事会来进行投资管理，这对于全国社保基金政府审计人员100人左右来说，也形成了极大的反差和挑战，造成政府审计负荷严重超载[①]。政府审计负荷是指政府审计机构官员与参保人数或资产数量之比。因此，我国社会保险基金政府审计不仅谈不上事前、事中和事后的三段式监管，面对大量的风险源和有限的人力，甚至连日常工作也难以完成。同时，地方社会保险基金监督力量也不容乐观，据粗略统计，全国只有约1/2的省（区、市）人力资源与社会保障厅（局）设立了社会保险基金监督处，编制3至4名；另外1/2的省厅都未设立专门监督机构，只配备1至2名专兼职人员，多数与其他部门合设，与当前庞大而复杂的社会保险基金政府审计和监督工作的需求不匹配，缺乏相应的政府审计业务经费，监督力量薄弱。虽然我国目前已有17个省份已经实现省级统筹，但实际上真正实现了基本核算单位和资金流在省级层面大收大支的省份只有少数几个，其他都不是真正意义上的省级统筹。我国绝大部分社会保险基金仍然以县级统筹为主，并分散在2 000多个地方社会保险基金管理机构，这就等于在社会保险基金管理中有2 000个的风险隐患，不仅使基金监督管理层次过多，也增加了大量管理费用。我国的社会保险基金管理成本高达3%，而

① 据数据表明：我国政府审计负荷为每个官员人均审计和监管625亿元人民币，即62亿欧元，而国外的这一数字则远低于我国，如具有墨西哥国家退休金储蓄监管委员会人均管理3.2亿美元，阿根廷退休和养老金管理总局人均管理5.1万人。

国际上的一般水平只有1%。

3.6.3　参保人监管方面

各个层级的社会保险基金统筹地区由政府成立包括用人单位代表、参保人员表，以及工会代表、专家等组成的社会保险基金监督委员会，掌握和分析社会保险基金收支管理情况和投资运营情况，对社会保险基金工作提出咨询意见和建议，实施社会监督职能。社会保险基金管理机构应当定期或不定期地向社会保险基金监督委员会汇报基金管理情况。从社会保险基金参保人的角度来看，用人单位和个人有权查询缴费记录、个人权益记录，要求社会保险基金管理机构提供社会保险基金咨询等服务，对用人单位和个人缴纳的社会保险费使用情况进行监督。各地方政府应采取风险控制措施，鼓励和支持社会各方面参与社会保险基金的监管，加强社会保险基金相关信息公开化和透明化管理，使参保人更好地了解社会保险基金管理运行情况，从而加强了外部控制主体对社会保险基金的监督力度。随着我国人口老龄化的趋势不断明显，在我国通货膨胀压力不断加大的同时，社会保险基金参保人法律意识和维权意识日益增强，非常担心缴纳的社会保险费能否在未来按时足额发放。参保人与社会保险基金管理机构之间是委托人与代理人关系，基金交由管理机构管理并要求基金达到保证偿付能力和保值增值的目的，使管理机构在参保人应享受社会保险待遇时可以有充裕的资金支付，要求社会保险基金管理透明化进一步完善，并及时向参保人公布社会保险基金偿付能力与保值增值能力等数据。

然而目前对于广大参保人而言，社会保险基金管理机构并没有及时全面地将社会保险基金收入与偿付情况和投资情况等信息以任意方式通知每个参保人。参保人仅仅了解其缴纳的社会保险费金额，对用人单位缴纳金额和国家财政补贴金额都无法获知，对个人账户和统筹账户的投资收益情况更是无从知晓。所以说，社会保险基金参保人只知道基金管理机构受托管理他们未来生活的收入来源，却很难知道这笔钱是如何被管理及其管理效果如何。即便社会保险基金管理机构会按年度公布部分社会保险基金信息，但是信息不但非常滞后还很不全面，并且信息的可理解性和相关性都非常低，甚至当参保人未来生活保障已经不能兑现时依旧无法识别风险。

大部分参保人只是关心社会保险基金管理机构承诺的未来偿付金额、偿付方式以及个人缴费过程，却对社会保险基金如何实现保值增值能力并不去全面了解，更没有对社会保险基金偿付能力和投资情况进行实时跟踪和分析。我国社会保险基金立法机构在推行社保制度时也并没有着重强调社会保险基金运作流程及实现承诺的途径，现行制度也并不涉及参保人知情权的保护及拥护政策。这都造成了参保人这一个非常重要的社会保险基金外部控制主体地位的缺失，使社会保险基金管理运行中承受很大风险。

3.6.4 利益相关者监管方面

从利益相关者的角度来看，一般情况下，广义上的利益相关者应该指包括参保人在内的一切与社会保险基金发生利益关系的主体，但是狭义上的利益相关者是特指与社会保险基金管理间接产生利益关系的利益相关者，而不包括参保人这样的直接利益相关者。资本市场上的每个自然人投资者虽然也是社会保险基金的缴费人，但是他们更关注社会保险基金在资本市场上的投资收益和风险，甚至依靠其投资方向而获得自己的投资收益，因此，每个投资者既有分享社会保险基金投资信息的权利，也有对社会保险基金的投资方向进行监督的义务，这一特殊的群体即社会保险基金利益相关者。随着社会保险基金投资股票市场的份额不断加大，社会保险基金在股票市场的角色逐渐转变为稳定的机构投资者，这对促进我国股票市场的健康发展发挥着重要作用。现阶段，我国的机构投资者还未在股票市场占据主导地位，市场还不成熟，散户投资者的政策预期和价格把握能力还趋于弱势，因此，需要一些资金实力雄厚、长期稳定持有、社会责任感强的机构投资者对股票市场的支持和健康引导，社会保险基金就是其中之一。社会保险基金持有股票也倍加为受利益相关者所关注。利益相关者认为：由于社会保险基金作为资本市场中的“国家队”的特殊属性，若是某个上市公司的股票被社会保险基金所持有，则其或者符合我国宏观经济政策调整方向，或者是具备很大企业价值上升空间的绩优股，或者是对投资风险较低的蓝筹股。一般来说，社会保险基金对资本市场走势把握很准，其投资组合可以在控制风险的同时，将投资收益最大化。

观察近年社保基金的投资情况，总能在2007年大盘指数相对较高的位置大举减持，在2009年大盘指数相对较低的位置大举增持，并在2010年大盘反弹时开始减仓，又在2011年底大盘指数降至谷底的时候开始增持，每次都走在市场前面。社会保险基金不但在“十大流通股股东”中高频出现，其投资方向在很大程度上被其他投资者模仿，“紧跟社会保险基金投资方向”便成为很多利益相关者的投资心得。而这个关注的过程也是对社会保险基金投资的有效监督。通过笔者对社会保险基金投资运营的长期观察来看，其投资也不是在每个投资组合都会产生投资收益，资本市场整体低迷也会使其投资收益迅速下降，甚至为负数。而且有些时候社会保险基金投资也会有“失控”，比如大盘走势比较好的年份会经常在风险本身非常高的时候追加投资。由于社会保险基金投资一直属于“暗箱操作”，投资名单和投资时间等信息都没有对外披露，因此社会保险基金利益相关者有强烈的意愿通过信息披露来对其投资运营进行了解和监督。投资者通过分析社会保险基金所持股票的走势和所在行业的发展前景，对社会保险基金的股票投资进行评价和业绩评估，进而可以与社会保险基金投资报告中的数据加以核实，结合资本市场与社会保险基金管理的互动来说明利益相关者如何间接地发挥其在社会保险基金外部控制中的作用。对于为了在资本市场获得投资收益目的的纯粹投资者而言，社会保险基金信息披露程度直接关乎其投资收益。资本市场上的广大散户投资者不仅是社会保险基金缴费人，更可能与社会保险基金一同作为某一公司的股东。然而，我国社会保险基金的股票投资信息只能通过各只股票的财务报告中“十大流通股股东”得知，广大利益相关者难以直接有效获得相关信息。具体来说，全国社保基金理事会负责全国社保金的筹集、发放等管理，社会保险基金群体作为受益者没有选择代理人的机会，也即对全国社保金理事会的影响力为零。当然，如果想要了解全国社保基金相关信息，可以在全国社保基金理事会网站上搜索到相关资料和信息，但前提是要在对全国社保基金有所关注的情况下。

实际上，全国社保基金理事会的大名在外，社保金进入股市的投资政策也远近皆知，却鲜少有人知道全国社保基金的真正情况。如果说对于基本养老保险基金，社会保险基金收益群体作为基金参保人和直接受益人还有一些关注的话，那么作为远期战略储备而存在的全国社保基金则由于远期受益而一直被遗忘。反过来看，正是由于利益相关者对于社会保险基金会计信息需求意识淡薄，使社会保险基金会计信息制作和披露体系发展缓慢。从企业会计发展的经验可知，正是由于企业外部各利益相关者（包括投资者、债权人、经营者、员工、政府和客户等）对企业经营管理行为等的关注，才有了今天比较完善的企业会计体系。尽管我国政府对于社会保险基金投资问题一直都很重视，但是却从未在会计信息披露问题上多下心思，从根本上讲，这与社会保险基金利益相关者的会计信息需求意识有很大关系。

3.6.5 外部审计方面

社会保险基金外部审计是社会独立的第三方中介机构等社会团体对由委托给政府行政事业单位和部门管理的社会保险基金财务收支和投资运营情况和信息的真实、合法和效率进行的审计监督。社会中介机构是介于政府与企业、社会利益群体之间的各类社会组织，主要的功能为社会服务、沟通、公证、监督和市场调节等。具有代表性的中介机构为，会计师事务所、审计师事务所、律师事务所、行业协会和评估行等。因其具有的特殊的第三方身份，在很多事项和交易等过程中，充当“见证人”和“裁判员”的角色。因此在社会保险基金外部风险控制过程中，对社会中介机构这样的非直接利益者的有效利用能够及时发现并弥补社会保险基金内部控制中的风险因素。社会保险基金外部控制要由受政府委托的社会中介机构来承担，这也要求中介机构派出的外部控制实施人员应具备较强的审计专业素质和职业道德，应准确定位自身在审查过程中的角色，本着对受托责任负责的态度，认真完成审计工作。在审计过程中，社会中介机构必须严格按照合同中委托的事项完成，不得擅自扩大和缩小审查范围，及时对外披露相关信息，但是不得泄露信息系统中的个人信息。社会中介机构只具有执行权，对委托范围之外的事项产生疑问时，不得擅自展开审查工作，应上报政府部门并取得授权后方可进行。此外，因为这种外部控制具有一定成本，社会中介机构本身以赚取服务费用、营利为目的，加大了道德风险。所以，政府委托社会中介机构对社会保险基金管理机构的外部审计应衡量相应的机会成本，应根据外部控制的重要性特征，应结合内部控制具体情况，对能够引发重大影响、存在重大风险的环节进行重点审计，逐步铺开审计范围。

社会保险基金外部控制的主要内容是社会保险基金管理全过程是否遵守了社会保险基金相关法律、法规和制度，对偿付能力风险和投资营运过程风险进行分析，并评价风险防范结果和增值手段的鉴证，最后对社会保险基金会计信息进行校对并及时对外披露。在社会保险基金将要大量进入多样化投资的同时，资本市场上的投资风险逐渐加大，尽快建立规范的社会保险基金外部控制系统。而社会中介机构审计所具有的独立性，鉴证、评价、监督职能，能够在很大程度上起到日常的、微观的以及基层的预警性或预防性监督作用，从而尽量避免社会保险基金管理宏观失控。一般来说，受政府委托的会计师事务所通过对地方社会保险基金与全国社保基金理事会的财务状况进行审计以对社会保险基金经办机构、社会保险基金投资机构和委托管理公司的基金收支管理、投资运营与委托代理行为进行审计。实际运行中，地方社会保险基金至今没有聘请会计师事务所对基金收支管理情况进行审计，对偿付能力风险的外部审计缺失，外部审计力量仍无法涉及与社会保险基金收支管理相关的领域中，基金经办机构的管理绩效没有纳入整个社会保险基金外部审计体系中。全国社保基金理事会从成立之初就聘请会计师事务所，按照上市公司审计方式对其财务状况进行审计，并出具年度审计报告。但是由于年度审计报告当中包含的会计信息相关性极低，远远没有达到社会保险基金外部控制的标准和要求，而且一个年度为时间间隔的对外披露频率显然满足不了相关信息使用者的要求。具体来说就是审计报告过于简单，对于受托责任重大和资金量巨大的社会保险基金来说，其业务复杂程度远远超过一般上市公司。而外部审计鉴证报告无论从篇幅、内容还是形式来看，远远没有一般上市公司的年报更具有相关性，社会保险基金外部审计意见也不具备可复核性，相关数据和资料均没有可复查性。这样形式的社会保险基金外部审计将为社会保险基金收支管理和投资运营风险提供了滋生的条件。此外，外部审计委托主体还包括全国社保基金理事会委托的基金投资管理公司，基金投资管理公司委托会计师事务所对自己的经营活动进行审计，这种审计的独立性受到威胁，存在“自我审核、自我监督”的弊端，难以发表公平公允的审计意见。

从社会保险基金外部审计手段角度来讲，相关社会保险基金的会计信息大多录入到计算机中，由会计信息系统集中处理社会保险基金收支管理和投资运营过程中的财务数据。一方面，社会保险基金收支管理中的基金经办机构、财政部门和税务部门等相关机构之间没有建立联网的信息系统；社会保险基金投资运营管理中的全国社保基金理事会与相关投资管理公司、基金管理公司也没有完整有效的信息系统将两者相联系。信息是隔断的，也就难以做到信息的及时传递与互通，实时监控和审计更是难以达成。另一方面，由于审计人员职业能力以及运用计算机审查会计信息的水平还较低，很大程度上还依靠手工查账的方法获取审计证据。如果不能有效的审查数字化信息，审计的范围也必将受到“限制”，这种限制是由其本身能力局限所导致，由此做出的审计结果也将会受到质疑。

3.7 本章小结

本章以社会保险基金风险识别阶段的分析结果作为基础，通过对社会保险基金风险管理的大量文献阅读和整理，结合对社会保险基金管理机构的实地调研，主要从风险实际情况和风险动因角度对偿付能力风险、投资运营风险、会计控制风险和外部控制风险进行定性分析和评估。本章还针对社会保险基金偿付能力风险影响因素进行分析，并总结和归纳出指标分析体系，对社会保险基金投资运营风险的风险和收益情况进行总结，将股票市场投资作为投资风险的主要分析和评估重点，为两种风险的定量分析奠定了基础。本章还从定性的角度对社会保险基金会计控制风险和外部控制风险要素进行分析，并进行全面梳理。

第 4 章

社会保险基金风险定量分析

社会保险基金风险中可量化评估的包括偿付能力风险和投资运营风险。第一是偿付能力风险。社会保险基金的资本运营方式与银行、保险和证券基金从本质上比较相似，即以现实资产承担未来的负债义务，当社会保险基金规定的偿付条件满足时执行偿付的义务，因此其偿付能力必须得到保障。若测算出未来社会保险基金的某期收入和累计结余之和都不足以满足某期支出，可能会出现收不抵支的情况，则产生了偿付能力风险。在这里，不得不提到的替代率风险也是从另一个角度反映了偿付能力风险。替代率是指支取人群的社会保险基金偿付水平与缴费人平均缴费工资之比。替代率风险是指基金的全部资产包括当期和前期的收入余额加上投资收益在假定的寿命条件下达不到预定的替代率从而影响退休后生活水平的风险，一般来说，宏观层面的偿付能力风险也包括了替代率风险。最近的一次生育高峰是20世纪80年代初，社会保险基金是在80年代末建立，估计这一批人群将会在2030年左右进入退休高峰，因而也到达社会保险基金的偿付高峰，因此人口的老龄化问题也加重了社会保险基金偿付能力风险。第二是投资风险。投资风险是指社会保险基金在以各种方式进行资产保值增值的投资过程中，存在由于主客观原因而导致投资损失的风险。投资风险产生于投资策略不合理、投资领域不成熟和投资组合选择不当等主观原因，也包括工商业的周期变化、利率波动和政府政策变化等客观原因。我国资本市场的历史较短，尚未发育成熟，可供投资的选择较少，市场运行很不规范，投资风险性越大。尽管随着资本市场的不断完善、政府适当的监管及基金投资管理的逐渐成熟，投资风险势必会不断降低，而完全消除投资风险是不可能实现的。因此，如何实现以最小的投资风险获得最大的投资收益从而实现保值增值成为社会保险基金投资环节的重大课题。第三是通货膨胀风险。通货膨胀风险是指由于社会保险基金的长期性及通货膨胀的普遍存在，导致社会养老保险基金资产在保存过程中实际购买力下降的风险，这种风险具有周期性变化的特点。为了降低通货膨胀风险的不利影响，资本市场创造了很多通过指数调整来减小通胀风险的金融工具，既为社会保险基金的保值增值提供了有效工具，也推动了金融工具的创新。由于通货膨胀风险的客观性，本书主要对偿付能力风险和投资风险进行定量分析。

4.1 社会保险基金偿付能力风险定量分析——基于我国社会保险基金数据

在前文分析的基础上，本书利用一系列相对指标来测算过去和预测未来一定时期内社会保险基金偿付能力风险，这就需要先将指标中需要的数据计算出来，主要包括：社会保险基金收入、支出、结余以及累计结余的时间序列。下面本书将利用社会保险基金的实际数据对所需数据进行预测和分析。

4.1.1 模型选择

刘永泽、吴作章等（2009）运用ARMA模型的方法，对我国某省的社会保险基金收入与支出的时间序列是否存在未来缺口进行预测时发现收支矛盾造成的资金缺口不仅长期存在，而且将日益扩大。陈元刚、李雪等（2010）也通过时间序列模型对1989—2007年我国社会保险基金收入与支出的关系进行实证研究表明：社会保险基金面临着保值增值不足和支出迅速增加的双重压力。本书认为ARMA模型在经济预测过程中既考虑了经济现象在时间序列上的依存性，又考虑了随机波动的干扰性，能够准确预测经济运行的短期趋势，成为近年来广泛应用的方法，因此本书选取这种方法对社会保险基金收入与支出的时间序列进行估计。ARMA模型的基本思想是：把要进行预测的数据序列作为时间序列，在剔除异常观测值后成为一组完全依赖于时间的随机变量，并能够表明预测对象发展的延续性、依存关系或自相关性，将自相关性通过数学模型描述即能够按照已有时间序列预测未来值。博克思和詹金斯是该模型的首创者（或者说实现者），以他们的名字命名的博克思-詹金斯法（Box-Jenkins法，简称B-J）的模型符号为“ARMA（p，q）”。其中，AR代表自回归模型，MA代表滑动平均模型，p代表自回归阶数，q代表滑动平均的阶数。预测时有时需要对代表对含有长期趋势、季节变动、循环变动的非平稳时间序列进行一次或多次差分处理，使时间序列平稳化，满足自回归模型的标准和要求。

ARMA（p，q）模型的通式为：

$$Y_t=\alpha_0+\alpha_1Y_{t-1}+\alpha_2Y_{t-2}+\cdots+\alpha_pY_{t-p}+\beta_0\varepsilon_t+\beta_1\varepsilon_{t-1}+\beta_2\varepsilon_{t-2}+\cdots+\beta_q\varepsilon_{t-q}$$

其中，α_0，α_1，……，α_p，β_1，β_2，……，β_q为参数，ε_t为白噪声。

本书的预测对象为社会保险基金收入（Social Insurance Fund Renenue，SIFR）和社会保险基金支出（Social Insurance Fund Expenditure，SIFE），本书首先对SIFR序列进行预测，需要对时间序列做平稳化的处理，则有$\ln SIFR_t$的差分计算推导公式：

$$\ln SIFR_t=\Delta^3\ln SIFR_t+3\ln SIFR_{t-1}-3\ln SIFR_{t-2}+\ln SIFR_{t-3}$$

4.1.2 收入数据预测

（1）数据预处理

基于上述模型选择和先前对于原始数据的了解，整理出选择模型所需要的1989年至2012年全国社会保险基金收入合计数作为原始数据（见表4-1）与趋势图（如图4-1所示）。

由表4-2可以明显看出社会保险基金收入有明显的指数增长趋势，而且明显存在单位根，因此原始序列显然是非平稳的。为了避免由非平稳序列建立模型而带来的虚假回归问题，消除原始数据序列的不平稳性，使数据更为平稳，故将选择两种方法，即差分法及取对数法分别对序列进行平稳化处理，直到序列达到研究所需要的平稳性要求，从而进一步分析预测。

表 4-1　**1989—2012 年全国社会保险基金收入数据表**

年份	$SIFR_t$	年份	$SIFR_t$	年份	$SIFR_t$
1989	153.6	1997	1 458.2	2005	6 975.2
1990	186.8	1998	1 623.1	2006	8 643.2
1991	225.0	1999	2 211.8	2007	10 812.3
1992	377.4	2000	2 644.9	2008	13 696.1
1993	526.1	2001	3 101.9	2009	16 115.6
1994	742.0	2002	4 048.7	2010	18 646.4
1995	1 006.0	2003	4 882.9	2011	23 791.1
1996	1 252.4	2004	5 780.3	2012	28 465.3

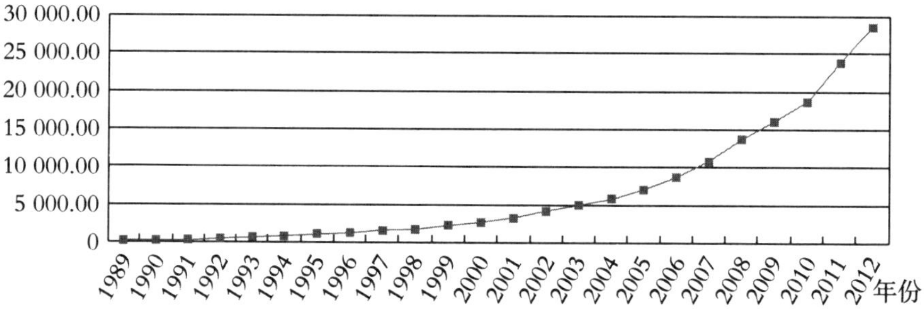

图 4-1　1989—2010 年全国社会保险基金收入趋势图

表 4-2　**全国社会保险基金收入 $SIFR_t$ 单位根检验结果**

原假设：$SIFR_t$ 存在单位根				
滞后阶数：4（Automatic based on SIC，MAXLAG=1）				
			t 统计量	P 值
ADF 检验的统计量			4.129008	1.0000
显著性水平：	1% level		−3.886751	
	5% level		−3.052169	
	10% level		−2.666593	

本书首先对社会保险基金收入序列取对数形式，记为 $lnSIFR_t$，序列 $lnSIFR_t$，这里为了计算方便，下文设定 $Y_t=SIFR_t$。由于指数化的序列仍有明显的增长趋势，因此要对序列继续进行差分直到满足时间序列的平稳

要求。一阶差分后的序列记为$\Delta \ln SIFR_t$，二阶差分后的序列记为$\Delta^2 \ln SIFR_t$，三阶差分后的序列记为$\Delta^3 \ln SIFR_t$，见表4-3。按三阶差分后数据作序列图4-2，可见时间趋势基本消除，基本实现序列零均值，并在均值上下波动，因此可认为是平稳序列。由表4-4可知，$\Delta^3 \ln SIFR_t$.序列的单位根检验T值达到-6.771901，在1%的程度上显著，因此拒绝原假设，序列不存在单位根，即三阶差分后的序列非常平稳，已经达到研究所需要的标准。

表4-3　**1989—2010年全国社会保险基金收入指数化及三次差分图**

年份	$SIFR_t$	$\ln SIFR_t$	$\Delta \ln SIFR_t$	$\Delta^2 \ln SIFR_t$	$\Delta^3 \ln SIFR_t$
1989	153.6	5.034352			
1990	186.8	5.230039	0.195687		
1991	225.0	5.416100	0.186062	−0.009625	
1992	377.4	5.933306	0.517205	0.331143	0.340768（y1）
1993	526.1	6.265491	0.332186	−0.185020	−0.516163（y2）
1994	742.0	6.609349	0.343858	0.011672	0.196692（y3）
1995	1 006.0	6.913737	0.304388	−0.039470	−0.051142（y4）
1996	1 252.4	7.132817	0.219080	−0.085308	−0.045839（y5）
1997	1 458.2	7.284958	0.152141	−0.066939	0.018370（y6）
1998	1 623.1	7.392093	0.107135	−0.045006	0.021933（y7）
1999	2 211.8	7.701562	0.309469	0.202334	0.247340（y8）
2000	2 644.9	7.880389	0.178827	−0.130642	−0.332976（y9）
2001	3 101.9	8.039770	0.159382	−0.019445	0.111197（y10）
2002	4 048.7	8.306151	0.266381	0.106999	0.126444（y11）
2003	4 882.9	8.493495	0.187343	−0.079038	−0.186037（y12）
2004	5 780.3	8.662211	0.168716	−0.018627	0.060410（y13）
2005	6 975.2	8.850116	0.187905	0.019189	0.037816（y14）
2006	8 643.2	9.064528	0.214412	0.026506	0.007317（y15）
2007	10 812.3	9.288440	0.223911	0.009500	−0.017007（y16）
2008	13 696.1	9.524866	0.236427	0.012515	0.003016（y17）
2009	16 115.6	9.687543	0.162677	−0.073750	−0.086265（y18）
2010	18 646.4	9.833408	0.145865	−0.016811	0.056939（y19）
2011	23 791.1	10.123392	0.173412	−0.047970	0.076389（y20）
2012	28 465.3	10.818355	0.169074	0.0586735	0.033611（y21）

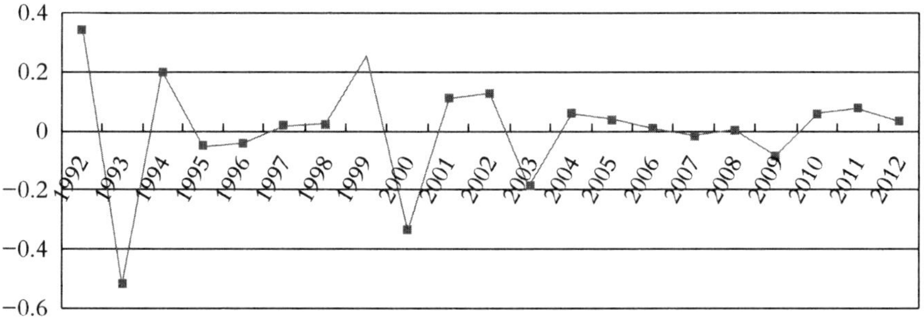

图 4-2　$\Delta^3 lnSIFE_t$ 序列趋势图

表 4-4　**$\Delta^3 lnSIFR_t$ 序列单位根检验结果**

原假设：$\Delta^3 lnSIFR_t$ 存在单位根				
滞后阶数：4（Automatic based on SIC，MAXLAG=1）				
			t统计量	P值
ADF检验的统计量			−6.771901	0.0000
显著性水平：	1% level		−5.119808	
	5% level		−3.519595	
	10% level		−2.898418	

（2）模型的识别和建立

将原来的序列进行三阶差分得到一个平稳的序列，新的序列用 $\Delta^3 lnSIFR_t$ 来表示。接着用ACF（自相关函数）和PACF（偏自相关函数）来确定模型的阶数。首先观察 $\Delta^3 lnSIFR_t$ 序列的自相关系数（见表4-5）和偏自相关系数（如图4-5所示）。

利用自相关函数（ACF）和偏自相关函数（PACF）来确定模型阶数的一般原则是：如果ACF拖尾，PACF是p阶截尾，则选用AR（p）模型；如果ACF是q阶截尾，而PACF拖尾，则选用MA（q）模型；如果ACF和PACF都拖尾则选用ARMA（p，q）模型。由表4-5可知 $\Delta^3 lnSIFR_t$ 序列的自相关图和偏自相关图都不是单纯拖尾和截尾的，故选取ARMA模型前，根据利用ACF和PACF选择模型阶数的准则来判断。由偏自相关图（PACF）和偏自相关系数统计量知，显著不为零的偏自相关个数有三个（对应滞后期为1、2和6），故AR（p）模型的p取值为1、2

表4-5　　　$\Delta^3 \ln SIFR_t$序列的自相关系数和偏自相关系数图

<table>
<tr><th>Autocorrelation</th><th>Partial correlation</th><th></th><th>AC</th><th>PAC</th><th>Q-Stat.</th><th>Prob.</th></tr>
<tr><td>*****| . |</td><td>*****| . |</td><td>1</td><td>−0.624</td><td>−0.624</td><td>8.6379</td><td>0.003</td></tr>
<tr><td>. |** . |</td><td>****| . |</td><td>2</td><td>0.069</td><td>−0.526</td><td>8.7486</td><td>0.013</td></tr>
<tr><td>. |* . |</td><td>.**| . |</td><td>3</td><td>0.139</td><td>−0.280</td><td>9.2338</td><td>0.026</td></tr>
<tr><td>. *| . |</td><td>. *| . |</td><td>4</td><td>−0.109</td><td>−0.186</td><td>9.5493</td><td>0.049</td></tr>
<tr><td>. |* . |</td><td>. *| . |</td><td>5</td><td>0.076</td><td>−0.004</td><td>9.7119</td><td>0.044</td></tr>
<tr><td>.**| . |</td><td>****| . |</td><td>6</td><td>−0.257</td><td>−0.494</td><td>11.742</td><td>0.038</td></tr>
<tr><td>. |*** |</td><td>.**| . |</td><td>7</td><td>0.396</td><td>−0.269</td><td>16.951</td><td>0.018</td></tr>
<tr><td>.**| . |</td><td>. *| . |</td><td>8</td><td>−0.215</td><td>−0.110</td><td>18.635</td><td>0.017</td></tr>
<tr><td>. *| . |</td><td>. *| . |</td><td>9</td><td>−0.049</td><td>−0.094</td><td>18.730</td><td>0.028</td></tr>
<tr><td>. |* . |</td><td>. *| . |</td><td>10</td><td>0.160</td><td>−0.101</td><td>19.858</td><td>0.031</td></tr>
<tr><td>. *| . |</td><td>. *| . |</td><td>11</td><td>−0.110</td><td>−0.121</td><td>20.460</td><td>0.039</td></tr>
<tr><td>. |* . |</td><td>.**| . |</td><td>12</td><td>0.004</td><td>−0.244</td><td>20.461</td><td>0.049</td></tr>
<tr><td>. *| . |</td><td>. *| . |</td><td>13</td><td>−0.179</td><td>−0.091</td><td>20.962</td><td>0.031</td></tr>
<tr><td>. |* . |</td><td>.**| . |</td><td>14</td><td>0.012</td><td>−0.244</td><td>21.168</td><td>0.042</td></tr>
</table>

或6；由自相关图（ACF）和自相关系数统计量可知，显著不为零的自相关个数有一个，对应滞后1期，故MA（q）模型的滞后期为1。由于AR模型是线性方程估计，比MA和ARMA模型的非线性估计要相对容易，可以更好地解释参数的数学和经济含义，因此在实际研究中往往运用AR模型代替对应的MA和ARMA模型。因此，p和q的不同组合有（1，0）（1，1）（2，0）（2，1）（6，0）（6，1）（0，1）。为了找到模型的最佳阶数，采用ACF图、PACF图与Akaike info criterion最小信息准则（AIC）、Schwarz criterion准则（SC）相结合的方法来判定模型的最佳阶数。

由表4-6可知，除了ARMA（2，1）模型外，其余模型的系数均在5%的程度上显著。综合比较各模型中的AIC、SC、Adj-R^2、F值和DW等指标，重点要兼顾AIC和SC得最小化和Adj-R^2的最大化，在此基础上，本书选取ARMA（6，1）模型作为最终的估计模型，具体参数见表4-7。根据以上分析，最终模型确定为：

$$\Delta^3 \ln Y_t = -0.653355\Delta^3 \ln Y_{t-1} - 0.605628\Delta^3 \ln Y_{t-2} - 0.314540\Delta^3 \ln Y_{t-6} + \varepsilon_t - 0.897492\varepsilon_{t-1}$$

表 4-6　　$\Delta^3 lnSIFR_t$序列模型拟合比较

模型	参数估计值	AIC	SC	Adj-R^2	F值	DW
ARMA（1，0）	AR（1）	−1.1570	−1.1075	0.4657	11.4127	1.9082
ARMA（2，0）	AR（1）AR（2）	−1.7862	−1.6881	0.5211	17.1825	2.3871
ARMA（6，0）	AR（1）AR（2）AR（6）	−2.1232	−1.9928	0.7260	16.8009	1.6639
ARMA（0，1）	MA（1）	−1.4489	−1.3992	0.6531	14.7645	2.2309
ARMA（1，1）	AR（1）MA（1）	−2.2246	−2.1257	0.8069	22.0216	2.1045
ARMA（2，1）	AR（1）AR（2）# MA（1）	−2.1302	−1.9832	0.6767	21.1067	1.9122
ARMA（6，1）	AR（1）AR（2）AR（6）MA（1）	−2.4247	−2.2508	0.8254	22.7604	2.1436

注：系数带#为系数检验的P值>0.05，即该系数不显著。

表 4-7　　ARMA（6，1）模型系数估计表

Variable	Coefficient	Std. Error	t−Statistic	Prob.
AR（1）	−0.653355	0.227874	−2.867178	0.0186
AR（2）	−0.605628	0.232556	−2.604221	0.0285
AR（6）	−0.314540	0.129440	−2.430010	0.0380
MA（1）	−0.897492	0.163197	−5.499430	0.0000
R^2	0.835633	Mean dependent VAR		0.003856
Adj-R^2	0.825360	S.D. dependent VAR		0.144746
S.E. of regression	0.063602	Akaike info criterion		−2.424676
Sum squared resid	0.036407	Schwarz criterion		−2.250845
Log likelihood	22.76039	Hannan-Quinn criter.		−2.460406
Durbin−Watson stat.	2.143647			

（3）模型检验

在建立了模型以后，必须对模型进行检验。首先得到回归方程的残差

序列图，见表4-8。

表4-8　　　　　$\Delta^{3}\ln SIFR_t$回归方程的残差序列图

<table>
<tr><th>年份</th><th>真实值</th><th>拟合值</th><th>残差</th><th>残差图</th></tr>
<tr><td>1996</td><td>-0.04584</td><td>-0.03696</td><td>-0.00888</td><td>|　　.*|　.　|</td></tr>
<tr><td>1997</td><td>0.01837</td><td>0.00942</td><td>0.00895</td><td>|　.　|*　.　|</td></tr>
<tr><td>1998</td><td>0.02193</td><td>0.02524</td><td>-0.00331</td><td>|　.　*　.　|</td></tr>
<tr><td>1999</td><td>0.24734</td><td>0.23333</td><td>0.01401</td><td>|　.　|*　.　|</td></tr>
<tr><td>2000</td><td>-0.33298</td><td>-0.30345</td><td>-0.02952</td><td>|　.*　|　.　|</td></tr>
<tr><td>2001</td><td>0.1112</td><td>0.09734</td><td>0.01385</td><td>|　.　|*　.　|</td></tr>
<tr><td>2002</td><td>0.12644</td><td>0.1278</td><td>-0.00135</td><td>|　.　*　.　|</td></tr>
<tr><td>2003</td><td>-0.18604</td><td>-0.18387</td><td>-0.00216</td><td>|　.　*　.　|</td></tr>
<tr><td>2004</td><td>0.06041</td><td>0.05001</td><td>0.0104</td><td>|　.　|*　.　|</td></tr>
<tr><td>2005</td><td>0.03782</td><td>0.04854</td><td>-0.01072</td><td>|　.　*|　.　|</td></tr>
<tr><td>2006</td><td>0.00732</td><td>-0.00106</td><td>0.00837</td><td>|　.　|　*.　|</td></tr>
<tr><td>2007</td><td>-0.01701</td><td>0.01514</td><td>-0.03214</td><td>|　.*　|　.　|</td></tr>
<tr><td>2008</td><td>0.00302</td><td>-0.00617</td><td>0.00919</td><td>|　.　|*　.　|</td></tr>
<tr><td>2009</td><td>-0.08627</td><td>-0.0792</td><td>-0.00706</td><td>|　.　*|　.　|</td></tr>
<tr><td>2010</td><td>0.05694</td><td>0.04494</td><td>0.012</td><td>|　.　|*　.　|</td></tr>
<tr><td>2011</td><td>-0.06247</td><td>-0.08342</td><td>-0.0066</td><td>|　.　*|　.　|</td></tr>
<tr><td>2012</td><td>0.04653</td><td>0.03991</td><td>0.00172</td><td>|　.　|*　.　|</td></tr>
</table>

由表4-8可知回归方程的残差序列基本上是一个零均值的平稳序列。然后进行残差序列的单位根检验，并得到残差序列的自相关图，见表4-9与表4-10。

表 4-9　　　　$\triangle^3$lnSIFR$_t$序列残差单位根检验结果

原假设：残差存在单位根				
滞后阶数：4（Automatic based on SIC，MAXLAG=1）				
			t统计量	P值
ADF检验的统计量			−5.751540	0.0004
显著性水平：	1% level		−4.121990	
	5% level		−3.144920	
	10% level		−2.713751	

表 4-10　　　　$\triangle^3$lnSIFR$_t$序列残差自相关图

Autocorrelation	Partial correlation		AC	PAC	Q-Stat	Prob
.*| . |	.*| . |	1	−0.107	−0.107	0.1872	0.665
. | . |	. | . |	2	−0.009	−0.021	0.1888	0.910
. |* . |	. |* . |	3	0.133	0.132	0.5358	0.911
.**| . |	.**| . |	4	−0.266	−0.245	2.0681	0.723
.*| . |	.**| . |	5	−0.195	−0.262	2.9953	0.701
. |* . |	. |* . |	6	0.135	0.081	3.5012	0.744
.*| . |	. | . |	7	−0.143	−0.062	4.1668	0.760
. | . |	.*| . |	8	−0.060	−0.126	4.3063	0.828
. |* . |	. | . |	9	0.172	0.022	5.7450	0.765
.**| . |	.**| . |	10	−0.260	−0.248	10.122	0.430
. | . |	. | . |	11	0.067	0.014	10.557	0.481
. | . |	.*| . |	12	0.033	−0.082	10.774	0.548
. | . |	. | . |	13	0.054	0.021	10.951	0.472
. | . |	.*| . |	14	0.049	−0.079	11.733	0.499

若残差序列不是白噪声，说明信息没有被完全提取，需要采用残差序列的自相关函数图，并结合滞后一期的分布图进行分析。从表 4-9 可以看出$\triangle^3$lnSIFR$_t$序列残差通过单位根检验，通过表 4-10 直接观察残差序列的

自相关分析图和散布图，自相关函数的绝对值很小，这表明残差序列具有独立性，即残差序列是线性无关的，因此残差是白噪声，可直接用于预测。同时，模型拟合优度为0.825360，所以模型比较好的拟合了$\Delta^3 lnSIFR_t$序列，符合模型预测的条件。

（4）模型预测

利用ARMA模型求出$\Delta^3 lnSIFR_t$序列的拟合值，即序列的预测值，本书将序列的真实值跟其进行比较，发现各年度的预测值与真实值的拟合程度比较好，差异非常小，如图4-3所示。

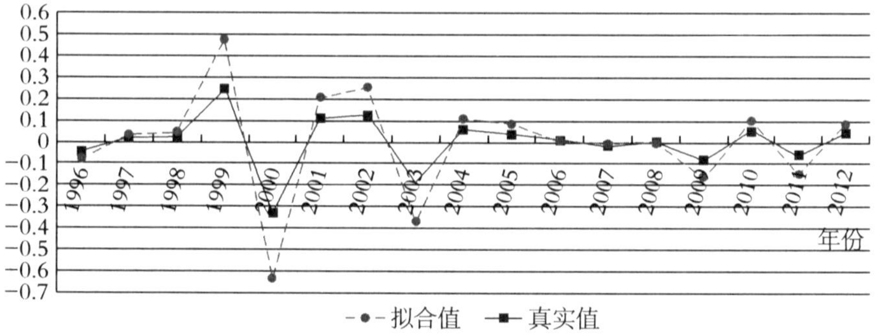

图4-3 $\Delta^3 lnSIFR_t$序列模型预测（拟合）值与真实值的拟合比较

通过前文推导的$SIFR_t$序列的公式进行计算，本书得到$lnSIFR_t$序列的预测值，并还原为$SIFR_t$序列，并与实际值进行比较，见表4-11。

表4-11 **$SIFR_t$序列模型预测值与真实值的拟合比较**

年份	2001年	2002年	2003年	2004年	2005年	2006年
$SIFR_t$	2 748.01	3 471.50	4 016.40	4 627.40	5 400.80	8 483.72
拟合值	2 654.44	3 439.73	4 048.00	4 592.96	5 444.00	8 643.20
误差	93.57	31.77	−31.60	34.44	−43.20	−159.48
误差百分比	3.41%	0.92%	−0.79%	0.74%	−0.80%	−1.85%
年份	2007年	2008年	2009年	2010年	2011年	2012年
$SIFR_t$	10 901.11	13 639.48	16 664.20	18 651.32	23 791.1	28 465.3
拟合值	10 612.30	13 696.12	16 515.64	18 656.24	23 582.6	28 679.9
误差	288.81	−56.65	148.56	−4.92	208.5	−214.6
误差百分比	2.65%	−0.41%	0.89%	0.03%	0.88%	0.75%

由表4-11可知$SIFR_t$序列模型预测值与真实值之间的差额很小，且误差百分比的绝对值都在5%之内，可见$SIFR_t$序列模型预测值与真实值基本拟合，可以继续对未来2013年至2020年的$SIFR_t$序列进行预测和估计，结果见表4-12。

表4-12　**2013—2020年的$SIFR_t$序列预测值**

年份	2013年	2014年	2015年	2016年
预测值	31 386.02	36 405.85	3 9856.26	42 746.59
年份	2017年	2018年	2019年	2020年
预测值	47 116.55	53 742.06	54 000.51	56 475.88

4.1.3　支出数据预测

考虑到具体的分析对象社会保险基金支出（Social Insurance Fund Expenditure，SIFE），还需要取对数的平稳化处理，则有$\ln SIFE_t$及差分计算推导公式（推导过程同$SIFE_t$）：

$$\ln SIFE_t=\Delta^3\ln SIFE_t+3\ln SIFE_{t-1}-3\ln SIFE_{t-2}+\ln SIFE_{t-3}$$

（1）数据预处理

基于上述模型选择和先前对于原始数据的了解，整理出选择模型所需要的1989—2010年全国社会保险基金支出合计数作为原始数据（见表4-13）。

表4-13　**1989—2010年全国社会保险基金支出数据表**

年份	$SIFE_t$	年份	$SIFE_t$	年份	$SIFE_t$
1989年	120.9	1997	1 339.2	2005年	5 400.8
1990年	151.9	1998	1 636.9	2006年	6 477.4
1991年	176.1	1999	2 108.1	2007年	7 887.8
1992年	327.1	2000	2 385.6	2008年	9 925.1
1993年	482.2	2001	2 748.0	2009年	12 302.6
1994年	680.0	2002	3 471.5	2010年	14 810.9
1995年	877.1	2003	4 016.4	2011年	18 055.3
1996年	1 082.4	2004	4 627.4	2012年	22 182.5

由图4-4和表4-14可知全国社保基金支出有明显的指数增长趋势，而且全国社保基金支出的单位根检验中可以明显看出存在单位根，因此原始序列显然是非平稳的。本书首先对全国社保基金支出序列取对数形式，记为$lnSIFE_t$，序列$lnSIFE_t$，这里为了计算方便，下文设定Y_t= $SIFE_t$。由图4-4易知，指数化的序列仍有明显的增长趋势，因此要对序列继续进行差分。一阶差分后的序列记为$\Delta lnSIFE_t$，二阶差分后的序列记为$\Delta^2 lnSIFE_t$，三阶差分后的序列记为$\Delta^3 lnSIFE_t$。由图4-4可知，按三阶差分后数据作序列图4-5，可见时间趋势基本消除，基本实现序列零均值，并在均值上下波动，因此可认为是平稳序列。但序列图只能粗略地判断序列具有平稳性，应用单位根检验方法检验见表4-16。

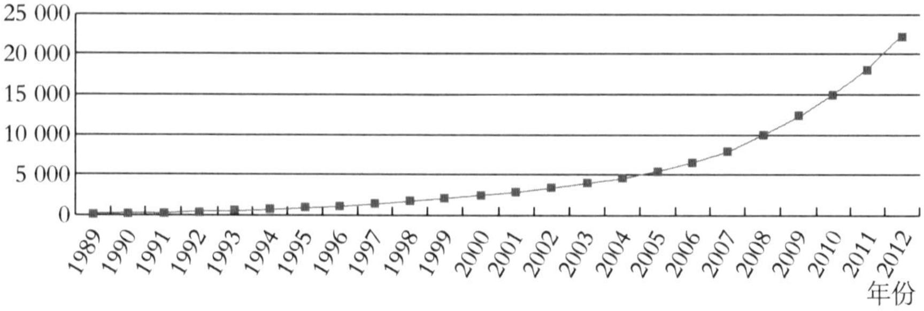

图4-4　1989—2010年全国社会保险基金支出趋势图

表4-14　**全国社会保险基金支出$SIFE_t$序列单位根检验结果**

原假设：$SIFE_t$存在单位根				
滞后阶数：4（Automatic based on SIC，MAXLAG=1）				
			t统计量	P值
ADF检验的统计量			21.05839	0.9999
显著性水平：	−3.78803		−3.886751	
	−3.01236		−3.052169	
	−2.64612		−2.666593	

由表4-16可知，$\Delta^3 lnSIFE_t$序列的单位根检验T值达到−10.6481，在1%的程度上显著，因此拒绝原假设，序列不存在单位根，即三阶差分后的序列非常平稳，已经达到研究所需要的标准。

表 4-15　1989—2012 年全国社会保险基金支出指数化及一、二、三次差分

年份	$SIFE_t$	$\ln SIFE_t$	$\Delta \ln SIFE_t$	$\Delta^2 \ln SIFE_t$	$\Delta^3 \ln SIFE_t$
1989 年	120.9	4.794575			
1990 年	151.9	5.023068	0.228493		
1991 年	176.1	5.171123	0.148055	−0.080437	
1992 年	327.1	5.790146	0.619023	0.470968	0.551405
1993 年	482.2	6.178317	0.388171	−0.230852	−0.701820
1994 年	680.0	6.522024	0.343707	−0.044465	0.186387
1995 年	877.1	6.776677	0.254653	−0.089054	−0.044590
1996 年	1 082.4	6.986916	0.210239	−0.044413	0.044641
1997 年	1 339.2	7.199792	0.212876	0.002637	0.047050
1998 年	1 636.9	7.400551	0.200759	−0.012118	−0.014754
1999 年	2 108.1	7.653550	0.252999	0.052240	0.064358
2000 年	2 385.6	7.777206	0.123656	−0.129343	−0.181583
2001 年	2 748.0	7.918631	0.141426	0.017770	0.147113
2002 年	3 471.5	8.152342	0.233710	0.092285	0.074515
2003 年	4 016.4	8.298141	0.145799	−0.087911	−0.180196
2004 年	4 627.4	8.439750	0.141609	−0.004190	0.083721
2005 年	5 400.8	8.594302	0.154552	0.012943	0.017133
2006 年	6 477.4	8.776072	0.181770	0.027218	0.014275
2007 年	7 887.8	8.973073	0.197000	0.015231	−0.011987
2008 年	9 925.1	9.202818	0.229746	0.032745	0.017515
2009 年	12 302.6	9.417562	0.214744	−0.015002	−0.047748
2010 年	14 810.9	9.603119	0.185556	−0.029187	−0.014185
2011 年	18 055.3	10.292742	0.231174	−0.011238	−0.041233
2012 年	22 182.5	10.624416	0.195221	−0.021827	−0.019675

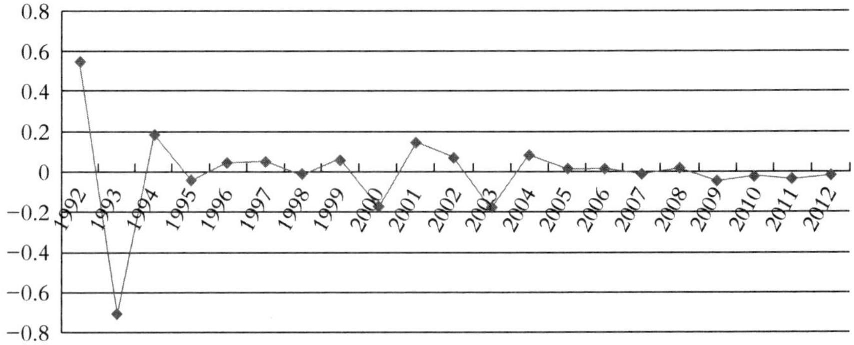

图 4-5　$\Delta^3 \ln SIFE_t$ 序列趋势图

表4-16　　　$\Delta^3 lnSIFE_t$序列单位根检验结果

原假设：$\Delta^3 lnSIFE_t$存在单位根			
滞后阶数：4（Automatic based on SIC，MAXLAG=1）			
		t统计量	P值
ADF检验的统计量		−10.6481	0.0000
显著性水平：	1% level	−5.119808	
	5% level	−3.519595	
	10% level	−2.898418	

（2）模型的识别和建立

将原来的序列进行三阶差分得到一个平稳的序列，新的序列用$\Delta^3 lnSIFE_t$来表示。接着用ACF（自相关函数）和PACF（偏自相关函数）来确定模型的阶数。首先观察$\Delta^3 lnSIFE_t$序列的自相关系数和偏自相关系数表（见表4-17）。

表4-17　　　$\Delta^3 lnSIFE_t$序列的自相关系数和偏自相关系数表

<table>
<tr><th>Autocorrelation</th><th>Partial Correlation</th><th></th><th>AC</th><th>PAC</th><th>Q-Stat</th><th>Prob</th></tr>
<tr><td>*****| . |</td><td>*****| . |</td><td>1</td><td>−0.713</td><td>−0.713</td><td>12.776</td><td>0.000</td></tr>
<tr><td>. |**. |</td><td>***| . |</td><td>2</td><td>0.302</td><td>−0.419</td><td>15.184</td><td>0.001</td></tr>
<tr><td>.*| . |</td><td>.**| . |</td><td>3</td><td>−0.095</td><td>−0.217</td><td>15.434</td><td>0.001</td></tr>
<tr><td>. | . |</td><td>.**| . |</td><td>4</td><td>−0.022</td><td>−0.228</td><td>15.447</td><td>0.004</td></tr>
<tr><td>. | . |</td><td>.*| . |</td><td>5</td><td>0.056</td><td>−0.176</td><td>15.544</td><td>0.008</td></tr>
<tr><td>.*| . |</td><td>.**| . |</td><td>6</td><td>−0.102</td><td>−0.301</td><td>15.885</td><td>0.014</td></tr>
<tr><td>. |*. |</td><td>*****| . |</td><td>7</td><td>0.196</td><td>−0.732</td><td>17.240</td><td>0.016</td></tr>
<tr><td>.*| . |</td><td>. | . |</td><td>8</td><td>−0.204</td><td>−0.014</td><td>18.809</td><td>0.016</td></tr>
<tr><td>. | . |</td><td>.**| . |</td><td>9</td><td>0.042</td><td>−0.306</td><td>18.880</td><td>0.026</td></tr>
<tr><td>. |*. |</td><td>.*| . |</td><td>10</td><td>0.140</td><td>−0.097</td><td>19.744</td><td>0.032</td></tr>
<tr><td>.*| . |</td><td>. | . |</td><td>11</td><td>−0.162</td><td>0.029</td><td>21.002</td><td>0.033</td></tr>
<tr><td>. |*. |</td><td>.*| . |</td><td>12</td><td>0.080</td><td>−0.066</td><td>21.338</td><td>0.046</td></tr>
<tr><td>.*| . |</td><td>. | . |</td><td>13</td><td>−0.148</td><td>0.032</td><td>23.072</td><td>0.051</td></tr>
<tr><td>. |*. |</td><td>.*| . |</td><td>14</td><td>0.092</td><td>−0.052</td><td>25.394</td><td>0.069</td></tr>
</table>

由于$\Delta^3 lnSIFE_t$序列的自相关和偏自相关图系数都不是单纯的拖尾和截尾的，故选取ARMA模型前，根据利用ACF和PACF选择模型阶数的准则来判断。由偏自相关图（PACF）和偏自相关系数统计量知，显著不为零的偏自相关个数有两个（对应滞后期为1、2和7），故AR（p）模型的p取值为1、2或7；由自相关图（ACF）和自相关系数统计量可知，显著不为零的自相关个数有一个，对应滞后期1，故MA（q）模型的滞后期为1。由于AR模型为线性方程估计，相对于MA和ARMA模型的非线性估计容易，同时参数的计量含义便于解释，故实际建模时常常希望用AR模型替换相应的MA和ARMA模型。因此，p和q的不同组合有（1，0）、（1，1）、（2，0）、（2，1）、（7，0）、（7，1）、（0，1）。为了找到模型的最佳阶数，采用ACF图、PACF图与Akaike info criterion最小信息准则（AIC）、Schwarz criterion准则（SC）相结合的方法来判定模型的最佳阶数（见表4-18）。

表4-18　$\Delta^3 lnSIFE_t$序列模型拟合比较

模型	参数估计值	AIC	SC	Adj-R^2	F值	DW
ARMA（1，0）	AR（1）	-0.8294	-0.7796	0.5078	9.7089	2.5810
ARMA（2，0）	AR（1）AR（2）	-0.8909	-0.7914	0.5780	10.9098	2.1016
ARMA（7，0）	AR（1）AR（2）AR（7）	-2.7024	-2.5608	0.5867	23.2678	1.6078
ARMA（0，1）	MA（1）	-1.4489	-1.3992	0.6531	14.7645	2.2309
ARMA（1，1）	AR（1）# MA（1）	-1.4116	-1.3620	0.7108	16.5273	2.9065
ARMA（2，1）	AR（1）#AR（2）# MA（1）	-1.1496	-1.0002	0.6878	14.4960	1.9536
ARMA（7，1）	AR（1）AR（2）AR（7）MA（1）#	-2.6056	-2.4168	0.5653	23.5418	2.0684

注：系数带#为系数检验的P值>0.05，即该系数不显著。

由表4-18可知，除了ARMA（1，0）、ARMA（2，0）、ARMA（7，0）和ARMA（0，1）模型外，其余模型的系数均有在5%的程度上不显著的现象存在。综合比较各模型中的AIC、SC、Adj-R^2、F值和DW等指标，重点要兼顾AIC和SC得最小化和Adj-R^2的最大化，在此基础上，本书选取ARMA（7，0）模型作为最终的估计模型，具体参见表4-19。

表4-19　**ARMA（7，0）模型系数估计表**

Variable	Coefficient	Std. Error	t-Statistic	Prob.
AR（1）	-0.735163	0.168743	-4.356693	0.0018
AR（2）	-0.695777	0.165312	-4.208863	0.0023
AR（7）	0.178393	0.049527	3.601921	0.0057
R^2	0.825044	Mean dependent VAR		-0.001419
Adj-R^2	0.786164	S.D. dependent VAR		0.098716
S.E. of regression	0.045649	Akaike info criterion		-3.123369
Sum squared resid	0.018754	Schwarz criterion		-3.002143
Log likelihood	21.74022	Hannan-Quinn criter.		-3.168252
Durbin-Watson stat	1.984827			

根据以上分析，最终模型确定为：

$$\Delta^3 \ln Y_t = -0.735163\Delta^3 \ln Y_{t-1} - 0.695777\Delta^3 \ln Y_{t-2} + 0.178393\Delta^3 \ln Y_{t-7} + \varepsilon_t$$

（3）模型检验

在建立了模型以后，必须对模型进行检验。首先得到回归方程的残差序列表，见表4-20。

由表4-20可知回归方程的残差序列基本上是一个零均值的平稳序列。然后进行残差序列的单位根检验，并得到残差序列的自相关图，参见表4-21和表4-22。

可以看出$\Delta^3 \ln SIFE_t$序列残差通过单位根检验，通过直接观察残差序列的自相关分析图和散布图，自相关函数的绝对值大多都较小，表明残差序列是独立的，即残差序列是现行无关的，因此残差是白噪声，可直接用于预测。同时，模型拟合优度为0.825360，所以模型比较好的拟合了$\Delta^3 \ln SIFE_t$序列，符合模型预测的条件。

表4-20　$\Delta^{3}\ln SIFE_{t}$回归方程的真实值、拟合值及残差序列表

<table>
<tr><th>年份</th><th>真实值</th><th>拟合值</th><th>残差</th><th>残差图</th></tr>
<tr><td>1999年</td><td>0.06441</td><td>0.07672</td><td>−0.01231</td><td>| . * | . |</td></tr>
<tr><td>2000年</td><td>−0.18157</td><td>−0.16242</td><td>−0.01915</td><td>| . * | . |</td></tr>
<tr><td>2001年</td><td>0.14708</td><td>0.12199</td><td>0.02509</td><td>| . | * . |</td></tr>
<tr><td>2002年</td><td>0.07453</td><td>0.0681</td><td>0.00643</td><td>| . |* . |</td></tr>
<tr><td>2003年</td><td>−0.1802</td><td>−0.1491</td><td>−0.0311</td><td>| .* | . |</td></tr>
<tr><td>2004年</td><td>0.08372</td><td>0.06848</td><td>0.01525</td><td>| . | * . |</td></tr>
<tr><td>2005年</td><td>0.01713</td><td>0.0412</td><td>−0.02407</td><td>| . * | . |</td></tr>
<tr><td>2006年</td><td>0.01428</td><td>0.00691</td><td>0.00736</td><td>| . |* . |</td></tr>
<tr><td>2007年</td><td>−0.01199</td><td>−0.00771</td><td>−0.00428</td><td>| . *| . |</td></tr>
<tr><td>2008年</td><td>0.01753</td><td>0.02512</td><td>−0.0076</td><td>| . *| . |</td></tr>
<tr><td>2009年</td><td>−0.04776</td><td>−0.05341</td><td>0.00565</td><td>| . |* . |</td></tr>
<tr><td>2010年</td><td>−0.01419</td><td>−0.00923</td><td>−0.00495</td><td>| . *| . |</td></tr>
<tr><td>2011年</td><td>−0.02371</td><td>−0.04341</td><td>0.00323</td><td>| . |* . |</td></tr>
<tr><td>2012年</td><td>−0.02754</td><td>−0.00873</td><td>−0.00534</td><td>| . *| . |</td></tr>
</table>

表4-21　$\Delta^{3}\ln SIFE_{t}$序列残差单位根检验结果

<table>
<tr><td colspan="5">原假设：残差存在单位根</td></tr>
<tr><td colspan="5">滞后阶数：4（Automatic based on SIC，MAXLAG=1）</td></tr>
<tr><td colspan="3"></td><td>t统计量</td><td>P值</td></tr>
<tr><td colspan="3">ADF检验的统计量</td><td>−10.57672</td><td>0.0000</td></tr>
<tr><td>显著性水平：</td><td>1% level</td><td></td><td>−4.121990</td><td></td></tr>
<tr><td></td><td>5% level</td><td></td><td>−3.144920</td><td></td></tr>
<tr><td></td><td>10% level</td><td></td><td>−2.713751</td><td></td></tr>
</table>

表4-22　　　　$\Delta^3\ln SIFE_t$序列残差自相关图

<table>
<tr><th>Autocorrelation</th><th>Partial correlation</th><th></th><th>AC</th><th>PAC</th><th>Q-Stat.</th><th>Prob.</th></tr>
<tr><td>.**| . |</td><td>.**| . |</td><td>1</td><td>−0.215</td><td>−0.215</td><td>1.1191</td><td>0.290</td></tr>
<tr><td>.**| . |</td><td>.**| . |</td><td>2</td><td>−0.226</td><td>−0.286</td><td>2.4210</td><td>0.298</td></tr>
<tr><td>. | . |</td><td>.*| . |</td><td>3</td><td>−0.006</td><td>−0.149</td><td>2.4221</td><td>0.490</td></tr>
<tr><td>.*| . |</td><td>.**| . |</td><td>4</td><td>−0.135</td><td>−0.283</td><td>2.9361</td><td>0.569</td></tr>
<tr><td>. | . |</td><td>.*| . |</td><td>5</td><td>0.045</td><td>−0.154</td><td>2.9975</td><td>0.700</td></tr>
<tr><td>. |*. |</td><td>.*| . |</td><td>6</td><td>0.079</td><td>−0.099</td><td>3.1972</td><td>0.784</td></tr>
<tr><td>. | . |</td><td>. | . |</td><td>7</td><td>0.026</td><td>−0.041</td><td>3.2211</td><td>0.864</td></tr>
<tr><td>.*| . |</td><td>.**| . |</td><td>8</td><td>−0.136</td><td>−0.211</td><td>3.9093</td><td>0.865</td></tr>
<tr><td>. | . |</td><td>.*| . |</td><td>9</td><td>−0.023</td><td>−0.180</td><td>3.9307</td><td>0.916</td></tr>
<tr><td>. |*. |</td><td>. | . |</td><td>10</td><td>0.166</td><td>0.009</td><td>5.1366</td><td>0.882</td></tr>
<tr><td>. | . |</td><td>. | . |</td><td>11</td><td>0.004</td><td>−0.004</td><td>5.1373</td><td>0.924</td></tr>
<tr><td>. | . |</td><td>. | . |</td><td>12</td><td>−0.059</td><td>−0.065</td><td>5.3221</td><td>0.946</td></tr>
<tr><td>. | . |</td><td>. | . |</td><td>13</td><td>0.005</td><td>−0.004</td><td>7.1273</td><td>0.735</td></tr>
<tr><td>. | . |</td><td>. | . |</td><td>14</td><td>−0.062</td><td>−0.073</td><td>7.7291</td><td>0.834</td></tr>
</table>

（4）模型预测

利用ARMA模型求出$\Delta^3\ln SIFE_t$序列的拟合值，即序列的预测值，本书将序列的真实值跟其进行比较，发现各年度的预测值与真实值的拟合比较，如图4-6所示。

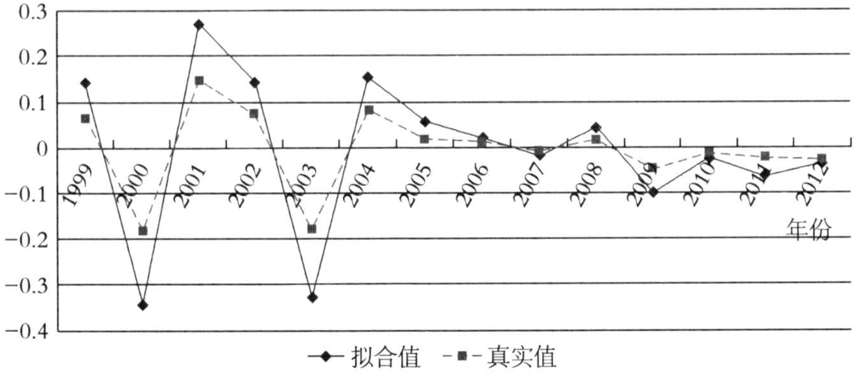

图4-6　$\Delta^3\ln SIFE_t$序列模型预测值与真实值的拟合比较

由此，ARMA（7，3，0）模型最终的预测模型确定为：

$$\Delta^3 \ln Y_t = -0.735163\Delta^3 \ln Y_{t-1} - 0.695777\Delta^3 \ln Y_{t-2} + 0.178393\Delta^3 \ln Y_{t-7} + \varepsilon_t$$

由于前文设定 Y_t=SIFE$_t$，因此预测模型可以转换为：

$$\Delta^3 \ln SIFE_t = -0.735163\Delta^3 \ln SIFE_{t-1} - 0.695777\Delta^3 \ln SIFE_{t-2} - 0.178393\Delta^3 \ln SIFE_{t-7} + \varepsilon_t$$

由前文可知SIFE$_t$序列的计算公式为：

$$\ln SIFE_t = \Delta^3 \ln SIFE_t + 3\ln SIFE_{t-1} - 3\ln SIFE_{t-2} + \ln SIFE_{t-3}$$

本书得到lnSIFE$_t$序列的预测值，再还原为SIFE$_t$序列，并与实际值进行比较，见表4-23。

表4-23　**SIFE$_t$序列模型预测值与真实值的拟合比较**

年份	2001年	2002年	2003年	2004年	2005年	2006年
SIFE$_t$	3 069.81	4 030.27	5 037.46	5 756.60	6 853.38	6 477.38
拟合值	3 101.90	4 048.66	4 882.90	5 780.30	6 975.20	6 444.72
误差	−32.09	−18.40	154.56	−23.70	−121.82	32.66
误差百分比	−1.03%	−0.45%	3.17%	−0.41%	−1.75%	0.50%
年份	2007年	2008年	2009年	2010年	2011年	2012年
SIFE$_t$	7 887.80	9 925.06	12 302.55	14 810.90	18 055.32	22 182.59
拟合值	7 806.40	9 999.73	122 35.66	14 902.94	18 263.68	22 044.94
误差	81.40	−74.67	66.89	−92.04	−208.36	137.65
误差百分比	1.03%	−0.75%	0.54%	−0.62%	−1.15%	−0.62%

由表4-23可知SIFE$_t$序列模型预测值与真实值之间的差额很小，且误差百分比的绝对值都在5%之内，可见SIFE$_t$序列模型预测值与真实值基本拟合，可以继续对未来2011年至2020年的SIFE$_t$序列进行预测和估计，结果见表4-24。

表4-24　**2013—2020年的SIFE$_t$序列预测值**

年份	2013年	2014年	2015年	2016年
预测值	26 044.98	30 240.61	37 134.22	37 300.8
年份	2017年	2018年	2019年	2020年
预测值	40 410.6	47 669.13	49 906.39	52 489.93

通过以上计算，本书已经将社会保险基金偿付能力风险评估和预测所需的指标全部计算出来，计算结果不但很好地拟合了过去的社会保险基金

收入与支出数据，由此得到的预测值也很好地反映了未来社会保险基金收入与支出的走势。

4.1.4　偿付能力风险指标分析

本书将对社会保险基金收入与支出的数据进行处理，按照社会保险基金偿付能力风险指标的计算方法，将社会保险基金偿付能力风险进行量化，以便建立社会保险基金偿付能力风险预警机制。1989—2020年具体社会保险基金收支数据与偿付能力风险指标见表4-25。

本书对社会保险基金收入与支出序列及其相关数据进行对比分析发现，从1989年至2012年，除去1998年社会保险基金收入与支出的差额为负值外，其余各年的差额均为正值，即本期结余处于增加的阶段，从2011年开始减少，于2015年缩减最低值。通常情况下，由于社会保险基金收入与支出是与经济发展紧密联系的，因此也具备了一定的周期性，从2015年后，社会保险基金本期结余又不断加大，到2019年又开始减小。在预测期间内，社会保险基金一直处于收入大于支出的阶段，本期结余虽然一直处于变化中，但始终为正值，因此社会保险基金累计结余是不断增加的，如图4-7和图4-8所示。

前文为了度量社会保险基金偿付能力风险，已经利用趋势性的相对指标主要包括社会保险基金偿付保障倍数、支付率、本期积累率和累计结余率来描述和反映社会保险基金偿付风险。如表4-25和图4-9所示，社会保险基金偿付保障倍数、支付率、本期积累率和累计结余率都呈现出一定的波动，其中偿付保障倍数从1989年开始不断下降，在1998年跌破1后才开始上升，到2008年触及最高点后又开始下降，并保持低位运行。支付率走势与偿付保障倍数走势相反，但是反映出一样的经济实质。本期结余率由于其和本期支付率的数量关系，变化趋势正好与本期支付率相反；累计结余率变化则相对平缓，前期不断提升，到2011年达到峰值后开始不断下降；社会保险基金偿付保障倍数也从2008年的峰值不断下降。这些指标的变化都说明社会保险基金偿付能力风险近年来正在不断加大，在可以预见的未来，情况还将不断恶化，需要采取措施对社会保险基金收入与支出模式进行改革。

表 4-25　1989—2020 年全国社会保险基金收支数据与偿付能力风险指标表

年份	基金收入	基金支出	本期结余	累计结余	保障倍数	本期支付率	本期结余率	累计结余率
1989年	153.55	120.85	32.7	81.63	1.27	78.70%	21.30%	34.71%
1990年	186.79	151.88	34.91	116.54	1.23	81.31%	18.69%	38.58%
1991年	224.97	176.11	48.86	165.4	1.28	78.28%	21.72%	43.00%
1992年	377.42	327.06	50.36	215.76	1.15	86.66%	13.34%	40.11%
1993年	526.07	482.18	43.89	259.65	1.09	91.66%	8.34%	36.60%
1994年	742.04	679.95	62.09	321.74	1.09	91.63%	8.37%	33.01%
1995年	1 006.03	877.15	128.88	450.62	1.15	87.19%	12.81%	33.94%
1996年	1 252.43	1 082.38	170.05	620.67	1.16	86.42%	13.58%	35.72%
1997年	1 458.16	1 339.15	119	739.67	1.09	91.84%	8.16%	36.32%
1998年	1 623.09	1 636.89	−13.8	725.87	0.99	100.85%	−0.85%	32.77%
1999年	2 211.85	2 108.12	103.73	829.6	1.05	95.31%	4.69%	31.34%
2000年	2 644.9	2 385.6	259.3	1 088.9	1.11	90.20%	9.80%	33.42%
2001年	3 101.9	2 748.01	353.89	1 442.79	1.13	88.59%	11.41%	34.35%
2002年	4 048.66	3 471.5	577.16	2 019.95	1.17	85.74%	14.26%	37.44%
2003年	4 882.9	4 016.4	866.5	2 886.45	1.22	82.25%	17.75%	40.43%
2004年	5 780.3	4 627.4	1 152.9	4 039.35	1.25	80.05%	19.95%	43.74%
2005年	6 975.2	5 400.8	1 574.4	5 613.75	1.29	77.43%	22.57%	46.55%
2006年	8 643.2	6 477.38	2 165.82	7 779.57	1.33	74.94%	25.06%	48.85%
2007年	10 812.3	7 887.8	2 924.5	10 704.07	1.37	72.95%	27.05%	50.96%
2008年	13 696.12	9 925.06	3 771.06	14 475.13	1.38	72.47%	27.53%	52.56%
2009年	16 115.64	12 302.55	3 813.09	18 288.22	1.31	76.34%	23.66%	54.03%
2010年	18 646.4	14 810.9	3 835.5	22 123.72	1.26	79.43%	20.57%	54.99%
2011年	23 791.1	18 055.3	5 735.8	27 859.52	1.32	75.89%	24.11%	55.09%
2012年	28 465.3	22 182.5	6 282.8	34 142.32	1.28	77.93%	22.07%	54.08%
2013年	31 386.02	26 044.98	5 341.04	39 483.36	1.21	82.98%	17.02%	51.78%
2014年	36 405.85	30 240.61	6 165.24	45 648.6	1.20	83.07%	16.93%	49.33%
2015年	39 856.26	37 134.22	2 722.04	48 370.64	1.07	93.17%	6.83%	47.31%
2016年	42 746.59	37 300.8	5 445.79	53 816.43	1.15	87.26%	12.74%	45.80%
2017年	47 116.55	40 410.6	6 705.95	60 522.38	1.17	85.77%	14.23%	45.12%
2018年	53 742.06	47 669.13	6 072.93	66 595.31	1.13	88.70%	11.30%	44.58%
2019年	54 000.51	49 906.39	4 094.12	70 689.43	1.08	92.42%	7.58%	43.42%
2020年	56 475.88	52 489.93	3 985.95	74 675.38	1.08	92.94%	7.06%	42.47%

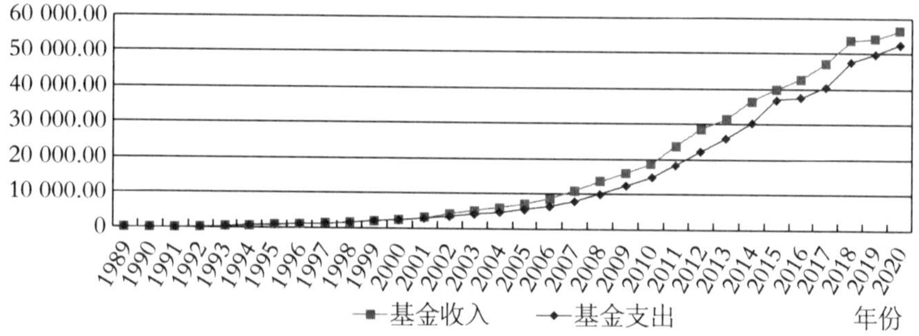

图 4-7　1989—2020 年社会保险基金收入与支出对比图

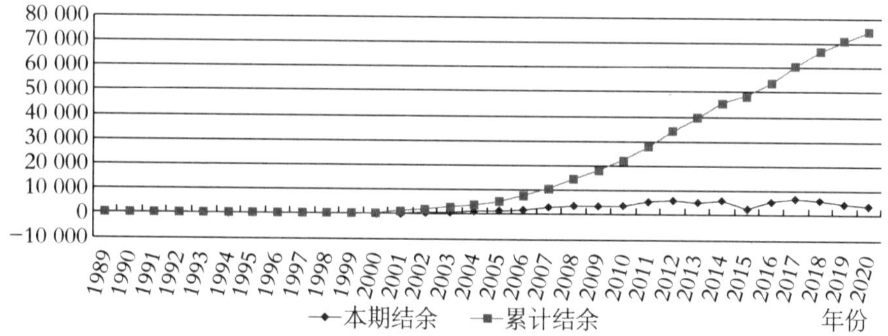

图 4-8　1989—2020 年社会保险基金本期结余与累计结余对比图

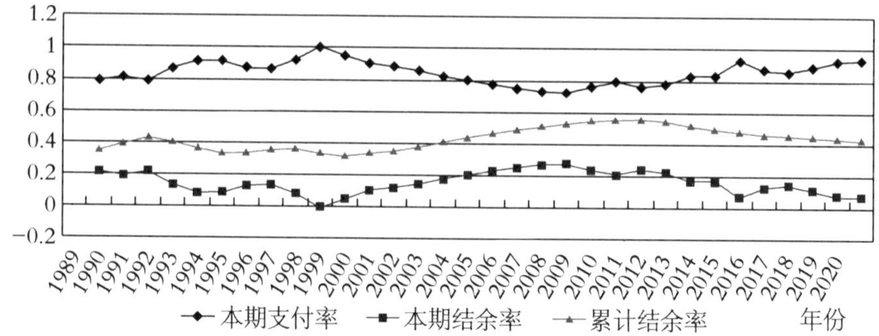

图 4-9　1989—2020 年全国社会保险基金偿付能力风险指标图

通过对社会保险基金偿付能力风险进行度量可知，我国社会保险基金偿付能力风险近年不断加大，社会保险基金偿付能力不足的形势十分严峻。由于本书的研究仅从社会保险基金收入与支出的角度出发，构建和测算偿付能力风险指标，假设其他条件在一定期间内都控制在合理的变化范围内，再加上我国特殊的背景和统计数据的误差问题，社会保险基金收入与支出理论数据往往与实际结果有较大出入，社会保险实际收入比理论值要少15%左右，而支出要多10%左右。目前政府每年都要为基金投入大约20%的资金才能保证每年收支略有节余，如果考虑到这些情况，未来的社会保险基金偿付能力风险还将远高于上述理论数据。这意味着如果政府不加大财政补贴力度，对制度本身进行改革，社会保险基金偿付能力将难以维持。

4.2 社会保险基金投资运营风险定量分析——基于我国资本市场数据

4.2.1 模型选择

有效的多元化的投资组合能够尽可能地分散风险，获取比较稳定的收益。因此，全国社保基金主要以银行存款、债券与股票作为主要投资方式进行组合，而在债券与股票等投资中又采取多种债券与股票组合的投资方法。自从全国社保基金投入我国股票市场后，市场一直起伏不定，从2003年底的1 497点到2007年的股市峰值6 124点，再到2011年底的2 134点，波动幅度很大，这意味着社会保险基金投资运营面临的巨大风险，投资风险度量问题也就成为理论界与实务界亟待解决的关键问题。在全国社保基金的几种投资渠道中，投资于银行存款和债券的风险与收益都相对较小，而投资于股票的风险与收益远远大于其他投资渠道，可以说股票投资是全国社保基金增值保值的主要方式，也作为本节重点研究对象。

一般来说，现代投资组合理论只能计算单一证券或多种证券组合的均值和方差，评估其不同投资组合之间的风险，而无法与整体市场风险比较，并不能直观的比较出全国社保基金和整个资本市场相比是否规避了风险，所以这个理论只是度量风险的基础并不被全部采纳，但是其中一些方法则被不同程度的应用在后续研究中。资本资产定价模型针对不同方差对投资风险进行度量，提出资产投资风险的β值度量与系统风险相关性。本书利用资本资产定价模型将全国社保基金投资组合与股票市场风险的β值进行比较，计算两者的相关程度，以度量基金投资组合规避风险的程度。但此方法无法具体测算最可能的风险损失值，于是研究引入VAR风险管理模型，在95%置信水平下度量全国社保基金投资组合的最大风险损失值，进一步证明了全投资组合在很大程度上规避了风险。同时，本书基于全国社保基金投资原则出发，更深入研究了投资组合的持股时长与投资风险的关系。一般情况下，投资组合持有期间越短，投机性越强，在获得短期投资收益的同时要承担很高的投资风险，因此拥有雄厚资金和专业技术知识的机构投资者倾向于做长期投资，投资组合持有期间越长，尽管不如短期投机的收益高，但是能降低和规避大部分投资风险。

（1）资本资产定价模型评估全国社保基金投资风险

根据现代投资组合理论，单一证券的投资风险是由预期收益率的方差或标准差来表示，标准差公式为：

$$\sigma=\sqrt{\sum_{i=1}^{n}\left[R_i-E(R)\right]^2P_i}$$

其中，σ 代表风险，R_i 代表所观察到的收益率，$E(R)$ 代表收益率的期望值，即预期收益率，P_i 代表各个收益率 R_i 出现的概率。

多种证券投资组合风险的测定。证券组合方差的公式为：

$$\sigma_p^2=\sum_{i=1}^{n}X_i^2\sigma_i^2+2\sum_{i=1}^{n}\sum_{j=1}^{n}X_iX_j\,Cov_{ij}$$

其中，X_iX_j 代表第 i 种和第 j 种证券在证券投资组合中所占的比重，Cov_{ij} 代表第 i 种证券和第 j 种证券的协方差，$Cov_{ij}=R_{ij}\cdot\sigma_i\cdot\sigma_j$，$R_{ij}$ 代表第 i 种证券和第 j 种证券的相关系数。

马可维茨的风险定价思想主要确定了最优资产组合的模型和方法，而资本资产定价模型则在马克维茨思想的基础上解决了资产的定价问题。基本表达式为：

$$E(R_i)=R_f+\beta_i\left[E(R_m)-R_f\right]$$

其 β 值的计算是关键。

$$\beta_i=\frac{Cov(r_i,r_m)}{\sigma^2_m}=\frac{\sigma_{im}}{\sigma^2_m}$$

其中，β_i 代表第i种证券的β，σ_{im} 代表 i 种证券与市场组合收益的协方差，σ^2m 代表市场组合收益率的方差。由于系统性风险以投资组合来分散，因此一个证券组合的β系数等于该组合中各种证券的β系数的加权平均数，权重为各种证券的市值占整个组合总价值的比重 X_i，其公式为：

$$\beta_p = \sum_{i=1}^{n} X_i \beta_i$$

本书根据样本股票选择其复权前收盘价，得到每日收益率 $X_t=\ln(P_{t+1}/P_t)$；再利用此公式 $E(r_p)=\sum_{i=1}^{n} W_i E(r_i)$，对全国社保基金投资组合的收益做加权平均，得到每日的加权平均收益率 r_p。将整体大盘日收益率与基金投资组合日加权平均收益率做相关分析检验，根据 $\beta_i=\frac{Cov(r_i, r_m)}{\sigma^2_m}=\frac{\sigma_{im}}{\sigma^2_m}$ 可以得到该投资组合的 β 值。通过将全国社保基金投资组合的 β 值与整体资本市场的 β 值做比较，计算出该投资组合在多大程度上分散了风险。

（2）运用VAR风险管理模型度量全国社保基金投资风险

风险价值模型（VAR）方法的核心就是要尽可能准确地描述和度量金融时间序列的波动性。它是为了满足以一个数量标准来测度金融机构或者资产组合所面临的全部风险的管理需求而产生的。风险价值（VAR）是指在正常市场条件下和一定置信水平下，由于市场波动而导致某一金融资产或资产组合在未来一段时间内预期可能出现的最大价值损失。数学表达式为：

$$prob(\Delta p \leqslant -VAR) = 1-\alpha$$

其中，prob 表示金融资产或资产组合最大价值损失小于可能损失上限的概率，Δp 表示资产在持有期间内的价值损失，VAR 为在置信水平 C 下的风险价值。即对某一金融资产或资产组合，对给定的时间期间 Δt 和置信水平 C，该资产最大可能的预期损失 Δp 不超过−VAR。例如，在95%的置信水平下，全国社保基金持有的投资组合在未来一天内最大可能损失1 000万元，则数学表达式为：

$$prob(\Delta p < -1\,000) = 1-95\%$$

运用VAR模型通常有两个前提假设：①有效市场假设，指各种金融证券的信息都能公允地反映在价格中，体现其价值；②市场波动是随机的，其分布应该符合正态分布，不存在自相关性。建立VAR模型还必须确定几个因素：第一，持有期 Δt。即确定计算最大损失值发生的时间段，一般来说，持有期越长，VAR值越大，价值损失也就越大。对于一些流动性很强，交易容易实现的资产组合选择计算周期越短（此时的收益率分布也越趋近于正态分布），得到的VAR值越可靠。所以，全国社保基金持有的投资组合持有期间最好用每日来计算。第二，置信水平C。VAR的置信水平是指在多大的概率水平下损失不会超过VAR值，一般来说，对置信区间的选择反映了投资者对风险的不同偏好，置信水平越高，VAR值越大。所以，选择较大的置信水平意味着对风险比较厌恶，希望能得到把握性较大的预测结果。本书在VAR的计算中，对置信区间的选择上采用95%。

VAR值的计算通常可以采用三种方法：历史模拟法；方差-协方差矩阵法；蒙特卡罗模拟法。根据不同的风险管理环境，不同的公司会采用不同的方法来计算市场风险价值。

第一，方差-协方差矩阵法。

这种方法比较简单，其核心是基于对资产报酬的方差和协方差矩阵进行估计。具体计算步骤是：利用历史数据计算资产组合的收益的方差、协方差，可求出一定置信水平下分布偏离均值程度的临界值，最后，建立与风险损失的联系，推导VAR值。但是它有两个最重要的假说，一个是线形假定，即给定持有期内资产价值的变化与其风险因素报酬呈线性关系；另一个假说是正态分布假设，即风险报酬服从正态分布。

例如：假设资产投资组合由n只股票组成，记 W_i 为第i只股票的价值在投资组合总价值中所占的权重，S表示投资组合收益率的方差一协方差矩阵，W表示股票投资组合的投资权重向量，则投资组合收益率的方差为：

$$\sigma_t^2 = W^T SW$$

如果资产组合的收益率服从正态分布，进一步计算可得到投资组合的VAR值：

$$VAR = P_0 \cdot \sigma_t \cdot Z_\alpha \cdot \sqrt{\Delta t}$$

其中，P_0 表示投资组合的初始投资额，σ_t 为投资组合的标准差，Z_α 表示标准正态分布在置信水平C下的分位数，Δt 为持有期限。

第二，历史模拟法。

历史模拟法是风险价值计算方法中最直观易懂的方法，借助历史数据（一段时间内的资产组合风险收益的频率分布），以及既定置信水平下的最低收益水平，在按时间顺序排列的资产收益的真实历史数据中使用现在的资产组合比重，然后把资产的利润和亏损绘成概率分布图，就可以计算风险价值。

第三，蒙特卡罗模拟法。

蒙特卡罗模拟法是利用统计方法估计历史上各市场因素的参数后，以这些参数模拟这些市场因素未来的变化前景。首先，设定变量的随机过程和参数，其中的风险和相关系数等参数可以从历史数据中得出。然后，利用电脑模拟，在目标时间范围内构建资产报酬分布，进而推估未来的风险值。蒙特卡罗模拟法不但涵盖变量的所有可能状况，也可以处理非正态模型，其原理与历史模拟法的基本概念类似，但不同之处在于蒙特卡罗模拟法的价格变动率是在随机过程中任意抽取出来的（见表4-26）。

表4-26 **VAR三种计算方法的比较**

VAR方法	优点	不足
方差-协方差矩阵法	比较简单、可操作性强、与资产投资组合理论密切相关	线性假设、正态分布假设、“尾肥”现象
历史模拟法	直观易懂、不依赖于任何分布	需要大量历史数据、成本过高
蒙特卡罗模拟法	不依赖与任何分布、特别适合复杂和特殊的情况	不直观明确、电脑模拟时间长

在三种方法的比较中，历史模拟法下需要大量的数据做支持，可是无论从我国股票市场的历史数据，还是从全国社保基金投资股票市场的时间长度来看，投资信息披露很不规范，信息含量和质量也不高，不满足历史模拟法的数据要求。而蒙特卡罗模拟法主要适用于复杂和特殊的情形，还需要大量的历史数据，这与全国社保基金投资数据和资本市场上的数据情况不匹配，研究结果也不够直观反应基金投资风险的分布情况，更不利于在社会保险基金风险管理机构等部门的大范围应用。方差-协方差矩阵法相对来说则比较简单，与现代投资组合理论和资本资产定价模型密切相关，而且全国社保基金投资组合基本满足方差-协方差矩阵法的两个前提假设。基于以上三种方法的比较，方差-协方差矩阵法的应用优势十分明

显，便于被全国社保基金投资风险研究所广泛应用。因此本书采用方差-协方差矩阵法来度量全国社保基金投资风险。在利用方差-协方差方法计算全国社保基金投资组合VAR值时，投资组合的收益必须服从正态分布假设。

投资组合收益的公式为：

$$R_{p,t+1}=\sum_{t=1}^{n}W_{i,t}R_{i,t+1}$$

其中，$R_{p,t+1}$表示t+1时刻投资组合的收益率，$W_{i,t}$表示t时刻投资组合中资产i的权重，$R_{i,t+1}$表示t+1时刻组合中第i种资产的收益率。

投资组合收益的方差可表示为：

$$\sigma_t^2=W\Omega W^T$$

其中，Ω表示投资组合中各资产的协方差矩阵$\Omega=\sigma\rho\sigma^T$。

$\sigma=\begin{pmatrix}\sigma_1 & 0 & 0\\ 0 & \cdots & 0\\ 0 & 0 & \sigma_n\end{pmatrix}$是n个投资项目收益率的协方差矩阵；

$\rho=(\rho_{ij})$是n个投资项目的相关系数矩阵。

投资组合的VAR值计算公式为：

$$VAR=P_0\cdot\sigma_t\cdot Z_\alpha\cdot\sqrt{\Delta t}=VAR=P_0\cdot\sqrt{W\Omega W^T}\cdot Z_\alpha\cdot\sqrt{\Delta t}$$

所以，全国社保基金投资组合在95%的置信水平下的1日VAR值为：

$$VAR=P_0\cdot\sigma_t\cdot 1.65\cdot\sqrt{1}=VAR=1.65\cdot P_0\cdot\sigma_t$$

为了使结果更直观易懂，本书用风险规避率来度量全国社保基金投资组合规避风险的程度。风险规避率是指单独股票投资风险的合计值与股票投资组合的风险的差额占投资组合风险的百分比。公式为：

$$VAR=1.65\cdot P_i\cdot\sigma_i$$

其中，P_i为第i种股票的期末市值，σ_i为第i种股票的标准差。

股票组合的 $VAR=P_0\cdot\sigma_t\cdot Z_\alpha\cdot\sqrt{\Delta t}=1.65\cdot P_0\cdot\sigma_t$

风险规避率=（投资组合VAR简单累加值-投资组合VAR）/投资组合VAR

如果投资组合VAR与投资组合VAR简单累加值一致，则不存在风险分散化效果，即相关系数为1，则股票VAR就等于组成该资产组合的各股票VAR的合计。如果相关系数小于1，达到分散和降低投资风险的效果，则股票VAR值将小于各股票VAR之和。所以，风险规避率越高，投资组合分散投资风险的效果就越明显。根据以上公式，我们可以进一步计算得到全国社保基金投资组合各年度的VAR值和其投资股票固有的VAR值，将以上两种对比分析可得到各年的风险规避率和最大可能风险损失值，进而度量和评估全国社保基金投资风险。同时，本书还创造性的研究了全国社保基金投资组合在不同时长下VAR值的比较。全国社保基金投资原则中最重要的是安全性，要求投资组合长期稳定（书中选取全国社保基金持股从年初到年末，即全年持股的前十大重仓股），长期的VAR应该较小；而从收益性来看全国社保基金投资又具备短期投机的特点，投资组合（选取各季度新进入并持股至年末的非十大重仓股）收益较高风险较大，短期VAR应该较大。通过对比这些不同投资组合不同持有期限的VAR值，分析全国社保基金投资组合风险偏好、投资规律和投资效果。

4.2.2 样本选择

本书在相关研究的基础上做进一步方法和数据选择优化，将全国社保基金进入股票市场后的全部年份的持股名单作为研究样本。全国社保基金分别于2002年、2004年和2010年累计共选择18家境内委托投资管理公司为其管理运作境内股票投资。全国社保基金本身也对股票市场进行直接投资。这样全国社保基金投资就会形成很多种投资组合，每种组合都是动态管理，不但是投资组合的数量，还是每种投资组合内部持股名单和数量都在不断更新。本书在对样本选取时，打破了投资组合的限制，按照全国社保基金持股全部名单的前十大重仓股作为研究样本，具体来说就是选取2003年至2010年每一季度全国社保基金新进入并持股至资产负债表日的前十大重仓股，并以2010年第一季度持股至年末的投资组合数据分析作为研究范式，见表4-27。

本书从全国社保基金2010年持有的股票中选取全年持有的前十大重仓股，而2010年全国社保基金持股数量已经达到339只，研究样本仅占总数的2.95%，但是投资额占全年持有股票总投资额的32%，具有很高的代表性。同时，全国社保基金稳定的持有至少1年，期限比较长，应该是所有股票市场投资组合中最稳健的长期价值投资选择。对前十大重仓股的风

表4-27　**全国社保基金2010年投资组合前十名重仓股股票**

代码	名　称	投资额（万元）	占总投资比重	权重
000527	美的电器	169 140.00	6.52%	20.36%
000800	一汽轿车	35 310.00	1.36%	4.25%
002004	华邦制药	43 020.80	1.66%	5.18%
002038	双鹭药业	72 585.17	2.80%	8.74%
600104	上海汽车	59 747.60	2.30%	7.19%
600125	铁龙物流	42 213.91	1.63%	5.08%
600415	小商品城	52 560.00	2.02%	6.33%
600559	老白干酒	28 364.04	1.09%	3.41%
601006	大秦铁路	298 147.00	11.49%	35.89%
601666	平煤股份	29 615.03	1.14%	3.57%
合计		830 703.90	32%	100%

险分析最能代表全国社保基金投资原则和模式，能够很好地评估整体投资组合规避风险的程度。即便其他股票的投资风险波动出现异常，由于其投资比例较小，对整体投资风险影响也不会很大，所以，这10只股票的总风险值可以代表整个全国社保基金对股票市场的总体投资风险。值得注意的是，全国社保基金总体的风险值不是由各个组成部分的风险值简单加总而成的，而是应该考虑其相互之间的相关程度，不同股票之间相关程度越明显其抵消总体风险的能力就越小。但是，全国社保基金投资除了长期价值投资外还有很多投资期小于1年的短期投资，为了研究的全面性，本书还选取投资期小于1年的短期股票市场投资，持股时间分别为1个季度、2个季度和3个季度，并按照持股全年的样本选取办法将短期投资的前十大重仓股筛选出来，结合持股全年的样本数据，以分析全国社保基金持股时长对投资风险分布规律和投资持股偏好。在具体运用CAPM模型和VAR风险管理模型计算时，因版面所限本书仅以全国社保基金2010年投资组合前十大重仓股为例，其他各年度各季度的计算过程略去。

由于全国社保基金只有年度报告披露，当中对基金投资的宏观情况和数据进行披露（具体参见全国社保基金理事会网站），但是在披露信息中没有持有股票的具体信息，因此本书中投资数据只能依靠上市公司季度报告中的前十大流通股情况。因此，全国社保基金投资组合持股名单来自来万点（Wind）资讯金融终端；研究所使用投资组合的股价、个股日收益率和市场综合日收益率来自深圳市国泰安信息技术有限公司开发的我国股票市场交易数据库（CSMAR-Trading）；研究使用的统计软件为SPSS18.0、Eviews6.0和Excel2007。

4.2.3 实证结果与分析

根据前文所述的研究方法和样本选取，本书对2010年度全国社保基金重仓持股名单股票投资组合的风险与收益进行评估和度量，并对结果进行分析。

（1）投资风险与收益的描述性统计

本书选取这10只股票2010年1月1日到2010年12月31日共242个交易日的复权前的收盘价，见表4-28，按照计算公式 $X_t=\ln(P_t+1/P_t)$，得到每日收益率，见表4-29。

表4-28 **全国社保基金2010年投资组合前十名重仓股收盘价（元）**

持股名单	美的电器	一汽轿车	华邦制药	双鹭药业	上海汽车	铁龙物流	小商品城	老白干酒	大秦铁路	平煤股份
2010-01-04	14.74	24.39	43.8	29.51	20.46	8.56	10.91	25.22	9.44	18.21
2010-01-05	14.29	23.47	43.62	29.87	19.46	8.46	10.76	24.74	9.40	18.80
2010-01-06	14.04	22.83	43.01	30.37	19.15	8.28	10.65	24.2	9.41	19.04
2010-01-07	13.69	21.89	42.89	30.04	18.30	8.02	10.47	23.33	9.20	18.81
2010-01-08	13.92	21.90	42.31	30.13	17.39	8.05	10.52	23.63	9.19	18.59
2010-01-11	13.43	21.01	44.08	29.74	16.98	7.89	10.39	23.23	9.21	18.21
2010-01-12	13.77	21.54	44.10	31.20	17.57	8.56	10.51	23.66	9.57	18.22
2010-01-13	13.65	21.07	43.70	32.57	17.10	8.62	10.48	23.27	9.30	17.10
2010-01-14	14.06	21.75	44.66	33.05	17.27	9.27	10.96	24.67	9.48	17.33
2010-01-15	14.04	21.89	48.8	35.23	17.52	9.24	10.76	24.82	9.63	17.18
……										

表4-29　**全国社保基金2010年投资组合前十名重仓股收益率**

持股名单	美的电器	一汽轿车	华邦制药	双鹭药业	上海汽车	铁龙物流	小商品城	老白干酒	大秦铁路	平煤股份
2010-01-04	-0.031	-0.038	-0.004	0.012	-0.050	-0.012	-0.014	-0.019	-0.005	0.032
2010-01-05	-0.018	-0.028	-0.014	0.017	-0.016	-0.022	-0.010	-0.022	0.001	0.013
2010-01-06	-0.025	-0.042	-0.003	-0.011	-0.045	-0.032	-0.017	-0.036	-0.022	-0.012
2010-01-07	0.017	0.0004	-0.014	0.003	-0.051	0.004	0.004	0.013	-0.001	-0.012
2010-01-08	-0.036	-0.041	0.041	-0.013	-0.024	-0.020	-0.012	-0.017	0.002	-0.021
2010-01-11	0.025	0.025	0.001	0.048	0.034	0.082	0.011	0.018	0.038	0.001
2010-01-13	0.030	0.032	0.022	0.015	0.010	0.072	0.044	0.058	0.019	0.014
2010-01-14	-0.001	0.006	0.089	0.064	0.014	-0.003	-0.018	0.006	0.016	-0.009
2010-01-15	-0.018	-0.004	-0.006	0.000	-0.013	0.019	0.022	-0.004	0.028	-0.008
……										

（2）基于CAPM模型下投资风险评估结果

CAPM模型所用的收益率数据必须服从正态分布，本书以美的电器为例，对10只重仓股的日收益率的概率分布进行正态性检验。

从图4-10中可以看出美的电器净值日收益率分布表现出较强的正态特征：众数附近比较集中，尾部细小。收益率的正态性检验结果见表4-30。

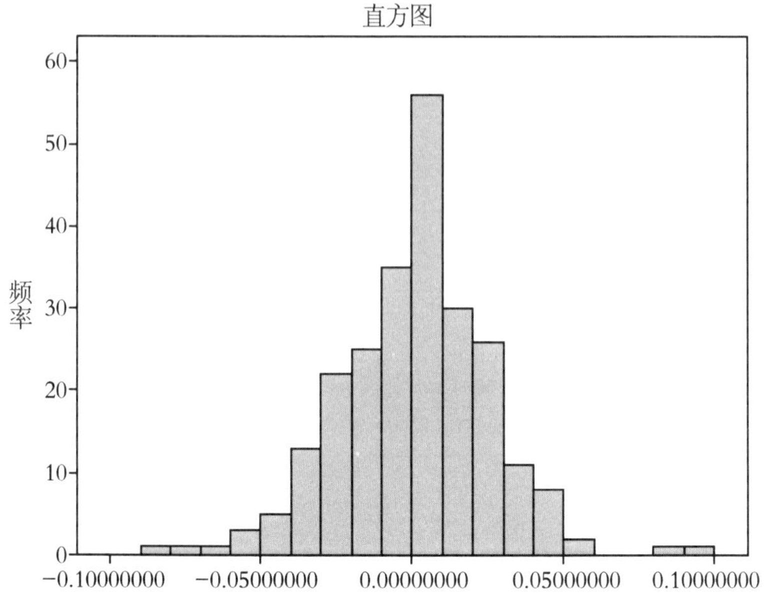

图4-10　美的电器日收益率分布图

表4-30 美的电器单位净值日收益率正态性检验相关统计量

N（Valid）	241
Mean	0.000665
Std. Deviation	0.025008
Minimum	−0.08651
Maximum	0.09531
Skewness	−0.01081
Kurtosis	1.492241

一般来说，如果在样本数据完全服从标准正态分布的情况下，偏度值K应服从K～N（0，6/T），在本次检验中95%置信度时的置信区间应为（−0.04879，0.04879），其中0.04879=1.96×6÷241。该样本的偏度值为−0.01081，落在置信区间内，因此不能拒绝样本服从正态分布；如果样本数据完全服从标准正态分布时，峰度值K应有K～N（3，24/T），在本次检验中95%置信度时的置信区间为（3−0.19518，3+0.19518），其中0.19518=1.96*24/241。该样本的峰度值是1.492241，落在置信区间内，因此不能拒绝样本服从正态分布。同理，本书将其他全国社保基金重仓持有股票的日收益率做正态性检验，得到的结果汇总见表4-31。

表4-31 2010年全年重仓股的正态性检验结果汇总

股票名称	偏度	峰度	标准差
美的电器	−0.01081	1.492241	0.025008
一汽轿车	15.53967	241.6527	1.009162
华邦制药	0.533123	1.909689	0.024104
双鹭药业	−0.27395	1.362526	0.028659
上海汽车	0.365915	2.138333	0.02562
铁龙物流	0.288404	0.656192	0.028371
小商品城	0.477212	2.353744	0.023378
老白干酒	0.466212	1.358973	0.030638
大秦铁路	−0.13179	0.207841	0.015255
平煤股份	0.050204	1.435099	0.030044

由表4-31可知，除了10只重仓股中一汽轿车没有通过正态性检验，其他股票的偏度值虽然不是很理想，但是基本符合研究的需要。所以即便投资组合的日收益率不完全服从正态分布，存在一定的偏倚，但偏倚程度普遍不是很大，且其日平均收益率几乎为0，因此还是能近似认为该投资组合服从正态分布。

根据权重W=（20.36%、4.25%、5.18%、8.74%、7.19%、5.08%、6.33%、3.41%、35.89%、3.57%），以及公式 $E(r_p)=\sum_{i-1}^{n}W_iE(r_i)$ 计算出该投资组合每日的加权平均收益率，再将该投资组合每日的加权平均收益率与整体大盘的收益率做相关分析检验，得到协方差便可以求出β值。

根据表4-32数据和公式 $\beta_i=\frac{Cov(r_i,r_m)}{\sigma^2 m}$，全国社保基金2010年投资组合的β值为0.056363587。

表4-32　**整体市场收益率与全国社保基金投资组合收益率相关分析检验**

		市场日收益率	投资组合日收益率
市场日收益率	自相关	1	0.041697702
	协方差	0.0002014	0.000011352
投资组合日收益率	自相关	0.0416977	1
	协方差	0.000011352	0.000368002

按照CAPM的规定，β系数是用以度量一项资产系统风险的指标，是用来衡量一种证券或一个投资组合相对总体市场的波动性的一种风险评估工具。整体市场的系统风险β为1，如果一个股票的价格和整体市场的价格波动性是一致的，那么这个股票的β值就是1。全国社保基金投资组合β是0.05，就意味着当股票市场指数下降1%时，该投资组合仅有0.05%的损失，波动幅度比股票市场小得多。这说明全国社保基金2010年全年十大重仓股确实规避了大多数的市场系统风险，其投资是符合全国社保基金投资原则，投资风险较小。

根据表4-33所示数据，除了2007年全国社保基金与股票市场相关系数较大外，其他年份全国社保基金与市场风险的相关性不大，对系统风险的规避能力比较强。这也符合全国社保基金的投资原则。2007年全国社保基金投资风险较大与当时我国股票市场的持续繁荣有关。当年10月24日，我国上证指数达到6 124点的历史最高峰，全国社保基金在这样的大环境下，不免会扩大投资，选股的稳健性减弱，造成投资风险加大。但是全国社保基金对2008年的熊市有充分预计，并进行提前减仓。特别是美国金融危机爆发后，投资者开始对股票的价值失去信心，引发流动性危机，而我国作为新兴市场长期吸引大量国际投资，金融危机引起全球短期资本的剧烈波动导致大量国际资本从我国股市、房地产等市场撤离，造成资本市场下跌。2008年的我国股市跌幅高达70%，市值蒸发16万亿元。而2010年以后稳步提升，情况不断好转。全国社保基金则由于提前进行风险分析和预测，对潜在的投资风险进行应对，对减少投资组合投入金额，将损失控制到最低。

表4-33　**全国社保基金2003—2012年前十大重仓股投资组合的β值**

年 份	2003年	2004年	2005年	2006年	2007年
β值	0.05491	−0.06822	0.05634	0.05091	0.197727
年 份	2008年	2009年	2010年	2011年	2012年
β值	−0.08263	−0.06085	0.05636	0.04019	0.05918

但是，运用资本资产定价模型对全国社保基金投资风险的度量有一定的局限性，本书只能通过全国社保基金投资收益与股票市场收益率的相关程度来判断投资风险。即便确认全国社保基金投资组合成果规避了系统风险，也无法度量出投资组合本身规避的风险数值和承担风险数值。对于全国社保基金这个规模巨大的机构投资者来说，其投资金额对于其他机构投资者几乎是天文数字，即使是承担很小的风险值，其付出的代价也是高昂的。所以，本书引入VAR方法来具体度量全国社保基金投资风险，采用绝对数数值和相对数比率相结合的方法评估其风险规避程度，使全国社保基金投资效果评估更加精确和直观。这不但满足了全国社保基金管理机构估算投资组合与股票市场的相关程度，还可以将每只股票的风险值估算出来。

（3）基于VAR方法的全国社保基金投资风险评估

本书以全国社保基金2010年的投资组合为例做具体研究。首先，将上一部分的十只重仓股每日收益率做描述性统计并与各自的投资额合并，计算得到个股VAR值，见表4-34。

表4-34 **全国社保基金投资组合风险值的简单累积**

股票名称	均值	标准差	期末市值（万元）	VAR
美的电器	0.000665	0.025008	169 140.4	6 979.244
一汽轿车	-0.00183	0.026926	35 310	1 568.725
华邦制药	0.000771	0.024104	43 020.8	1 710.998
双鹭药业	0.001173	0.028659	72 585.17	3 432.311
上海汽车	-0.00142	0.02562	59 747.6	2 525.674
铁龙物流	0.001073	0.028371	42 213.91	1 976.144
小商品城	0.001965	0.023378	52 560	2 027.463
老白干酒	0.001651	0.030638	28 364.04	1 433.879
大秦铁路	-0.00096	0.015255	298 147	7 504.413
平煤股份	-0.00053	0.030044	29 615.03	1 468.109
总计			830 703.9	30 626.96

然后，本书将投资组合中各只股票的收益率进行处理后，根据这些收益率序列数据，可计算股票间收益率方差协方差矩阵，见表4-35。

表4-35 **重仓股组合中各股的协方差矩阵数据**

	美的电器	一汽轿车	华邦制药	双鹭药业	上海汽车	铁龙物流	小商品城	老白干酒	大秦铁路	平煤股份
美的电器	0.000625	0.000437	0.00017	0.000273	0.000387	0.000323	0.000271	0.000255	0.000176	0.000409
一汽轿车	0.000437	0.000725	0.000154	0.000201	0.000542	0.000281	0.00025	0.000303	0.0002	0.000477
华邦制药	0.00017	0.000154	0.000581	0.000269	0.00018	0.000276	0.000137	0.000272	7.61E-05	0.000156
双鹭药业	0.000273	0.000201	0.000269	0.000821	0.000152	0.000388	0.000235	0.000405	0.000102	0.000171
上海汽车	0.000387	0.000542	0.00018	0.000152	0.000656	0.000229	0.000211	0.000206	0.000181	0.000417
铁龙物流	0.000323	0.000281	0.000276	0.000388	0.000229	0.000805	0.000246	0.000383	0.000193	0.000316
小商品城	0.000271	0.00025	0.000137	0.000235	0.000211	0.000246	0.000547	0.000254	9.33E-05	0.000244
老白干酒	0.000255	0.000303	0.000272	0.000405	0.000206	0.000383	0.000254	0.000939	0.000144	0.000291
大秦铁路	0.000176	0.0002	7.61E-05	0.000102	0.000181	0.000193	9.33E-05	0.000144	0.000233	0.000232
平煤股份	0.000409	0.000477	0.000156	0.000171	0.000417	0.000316	0.000244	0.000291	0.000232	0.000903

根据上文分析，投资组合方差的计算公式为：

$$\sigma_t^2 = W\Omega W^T$$

再根据公式：

$$VAR = 1.65 \cdot P_0 \cdot \sigma_t$$

来计算投资组合的最大损失风险值，见表4-36。

表4-36　**投资组合及个股的风险值**

	风险值（万元）	投资组合相关系数矩阵									
美的电器	6 979.244	1.00	0.65	0.28	0.38	0.60	0.46	0.46	0.33	0.46	0.54
一汽轿车	1 568.725	0.65	1.00	0.24	0.26	0.79	0.37	0.40	0.37	0.49	0.59
华邦制药	1 710.998	0.28	0.24	1.00	0.39	0.29	0.40	0.24	0.37	0.21	0.22
双鹭药业	3 432.311	0.38	0.26	0.39	1.00	0.21	0.48	0.35	0.46	0.23	0.20
上海汽车	2 525.674	0.60	0.79	0.29	0.21	1.00	0.32	0.35	0.26	0.46	0.54
铁龙物流	1 976.144	0.46	0.37	0.40	0.48	0.32	1.00	0.37	0.44	0.44	0.37
小商品城	2 027.463	0.46	0.40	0.24	0.35	0.35	0.37	1.00	0.36	0.26	0.35
老白干酒	1 433.879	0.33	0.37	0.37	0.46	0.26	0.44	0.36	1.00	0.31	0.32
大秦铁路	7 504.413	0.46	0.49	0.21	0.23	0.46	0.44	0.26	0.31	1.00	0.51
平煤股份	1 468.109	0.54	0.59	0.22	0.20	0.54	0.37	0.35	0.32	0.51	1.00
简单累加	30 626.96	投资组合风险值			26 293.93		投资组合效果			14.15%	

95%置信度下投资组合的风险值为：

VAR=1.65×0.01918×830 703.9=26 293.93

该结果的经济意义是：有95%的把握认为全国社保基金持有的该投资组合的损失不超过26 293.93万元。

风险规避率=（投资组合VAR简单累加值-投资组合VAR）÷投资组合风险

投资组合VAR=（30 626.96-26 293.93）÷26 293.93=14.15%

全国社保基金投资组合风险值与个股风险简单累加相比，投资风险规避了14.15%，有95%的保证最大可能损失值是26 293.93万元。这说明全国社保基金2010年的投资组合确实在一定程度上规避了风险。这么复杂繁琐的计算是否可靠，真实资本市场的反应是否和计算结果一致，本书就这一问题做进一步的可靠性检验，见表4-37。

表4-37 **10只重仓股股票在2010年12月31日有关VAR值的预期表** 单位：元

	VAR值	预期低值	2011-01-04实际收盘价	2011-01-04实际最低价
美的电器	0.71	16.59	17.30	16.32
一汽轿车	0.70	14.99	15.69	15.34
华邦制药	2.10	50.64	52.74	51.15
双鹭药业	1.85	37.30	39.15	37.51
上海汽车	0.61	13.91	14.52	14.24
铁龙物流	0.52	10.57	11.09	10.92
小商品城	0.68	16.84	17.52	17.17
老白干酒	1.90	35.65	37.55	36.40
大秦铁路	0.19	7.31	7.49	7.38
平煤股份	0.80	15.25	16.04	15.44

由表4-37可知，全国社保基金2010年全年10只重仓股有95%的概率在2011年1月4日的实际股价都在预期的风险值范围内，且其实际的最低价也在预期的风险值范围内。这证明了VAR值的预期是可靠的，整个全国社保基金投资风险的预期值是可靠的。若把全年242个交易日内的实际股价低于预期下限的天数与95%置信水平下可能出现的天数（242×（1-95%）=12（天））比较，我们发现拟合的效果也非常好，除了美的电器、上海汽车个别天股价跌出预期外，其他个股的实际收盘价跌破VAR方法得出的预期低价的天数都落在95%的保证概率之内。

由表4-38可知，本书通过VAR方法度量出来的全国社保基金投资风险符合置信天数的检验，预测相当准确。按照同样的方法，本书将2003年全国社保基金开始涉入资本市场开始到2012年之间八年的投资风险度量出来，见表4-39。

表4-38 **实际股价低于预期下限的天数与95%置信水平下可能出现的天数比较**

股票名称	美的电器	一汽轿车	华邦制药	双鹭药业	上海汽车
实际天数	15	12	12	11	14
期望天数	12	12	12	12	12
股票名称	铁龙物流	小商品城	老白干酒	大秦铁路	平煤股份
实际天数	12	10	12	9	11
期望天数	12	12	12	12	12

表4-39 **各年度的风险规避值**

年份	个股VAR简单加总（万元）	股票组合VAR（万元）	风险规避率
2003年	1 666.23	1 208.517	27.47%
2004年	2 707.35	1 687.221	37.68%
2005年	4 667.81	2 527.619	45.85%
2006年	18 855.04	9 670.75	48.71%
2007年	35 218.46	30 407.62	13.66%
2008年	15 860.41	11 725.6	26.07%
2009年	57 310.27	37 738.81	34.15%
2010年	30 626.95	26 293.24	14.15%
2011年	41 198.23	29 892.78	27.44%
2012年	50 212.96	34 912.55	30.47%
均值	25 832.37	18 606.47	30.57%

由表4-39可知，全国社保基金在股票市场投资的前十大重仓股的平均股票组合VAR是12 125.94万元，与个股VAR简单加总值相比，风险规避率的平均值达到30.97%。虽然，全国社保基金投资组合的VAR值从

2006年以来呈逐年增加的态势，但这与全国社保基金投资额的大幅度提高是密不可分。总体来说，全国社保基金投资组合在各年都很注重规避风险，并确实降低了投资风险。

本书认为全国社保基金投资组合可以分为长期投资（投资时间超过1年）和短期投资（投资时间短于1年），一般来说，权重股持股时间较长，全国社保基金长期投资的重仓股应该更注重风险控制，投资组合收益相对不高。而全国社保基金投资组合并不是都是权重股等长期投资组成，还有很多更加注重收益的短期投资（投资时间不超过1年）。这种不同持有期的投资相互配合，才能共同保证全国社保基金的安全性和收益性。为了进一步评估全国社保基金整体投资组合的风险和研究其投资的风险偏好，本书创造性的探索了按照不同的投资持有期研究全国社保基金短期投资风险的规避情况。研究选取的样本是将长期投资的前十大重仓股股剔除后，从2008年至2010年各季度新进入并持股至年末的前十大重仓股。由于每一季度全国社保基金新进的股票各不相同，这样还可以对全国社保基金投资风险的季节规律进行分析。本书重复上一部分VAR的计算过程与方法，得到这些不同持有期的投资组合的VAR值（见表4-40）。

由表4-40可知，不同持有期的全国社保基金投资组合的风险规避值波动不大，说明其持股时间长短对风险规避效果并没有明显效果。同时，这也表明每季度末持有的非重仓股和全年持有的重仓股在投资风险上没有明显的区别。全国社保基金的长期持股投资组合应该注重规避风险与增值保值，其风险规避值相对大些是正常的。短期持股投资组合一般用于收益型投资，目的就是获取超额收益并保持资金的流动性。但是收益性越大，风险也越大，短期投资的风险规避值应该相对较小。如表16中数据所示，全国社保基金短期投资组合的风险规避值与全年持股长期投资组合的风险规避值相差不多，有的甚至比全年持股的风险规避值还小，这说明全国社保基金不同持有期的投资组合并没有显著的收益性规律，大部分注重的都是规避风险，安全性原则，较少注重收益性。这也与前文对全国社保基金投资收益和股票市场投资收益的对比情况是一致的。

表4-40　2008—2012年全国社保基金不同持股时长的风险规避值

年份	持股时长	股票VAR合计（万元）	股票组合VAR（万元）	风险规避率
2008年	一季度末	3 789.60	3 199.94	15.55%
	二季度末	3 395.62	2 614.67	22.99%
	三季度末	4 311.11	3 472.75	19.44%
	全年持股	15 860.41	11 725.6	26.07%
2009年	一季度末	5 171.49	3 693.70	28.57%
	二季度末	7 982.45	6 160.94	22.81%
	三季度末	8 498.03	5 272.14	37.96%
	全年持股	57 310.27	37 738.81	34.15%
2010年	一季度末	8 312.65	5 408.69	34.93%
	二季度末	9 774.13	6 724.52	31.20%
	三季度末	12 408.26	8 036.61	35.23%
	全年持股	30 626.95	26 293.24	14.15%
2011年	一季度末	10 312.35	7 080.92	31.33%
	二季度末	12 174.13	8 264.52	32.11%
	三季度末	15 840.26	10 346.61	34.68%
	全年持股	36 391.78	25 692.05	29.40%
2012年	一季度末	12 440.43	9 408.73	24.36%
	二季度末	15 734.16	11 724.92	25.48%
	三季度末	18 338.22	13 036.41	28.91%
	全年持股	57 643.92	49 293.92	14.48%

（4）两种模型的比较分析

本书主要运用CAPM模型和VAR模型来评估和度量全国社保基金投资组合的风险规避程度。两种模型对投资风险的度量精度是不一样的，因此本书就这一问题做以分析。

表4-41　　CAPM模型与VAR模型关键数据比较

年 份	股票组合VAR（万元）	β值	风险规避率
2003年	1 208.517	0.05491	27.47%
2004年	1 687.221	−0.06822	37.68%
2005年	2 527.619	0.05634	45.85%
2006年	9 670.75	0.05091	48.71%
2007年	30 407.62	0.19772	13.66%
2008年	11 725.6	−0.08263	26.07%
2009年	37 738.81	−0.06085	34.15%
2010年	26 293.24	0.05636	14.15%
2011年	29 573.33	0.09238	29.40%
2012年	34 019.19	0.08721	14.48%

由表4-41可知，两种模型得到的结果基本是一致的：从将各年的β值与风险规避率来看，除了2010年外，其他各年β值较小的年份的风险规避率较大。从2003年到2007年，尽管我国股票市场异常繁荣，所以全国社保基金投资收益率与股票市场的相关程度为正值较多，但数值偏小，说明风险规避效果较好，只是在2007年股票市场达到顶峰的时候，全国社保基金在整个狂热的市场环境下，追加了相当数量的投资额度，风险规避程度有所下降。而从2007年之后，我国股票市场处于衰退时期，所以全国社保基金投资收益率与股票市场的相关程度为负值较多，但是全国社保基金也能在这一阶段规避较多的风险，逆市获取巨额投资收益。2010年我国为了应对国际金融危机，对国内产业进行调整，也影响了全国社保基金的投资领域和方向，为了扶持对国家政策支持的行业进行资金支持，影响了风险规避效果。2011年和2012年有所好转，总体来说，全国社保基金投资风险在一个可控的范围内。尽管这两种模型在评估全国社保基金投资组合的规避风险程度中有共同的规律，但也存在一定的区别。

第一，风险度量精度不同。CAPM模型是将投资组合的β值与整体市场风险做比较，观察其两者的关系来判断风险的抵消程度，无法得到具体数据做参考也不能确定一个合适的标准，尤其是对β值数值评判标准不确定。VAR模型可以具体地度量一定置信水平下最大的投资可能损失值，将股票VAR简单累计与股票组合VAR做比较还可以得到风险规避率，这样绝对数和相对数的结合分析使分析结果更直观，精确度更高。

第二，风险度量范围不同。因为CAPM模型计算结果必须和市场风险做比较，所以它必须和特定的资本市场相结合，根据投资组合β值与市场风险的关系确定资产在整个市场的位置进而确定风险范围，但是如果全国社保基金下一步开拓海外市场，比如对海外资本市场进行投资，在不同的市场环境下，CAPM方法将无法发挥相应作用；而VAR风险度量模型可以度量在不同市场环境下各种金融资产投资组合的风险，度量的范围更大且侧重于计算精确的风险损失值。

本书采用我国上市公司2003—2012年相对较长时间样本，通过对样本数据的仔细筛选和核对以及多种模型的运用，从资本资产定价模型和VAR值风险度量法等多角度度量全国社保基金投资组合的投资风险。研究发现：一方面，用资本资产定价模型来计算全国社保基金投资风险与整个系统风险几乎不相关，说明了全国社保基金在很大程度上规避了投资风险。运用VAR方法度量了全国社保基金投资在95%的置信水平下最大的损失值以及投资组合规避风险的比例，进一步证明了全国社保基金的投资组合是有效的，是现实可行的风险评估和度量方法。另一方面，本书创造性地研究了全国社保基金持有的投资组合的持有期限与相应的投资风险的关系，发现全国社保基金投资组合持有期限的长短与投资风险大小没有明显的线性关系，投资风险与收益没有因为持有的时间长短和是否是重仓股而发生明显变化。这说明全国社保基金的投资组合过分重视安全性，对短期投资风险的控制并没有达到预期水平。

以上证据充分证明，全国社保基金在投资组合的选择上严格控制风险，特别注重资产的安全性，但也从另一个角度说明了资产收益性并不是很高。随着我国资本市场的不断发展，全国社保基金投资也将从中获得更多的机会，面临更大的风险。首先，我国资本市场规模快速增长。股票市场中小板与创业板正式运行后，全国社保基金在资本市场的投资规模继续全面扩大。其次，在借鉴国际先进经验的基础上，结合我国资本市场发展的内在要求，引入和发展了金融产品的种类，丰富了全国社保基金投资手段。再次，市场结构进一步优化。公司信用类债券发行量大幅增长，实体投资不但有效地拓展了我国全国社保基金的投资选择，股票市场、黄金市场和期货市场等市场的投资结构也得到进一步优化，对全国社保基金扩大投资收益和分散投资风险有重要意义。最后，全国社保基金目前已经开展海外投资业务，开拓投资领域和渠道，也在很大程度上分散了投资风险。为了加强全国社保基金投资风险的管理与控制，在保持安全性的同时增加收益性和流动性，本书将在后文中提出相应的对策和建议。

4.3 本章小结

本章在社会保险基金经办机构的偿付能力风险和投资运营机构的投资风险的定性分析基础上，对两种风险进行定量分析。本章利用1989年到2012年度全国社会保险基金收入与支出数据，生成相应的时间序列，对偿付能力风险进行分析和预测，发现当前我国社会保险基金已经承担很高的偿付能力风险，在2030年达到峰值，并开始转化为实际损失。同时，本书利用从2003年全国社保基金开始投资股票市场的时点直到2012年为止的投资数据，利用CAPM和VAR不同的风险度量方法，从不同角度和时间区间将投资风险度量出来，发现全国社保基金投资运营活动比较成功的规避了系统风险，但是由于资金量巨大，投资损失的绝对数依然很大。而且从不同持股时长的投资风险比较中发现持股时间与投资风险并没有直接的关系，这说明全国社保基金尚未按照投资安全性和收益性来操作，并没有完全根据投资风险分析进行股票购买和卖出操作。

第 5 章

我国社会保险基金风险控制路径探索

社会保险基金风险控制活动是指基金管理机构对在风险分析环节中识别和分析的风险采取必要的活动进行控制，以保证管理运营目标实现的活动。在设计社会保险基金风险控制活动时，应以风险评估的成果为参照，充分考虑社会保险基金管理运营中的风险因素，根据不同风险因素的严重程度和紧迫程度合理完善风险管理程序，以达到优化控制活动的目的。这要求控制活动与风险评估二者之间要形成及时的反馈机制，即风险评估为完善风险控制活动提供依据，控制活动通过具体实践对风险评估的成果进行检验。为应对重大风险和突发事件的发生，社会保险基金管理机构应建立明确的风险预警标准，并制订应急预案，确保突发事件得到及时妥善处理。但是对控制活动具体控制措施的制定和执行，必须以保证社会保险基金风险管理目标的实现为出发点，兼顾成本效用原则。也就是说在风险控制活动的安排上不可过于繁琐，致使社会保险基金业务管理过于复杂，在社会保险基金管理机构建立全面风险管理的同时应突出控制活动的针对性和重要性原则。目前，由于社会保险基金管理机构的复杂性和权责归属分散，我国社会保险基金的管理还没有一套完善的风险控制系统，因此在信息处理控制方面相对单一，仅限于每个管理机构自身。随着社会保险基金业务经办程序和投资管理制度的不断规范和统一，相信基金信息管理整合性会逐步提高。本节按照风险分析中的四种核心风险出发，按照其不同的风险类型和体系，提出社会保险基金风险控制措施。社会保险基金管理机构应根据风险管理策略和偏好，针对各类风险或每一项重大风险制定风险控制方案。从风险在识别和分析过程中涉及的社会保险基金内部控制与外部控制的各个因素出发。具体来说，应该包括社会保险基金组织机构风险、偿付能力风险、投资风险、会计控制风险、信息管理风险和外部控制风险。社会保险基金管理机构应按照所涉及的管理及业务流程，所需的条件、手段等资源，风险事件发生前、中、后所采取的具体应对措施，应满足合规的要求，坚持经营战略与风险策略一致、风险控制与运营效率及效果相平衡的原则，针对重大风险所涉及的各管理及业务流程，按照风险管理与内部控制体系，制定涵盖各个环节的全流程控制措施。

5.1　构建社会保险基金组织机构体系

本节对社会保险基金组织结构体系构建进行总体说明，并根据组织结构及其业务类型的不同，划分为地方社会保险基金组织机构和全国社保基金组织机构，并分别加以分析。

5.1.1　社会保险基金组织机构体系整体构建

社会保险基金内部环境是社会保险基金风险管理的基础，将对风险管理和内部控制的运行及效果产生广泛而深远的影响。具体说来，包含组织机构制度环境、组织机构授权与监控、机构权责划分与牵制、机构管理人员风险意识和胜任能力等方面。

（1）组织机构制度环境

从组织机构制度环境角度来说，当前我国需要完善法律法规体系，为社会保险基金管理机构风险管理创造良好的法制环境，要建立健全社会保险基金管理法规体系，与刚刚实施的《社会保险法》相配套，使社会保险基金走上规范运作和良性发展的道路。应尽快制定及完善《社会保险基金经办机构管理条例》、《社会保险基金投资管理办法》和《社会保险基金监管条例》的立法进程，在基金征缴、支付和投资运营等方面予以细致规定，杜绝管理机构各类违规使用社会保险基金事件的出现，实现社会保险基金监管有法可依，从制度上和法律上完善基金监管制度。《社会保险法》作为兼具指导性和规范性的法律其并不能做到事无巨细，其作用的发挥还需要实践的印证和反馈，在实践中不断完善和充实。社会保险基金会计制度环境作为会计控制环境的理论基础对于事务工作的指导意义重大。我国社会保险基金会计理论与制度创新必须根据改革的实际情况，按照《社会保险法》的规定进行构建。我国的社会保险基金会计制度与理论体系应包括四个层次，即社会保险基金会计理论、社会保险基金会计法规、会计制度和会计工作。社会保险基金会计理论是整个研究体系的最高层次，是整个社会保险基金会计理论研究体系的基石，是指导社会保险基金会计体制改革的理论基础。社会保险基金会计理论分为假设性、概念性和实用性等三个层次。社会保险基金会计法规是社会保险基金会计概念性理论的延伸，是构建社会保险基金会计制度的法律依据。按照社会保险基金会计改革的思路和方案，以社会保险基金会计主体为核心，根据运营资金的特点，重新界定社会保险基金会计核算范围，制定新的财务管理制度和会计核算制度。而审计作为实务中维护参保人权益的有力措施，能及时有效揭露现行社会保险制度存在的缺陷，提出预警性意见及针对性的改进建议。

（2）组织机构授权与监控

从组织机构授权角度来说，我国社会保险基金管理机构与财政、税务、医疗卫生等相关业务部门的权责划分和社会保险基金管理机构的运营政策等共同构成了社会保险基金组织机构环境。其中，中央政府和地方政府在社会保险基金管理中的职权划分，是社会保险基金内部控制环境的重点要素。《社会保险法》中对社会保险基金的政府权责做出了比较详尽的规定：中央政府和地方政府在社会保险基金的管理中均握有决策权，形成了横纵相结合的多层级的统筹体系。从中央政府与各级地方政府的具体权责来看，地方政府主要负责地方社会保险基金管理机构具体管理规范的制定，并对地方社会保险基金的具体管理情况实施监督，地方社会保险基金管理机构具体负责基金的征缴、偿付和登记办理等业务，中央政府直接领导的全国社保基金理事会主要负责社会保险基金管理办法的制定，以及在保证社会保险基金安全的前提下，安排其投资运营工作。从不同社会保险基金的统筹层级来说，我国基本养老保险作为社会保险基金的主体部分正逐步实现全国范围上的统筹，其他四项社会保险基金则逐步实行省级统筹。不同项目统筹层次上的差异，使中央政府和地方政府在不同项目统筹工作中所拥有的决策权不同。全国统筹项目即基本养老保险基金，主要是由中央政府完成决策的省级人民政府间的横向统筹；省级统筹项目则是由地方政府完成决策的区域性纵向统筹。对不同社会保险项目统筹层次的明确，有助于厘清社会保险基金控制环境，从而根据具体控制环境，更加有效地建立并完善社会保险基金的内部控制。以上方面作为社会保险基金内部控制实施环境的同时，也构成了社会保险基金内部控制的控制对象，对控制环境的全面合理认识有利于整个内部控制过程的进行。就我国社会保险基金现状而言，控制活动主要表现在中央与地方社会保险基金管理机构的分离所形成的制衡关系和各自业务的风险存续关系。地方的社保基金管理机构负责社会保险基金的日常行政管理，制订全年的社会保险基金筹集与支出等预算计划，并上报财政部门批准后，按照预算将企业单位的社会保险费收缴工作下放至税务机关，利用税务机关的发票制度等手段加强社会保险基金的强制性，并按收入的一定比例给予税务机关相应的手续费用作为报酬。社会保险基金的保值增值工作则由全国社保基金理事会负责，通过投资风险与业绩评价这一控制手段，比较实际和预计的风险与业绩，以便确定业绩的完成程度和质量，并根据评价结果判断委托机构履行受托责任的程度。

对于社会保险基金管理机构来说，不但要确保主要负责人权力使用的自由度和威信度，而且要保障其权力使用的有效性和公开性，所以在授权方面必须适度，上级人力资源和社会保障部门要针对基金管理机构的实际情况，积极进行授权管理，保障权利的合理使用。同时还要健全社会保险基金管理机构的决策机制，强调以参保人利益为中心，在决策之前进行可行性研究，在执行当中进行过程监督。就完善社会保险基金管理机构权力监控体系来说，要加快制定社会保险法，依法进行权力配置，大力建设规范的权力监控机构。

（3）机构权责划分与牵制

对于社会保险基金具体业务来说，管理机构必须确保每种业务都由两个或者两个以上的业务部门或者岗位共同执行，实现业务上的互相牵制。而且管理机构还要建立岗位定期轮换制度，对重点业务或者业务运行的重点环节实施强制轮换，严格防范职务舞弊。为了确保轮岗制度的平稳交接，管理机构应对于重要岗位进行交叉培训，使得每个重要岗位都有两个以上具有胜任能力的经办人员。轮换的周期可以固定在两年，因为对于大部分基金业务工作人员来说，第一年基本上是了解业务，到了第二年才对经办业务熟悉，恰恰在第二年结束进行轮岗，就可以有效预防了岗位舞弊的隐患。从机构会计职能的权责划分与牵制角度来看，社会保险基金是一项有着特殊来源和用途的独立的财务资源，在社会保险基金同其他基金之间不仅要求分别设置账户，而且要求对资金作实质的分离，基金自身都必须设置一套自求平衡的会计科目，对社会保险基金财务资源的变动情况及其结果进行记录和报告。将社会保险基金视为一个会计主体，独立设账、核算，把基金的会计业务与社会保险基金管理机构的会计业务区分开来。这样既能有效地控制社会保险基金筹集、运营和发放等流程，又能监督社会保险基金营运、防止基金流失；把社会保险基金同其他基金业务区分开来，进而防止基金间混用，加强社会保险基金的管理。社会保险基金会计核算部门应以社会保险基金作为会计核算的主体，单独设账，形成了包括资产、负债及基金余额的财务体系，由此成为社会保险经营和管理机构内的单独的会计核算主体。

（4）机构管理人员风险意识和胜任能力

从机构管理人员风险意识和胜任能力角度来说，其也作为社会保险基金风险管理的重要组成部分之一。社会保险基金管理机构和人员在全面风险管理工作中，应接受风险管理职能部门的组织、协调、指导和监督。社会保险基金管理机构应当制定一系列关于人力资源和组织文化建设相关政策，人力资源政策应当强调，切实加强员工风险管理相关培训，不断提升员工的素质和胜任能力。另外，由于社会保险基金管理机构提供的是公共服务，其服务对象是广大的人民大众，因此，人力资源政策还应当强调员工的服务意识和工作效率以及反腐倡廉精神。社会保险基金管理机构还应当加强文化建设，培育积极向上的价值观和社会责任感，倡导团队协作精神，树立风险意识。同时，强化依法办事，廉洁奉公，恪尽职守，勤政高效地为人民服务的意识。社会保险基金管理机构还应注重建立具有风险意识的组织文化，促进机构风险管理水平、员工风险管理素质的提升。风险管理文化建设应融入文化建设全过程。因此，无论是地方社会保险基金管理机构还是全国社保基金理事会，都应大力加强员工法律素质教育，制定员工道德诚信准则，形成合法合规经营的风险管理文化，并与人员职位升迁和薪酬制度挂钩，从主观上增强各级管理人员风险意识，防止机构或者人员为了增加投资收益而盲目投资行为的发生。社会保险基金管理机构应建立重要管理及业务流程、风险控制点的管理人员和业务操作人员岗前风险管理培训制度。采取多种途径和形式，加强对风险管理理念、知识、流程等内容的培训，培养风险管理人才，培育风险管理文化。

5.1.2　地方社会保险基金经办机构

地方人民政府社会保险基金管理机构负责本行政区域的社会保险基金管理工作，地方政府其他有关部门在各自的职责范围内负责有关的社会保险基金管理工作。地方社会保险基金管理机构负责基金筹集和偿付工作等工作，具体包括提供社会保险服务，负责社会保险登记、个人权益记录、社会保险待遇偿付等。对于社会保险基金日常收支经办业务的地方社会保险基金管理机构来说，其应该按照全省业务经办规程设置。社会保险登记、缴费基数审核和养老保险费征缴、个人账户管理、退休待遇审核和调整、基金支付、社会化管理、基金财务管理、基金运营、信息管理、稽核监督等设立独立的工作部门或专项工作岗位。组织机构应明确各业务部门工作职能、岗位职责、工作程序、工作标准、考核办法及具体要求，科学合理设置各业务部门内经办岗位。各岗位人员职责明确，权限明晰。涉及养老保险经办管理中的重大事项决策，应按照民主集中制的原则，由具体经办业务部门提出建议，单位领导班子集体决策。业务部门提出培训计划，报单位主要负责人同意，综合部门定期组织并实施对各地方社会保险基金管理机构、各业务岗位人员进行业务培训和考核。每年应组织不少于一次的业务培训。地方社会保险基金管理机构在风险管理的制度建设上，应对内部控制所涉及的各岗位明确规定授权的对象、条件、范围和额度等，严格限制任何人员越权决策行为。对风险管理所涉及的重要事项，必须明确相关部门和人员的责任，按照权利和责任统一的原则，制定部门和人员的奖惩机制。此外，地方社会保险基金经办机构应建立重大风险预警制度，保持对重大风险的实时监控。及时发布风险预警信号，定期进行风险应急演练，形成切实可行的风险控制措施。

5.1.3 全国社保基金理事会

由于地方社会保险基金管理机构投资渠道限制比较严格，具体的投资管理运营主要由国务院下属的全国社保基金理事会负责社保基金，国务院其他有关部门在各自的职责范围内负责有关的社会保险基金的管理工作。对于负责社会保险基金投资业务的全国社保基金理事会来说，其应设立专职部门或确定相关职能部门履行全面风险管理的职责，提出重大决策、重大事件和重要业务流程的风险判断标准，并完成重大决策的可行性和风险评估报告，组织实施对该风险的日常监控和风险管理有效性评估，提出风险管理的改进方案。为加强控制全国社保基金的投资风险，相关部门要尽快以法规制度的形式将全国社保基金各方面规定章程明确下来，并建立完整的投资监管框架。明确社会保险基金入市资金来源、投资方向的限制、投资比例和监管细则等。按照国外的先进经验，随着我国社会保险基金管理不断成熟，资本市场和外部审计发达程度的提高以及法律制度的完善，全国社保基金理事会应该将基金投入到专业的社会保险基金（主要是社会养老保险）管理运营机构，并由参保人自主选择基金管理机构，取消社会保险基金投资运营的市场准入限制，将现阶段的全国社保基金理事会由管办结合管理模式逐步转变为管办分离的监督模式。

5.2 建立偿付能力风险控制机制

本节主要从建立社会保险基金偿付能力风险预警机制出发，并提出调整社会保险基金收入与支出相关制度等措施控制偿付能力风险。

5.2.1 建立偿付能力风险预警机制

美国社会保险制度之所以几十年来一直运行良好，一个重要原因即是在于其制度设计之初，有优秀的精算师为其进行了以75年为周期的十分准确的平衡测算。为促进我国社会保险制度的设计合理、运行有效，国家应当建立有效的社会保险基金风险评估和及预警体系，运用科学的指标体系进行风险监测，并设置风险预警机制①。具体流程是首先建立关于警素（构成警源的要素）的普遍模型，然后进行预测，最后把预测值划分到一定的警限区间，再转化为警度，完成风险预警。为此，我国应当大力培养社会保险基金精算师，对社会保险基金偿付能力风险、投资营运风险等进行精算评估，开展风险量化管理和预警工作，定期向政府社会保险基金管理机构公布基金收支预测数据，作为制定社会保险政策的依据。具体方法参见表5-1和表5-2。

表5-1 **定量分析发生可能性的标准**

可能性评分	1	2	3	4	5
定量方法	10%以下的可能性	10%~30%的可能性	30%~70%的可能性	70%~90%的可能性	90%以上的可能性
定性方法	一般情况下不会发生	在极少的情况下才会发生	会在某些情况下发生	在较多情况下发生	常常会发生
评级标准	极低	低	中等	高	极高
发生可能性说明					
发生频率	几乎从不	很少	经常	很经常	持续
发生期限	在之后10年内发生的可能少于1次	在之后5至10年内可能发生1次	在之后2至5年内可能发生1次	在之后1年内可能发生1次	在之后1年内至少发生1次

① 风险预警指标机制（Risk Forecast KPI System）的建立一般包括四个阶段：明确警源（预警对象）、寻找警源（风险源）、分析警兆（出现风险的先导指标）和预报警度。

表5-2　　定量分析影响程度的标准

影响程度评分	1	2	3	4	5
定量方法	直接损失或机会成本为税前利润的1%以下	直接损失或机会成本为税前利润的1%~5%	直接损失或机会成本为税前利润的6%~10%	直接损失或机会成本为税前利润的11%~20%	直接损失或机会成本为税前利润的20%以上
定性方法	极轻微的：没有影响基金管理，较低的风险损失	轻微的：对基金管理运营有轻度影响，轻微的风险损失，但是立刻得到控制	中等的：对基金管理有中度影响，中等的风险损失，需要外部支持才能控制风险	重大的：对基金管理有重要影响，严重的风险损失，经外部支持尚能维持运营	灾难性的：基金经营失败，没有任何偿付能力，外部支持也无济于事
评级标准	极低	低	中等	高	极高
影响程度说明					
财务影响	无影响	轻微	中等	重大	极大
运营影响	基金日常运营受到轻微影响	基金经营业绩下滑，受到政府或监管机构的问责	基金经营业绩不好，但是仍有维持很长时就。受到政府或监管机构的警告	无法达到部分基金经营业绩指标，但是尚能短期维持	无法达到基金所有经营业绩指标，造成经营流程的中止

对社会保险基金偿付能力风险的监控，不应当事后监督，而是在社会保险基金管理过程中就应当具备自检查、自修正的预警系统。由于社会保

险基金制度在发展中因刚性增长等因素影响而潜伏着很大的偿付能力风险，这种偿付能力风险往往随着社会经济的发展而发展，从而迫切需要加强对社会保险基金财务危机的预警性或预防性监督，避免社会保险基金偿付能力风险可能导致的连带性的社会、经济和政治危机。如果缺乏有效的预防和监督机制、缺乏预警性或预防性的监督机构，将会导致整个社会保险基金风险失控，社会保险基金偿付能力风险加大，一旦危机发生则必然波及整个社会。

社会保险基金偿付能力风险预警机制应该从会计专业思维出发，重视资本运营和核算，对社会保险基金收入与支出的长期均衡产生决定性的影响，要对参保单位与个人的缴费水平、各级政府财政补贴能力和参保人缴费年限、退休后偿付率进行统一协调安排。对社会保险基金收支缺口的测算作为风险预警机制的核心部分也应该成为基金管理运营目标和相关制度建设的出发点，并且社会保险基金制度是需要用几十年的时间长期执行，这种测算必须要随时间而对测算结果调整。根据现在社会保险基金收入与支出水平来看，从现在到2030年，我国社会保险基金收入与累计结余的总和尚能支付当年支出。因此，政府应组织相关研究机构和专家对我国2030年后社会保险基金收支缺口进行预测，建立社会保险基金偿付能力风险预警机制，从而制定偿付能力风险控制措施和政策。在具体测算时，由于假设其他条件在一定期间内的都控制在合理的变化范围内，再加上我国社会保险基金特殊的背景和统计数据的误差问题，在测算基金偿付能力风险时也没有剔除中央和地方政府对基金的政府补助，社会保险基金收入与支出理论数据往往与实际结果有较大出入。在对于类似社会保险基金等复杂经济问题的研究时，任何指标均有一定的缺陷，而且时间序列的预测和实际值往往存在一定差异。我国社会保险基金偿付能力风险预警机制必须建立在雄厚的人力、物力和财力的基础上，掌握偿付能力风险指标相关的所有数据，应用更为具体和复杂的模型。因此，未来研究方向应该在社会保险基金风险精算的数理统计基础上，应用剔除政府补助等因素的全国各地方社会保险基金收入、支出和结余数据，引入工资水平、退休年龄和替代率等其他影响因素，对全国整体偿付能力风险的整体情况进行分析。同时，还应按照面板数据分析的要求，对各地方社会保险基金收入、支出和结余数据进行提取，建立标准面板数据模型，对各地方社会保险基金偿付能力风险情况进行分析。

5.2.2 偿付能力风险控制措施

为了应对社会保险基金偿付能力风险，相关部门必须从制度建设入手，推动社会保险基金收入、支出制度更新，并加强基金征缴工作。

（1）改进社会保险基金收入和支出制度

现行社会保险基金收入制度规定社会保险最低交费年限是15年。目前我国人口在60岁时的预期平均剩余寿命为16年，超过了最低交费年限要求。此时，要确保社会保险基金偿付能力，在替代率水平固定不变的情况下，必须有较高的缴费率，这将进一步加重参保单位企业负担。实际上，我国社会保险基金参保人工作年限都已经超过15年，延长社会保险基金缴费年限具有很强的必要性和可行性。本书建议将基金缴费年限延长至20年，并可以再适当延长。同时，目前社会保险基金缴费基础的缩小导致名义费率严重偏离实际费率，所以，社会保险基金缴费工资基数应当随着工资制度的改革而调整，将目前工资外的福利收入、非货币性收入纳入社会保险费征缴的范围内。此外，社会保险基金收入制度将社会保险基金投资限定过严，严重影响了社会保险基金的保值增值，因此，社会保险基金管理机构应该稳健地加大资本运作力度。这一问题将在投资风险控制活动中详细介绍。

退休年龄和社会保险基金支取年龄是社会保险基金支出制度的主要内容。提高退休年龄，不仅意味着参保人领取社会保险基金的年限缩短，同时也意味着社会保险基金积累本利和的增加。据国际劳工部的研究，将退休年龄从60岁提高到65岁，社会保险基金中的养老保险支付额可以减少50%。在人口老龄化加速到来的今天，世界上许多国家都选择了提高退休年龄的做法[①]。而我国各地方违反规定办理提前退休的现象非常普遍，加剧了社会保险基金支付压力。因而，为顺利度过老龄化高峰期，严禁提前

① 目前，美国将退休年龄从65岁提高到67岁，日本则将退休年龄由60岁提高到了65岁。我国的人口平均预期寿命已达到男71岁，女74岁，排全球第80位，超过了发展中国家的平均水平，逼近发达国家的平均水平。而我国目前的退休年龄是男60岁，女干部55岁，女工人50岁，与那些人口预期寿命相同或相近的发达国家相比，要早退休5~10年，但是在十八届三中全会中研究制定渐进式延迟退休年龄政策。

退休并适时调整退休年龄已是大势所趋。同时，我国还应实行推迟领取社会保险基金制度。所谓推迟领取社会保险基金，即是在参保人到达法定退休年龄后，允许其自愿选择立即领取社会保险基金或推迟一定年限领取社会保险基金，并对推迟领取的职工给予一定数额的社会保险基金作为奖励的制度。这项措施对于延缓社会保险基金支付危机具有明显的作用，已为许多国家采用。同时，借鉴智利经验，允许职工在支付阶段选择继续留在社会保险基金系统内或支取社会保险基金并用于购买商业寿险公司的终身年金。

社会保险基金支付标准也是制度调整的重要环节。目前退休人员社会保险基金支付标准调整措施是依据1995年国务院规定，按照上年参保人平均工资增长和物价指数的一定比例正常调整，具体调整办法由省级人民政府确定。本书建议将社会保险基金支付标准与价格变动挂钩，这是因为工资和价格的增长中通常均包括对方增长的因素，若实行双挂钩，将出现重复调整的现象。同时，美国社会保险制度规定，一旦再就业退休人员的实际收入超过政府规定的数额，其超过部分须按一定的比例扣减社会保险基金支付。我国可借鉴其经验，对再就业退休人员的社会保险基金进行调整。如规定60~69岁的退休者收入超过在职时收入的200%时，对其超过部分的养老金按一定比例扣减发放，超过数额越大，扣减比例越高。因起征点规定较高，这一措施不会影响退休人员的生活，具有可行性。另外，现有的制度设计将导致未来退休参保人的社会保险基金替代率过低，难以维持退休职工的基本生活需要，这就要求制度调整不但要提高社会保险基金支付比例，还要加大个人账户的支付比例。

社会保险基金管理机构还应发展补充社会保险基金项目。这将有助于减轻社会保险基金支付压力，使降低基本社会保险制度的替代率成为可能，从而有利于降低国家财政负担，增强基本社会保险偿付能力。同时，在有条件的企业建立补充社会保险制度，有助于增强企业的凝聚力和对优秀人才的吸引力，促进企业竞争能力的增强和经济效益的提高，最终有利于社会保险基金收入的增加。因而，国家应尽快颁布实施《补充社会保险实施办法》和相关法律规章，明确补充社会保险基金经办机构主体、筹资来源和投资运营方式，并对补充社会保险缴费给予税收优惠，促进补充社会保险基金加速发展。

（2）加强社会保险基金征缴力度

社会保险基金经办机构要认真贯彻国务院《社会保险费征缴暂行条例》和劳动保障部《社会保险费申报缴纳暂行办法》的规定，做好基金征缴工作。为确保基金征缴工作规范化，各级政府和人力资源和社会保障部应加强对社会保险基金征缴工作的稽核检查，每年下达稽核指标，并将稽核指标的完成情况纳入对各级社会保险基金管理机构的绩效考核，推动基金征缴工作的制度化。对于普遍存在的隐瞒、缩小社会保险基金缴费工资基数的状况，社会保险基金管理机构应会同税务部门定期对参保单位的缴费基数进行复核，对发现问题的参保单位按照金额的三倍进行罚款，并不许在所得税交纳前扣除。同时还要扩大社会保险基金覆盖面，提高社会保险基金统筹层次，在更广阔的空间和时间范围内将老龄化风险进行分摊。基于当前的形势，我国社会保险基金统筹层次应定位于省级水平，并逐步向全国统筹过渡。从具体工作来看，社会保险基金征缴工作主要分为社会保险费登记与征缴、个人账户管理、待遇审核和待遇支付等环节。

首先，社会保险基金登记与征缴环节必须按规定办理单位参保登记、建立参保单位的收缴（或拨付）结算账户、变更登记、注销登记、社会保险年度验证。对单位提供的相关业务资料，填写的相关表格，由登记经办业务人员初审、部门负责人审核签字后进行办理，并将相关信息传送至征缴环节，所有原始资料和审核资料归档备存。社会保险费征缴环节办理年度缴费基数核定，按月征收养老保险费。办理缴费基数核定时，由业务受理人员根据相关规定，对参保单位报送的相关资料进行初审，部门负责人审核，主管领导审批签字，重大事项报单位主要负责人同意，经初审、审核和审批后的缴费基数可录入信息系统，原始资料归档备存。参保单位每月上报缴费人数增减变化的资料后，由社会保险基金征缴环节业务受理人员初审，部门负责人审核，将参保人员参保的基本信息首先进入养老保险系统，汇总生成相关信息数据传送至个人账户管理环节。征缴环节再根据个人账户管理环节反馈的个人账户建立（续保）、封存（停保）信息，办理本环节相关业务。或者参保单位每月上报缴费人数增减变化的资料后，由征缴环节业务受理人员初审，部门负责人审核，重大事项报单位主要负责人审批，经初审、审核、审批后的人员信息录入信息系统，原始资料由征缴环节归档备存。按月核定参保单位当期的缴费基数，测算当期社会保险费（含参保单位部分、参保人部分）应征数额。依据参保单位缴费的应征数额，制定月社会保险征缴计划。征缴计划由部门负责人审核、分管领导审批签字后，由本环节将数据传送至财务部门。月征缴计划必须由财务部门负责人、单位主要负责人审核签字后执行。补缴单位养老保险欠费时，由本环节经办人员初审，部门负责人审核，并按照有关规定加收利息或滞纳金。稽核补缴的养老保险费，本环节依据稽核部门传送的《社会保险稽核整改意见书》，将补缴额进入养老保险系统，并将补缴到账情况及时反馈给稽核环节。财务部门依据业务部门提供的参保单位缴费单据和到账票据进行登账。

其次，社会保险基金个人账户管理环节办理社会养老保险关系建立、转移、中断、恢复和终止缴费的账户处理、对账。变更个人账户业务时，由经办人员根据征缴环节传送的相关信息进行初审、部门负责人审核后，进行个人账户的建立（续保）、封存（停保）等处理，然后将处理结果的信息反馈给征缴环节。参保单位提交的人员增加（减少）异动资料由个人账户管理环节保存归档。或者在变更个人账户业务时，由本环节经办人员根据参保单位提交的相关资料进行个人账户的转入、合并和转出。个人账户转移按照国家和省有关规定，由本环节提供个人账户记录和转移基金单，经办人员初审、部门负责人审核，财务部门负责人复审后办理。凡职工到达退休年龄时需补缴社会养老保险费的，根据参保单位提交的相关资料，由本环节经办人员初审，部门负责人审核，可办理职工个人补缴养老保险费，完成缴费登账后，将相关数据通过信息系统传送到退休审核环节，方可办理退休人员养老金待遇计算。职工退休前已停保的，还需按照第十三条第二款的规定，先办理续保手续后，再办理补缴欠费。个人账户计息由业务部门依据有关规定提出计息申请，经分管领导审定签字后进行处理。每年度向参保单位或个人发送个人账户信息，参保单位和个人核对无异议的，签字确认；有异议的，由参保单位或个人提出修改申请，本环节经办人员初审，部门负责人复审，并与征缴环节核对，重要数据的变更，必须由分管领导审定签字后进行调整，并保留调整前的记录。本环节核定本机构按规定和比例做实个人账户的金额，并将有做实的信息数据传送给财务等相关部门。

再次，社会保险基金待遇审核环节办理离退休（职）待遇审核、待遇调整审核和一次性待遇审核。参保人达到法定退休年龄后，待遇审核部门经办人员必须严格按照规定，对单位提供的相关资料和表格进行初审，部门负责人复核，劳动保障行政部门审批，确认退休条件和待遇核算的信息指标。经劳动保障行政部门审批后符合退休条件的职工，其个人基本信息无误的，由参保单位填报《在职人员减少异动表》，由征缴环节办理在职人员减少异动和个人账户封存手续，并将封存的个人账户信息在信息系统中传送至退休待遇核算环节。对劳动保障行政部门在审批过程中，发现办理退休的在职人员基本信息有误的，待遇审核部门应及时告知参保单位或个人，参保单位或个人需填写《在职职工基本信息修改表》，由个人账户管理环节经办人员初审，部门负责人复核签字后执行。本环节业务部门根据经劳动保障行政部门审批的资料和在职环节传送的个人账户信息（已封存的），计算符合退休条件的人员的待遇。在计算养老金待遇时，必须由业务部门两名以上经办人员完成信息输入、核算待遇和确认退休操作，并由部门负责人监督管理完成。经过审核后的养老金待遇信息传送给待遇支付环节。依据国家和省有关政策规定，对退休人员待遇进行统一调整时，必须根据调整待遇的政策编制待遇调整程序，预先在练习环境中验算，参保单位应核对上报。再由经办人员初审，部门负责人复审，分管局长签字审定后，建立离退休（职）人员基本养老保险待遇调整台账，将调整的信息传送至待遇支付环节。离退休（职）人员对基本养老保险待遇调整金额有异议，提出重核申请时，待遇审核环节予以重核，将重核结果通知参保单位或个人。确需调整的，应及时通知待遇支付环节，并保留重核及修改的记录。涉及离休人员生活费补助（1~2 月）、工残人员护理费、劳动模范津贴等一次性待遇发放时，由待遇审核部门经办人员对退休人员一次性待遇在数据库中进行初审，部门负责人复核。其中对初次享受一次性待遇的，还应由参保单位按程序上报，经过相关部门审核后方可纳入发放。复核无误的，送待遇支付环节进行办理。申领人对一次性待遇金额有异议，提出重核申请时，待遇审核环节予以重核，将重核结果通知参保单位或个人。确需调整的，应及时通知待遇支付环节，并保留重核及修改的记录。审核离退休人员管理单位或所在街道、社区等部门报送的材料，对死亡、失踪、被判刑（或劳教）收监的离退休人员办理停止支付待遇手续。并将相关信息传送至待遇支付环节处理。根据领取养老金资格认证环节传送的信息，做暂停和恢复待遇处理记录，并将暂停支付和恢复养老金待遇信息传送至待遇发放环节。

最后，社会保险基金待遇支付环节办理离退休（职）人员待遇支付和领取养老保险待遇资格认证工作。本环节业务部门每月根据上月的待遇支付记录和待遇审核环节传来的新增（或减少）离退休人员待遇、调整待遇、一次性待遇、待遇重核等信息，制定养老保险基金支付计划，由发放养老金业务部门负责人审核；财务部门负责人复审；稽核部门负责人复核；单位主要领导审批后，将发放数据信息送基金财务管理环节和社会化发放机构执行。本环节业务部门对离退休人员领取养老金的资格认证材料进行审核，根据认证情况，将停止（或暂停）支付待遇、恢复支付待遇的信息传送至待遇审核环节处理。委托银行或邮局发放的养老保险基金，由发放养老金待遇部门按月定期与委托发放的部门对账，对出现的误差及时报财务部门处理。

另外，社会保险基金征缴工作应实行办事公开制度，社会保险政策、业务流程、部门工作职能、岗位人员职责、每项业务的办理时限、内容、经办人等应公开透明。建立档案资料保管制度。养老保险业务的原始资料和办理过程中涉及的相关资料，经办人员、业务部门负责人、分管领导、主要领导签字的资料，由业务部门每月按时整理装订，按照档案管理规定留存、归档、立卷、保管。

（3）增加对社会保险基金的财政补贴

政府对社会保险基金的财政补贴主要分为三种形式：一是提高国有股减持划拨社会保险基金的规章级别，制定国有股划拨办法，由国务院公布执行，调节各方的利益关系。二是按一定比例将中央财政当年超收部分拨增社会保险基金，并由全国社保基金理事会统一管理。中央财政收入超预算支出，用于充实社会保险基金会起到更好的效果。既可以投资到社会，又可以保证增值，还促进各方的利益均衡。第三，将中央企业国有资本预算收入一定比例拨归全国社会保障基金。政府财政补贴是确保社会保险基金偿付能力的重要保障，应当逐步调整未来我国财政支出方向，加大对社会保险基金财政补贴力度。一方面，各级政府应当调整财政支出结构，增加社会保险基金支出占财政支出的比例。中央政府在编制财政预算时，应增加社会保障预算支出占财政总支出的比重，并予以固定化。同时，省级政府也应根据财力建立社会保险调剂基金，该基金应按照地方财政收入的一定比例，定期划入社会保险基金之中，具体比例应由中央统一确定。为保证调整财政支出结构措施得以顺利实施，可以开征新的税种，如遗产税、特别消费税，或者发行社会保险基金特种债券，将其收入拨付基金。同时，国家正在实施国有企业的部分国有股减持以补充社会保险基金的做法，将整体出售国有资产的变现后一定比例的收入划入基金。

5.3 完善投资运营风险控制机制

为了促进社会保险的可持续发展，确保基金偿付能力，我国应当借鉴国际经验，逐步放宽对社会保险基金的投资限制，拓宽投资渠道，使地方社会保险基金也能进入资本市场，获取更高的投资回报，实现基金的保值增值。社会保险基金入市运作应采取多样化入市模式、多元化运营主体和全方位投资组合，对投资过程进行风险预警，通过数量分析的方法实现风险控制。

5.3.1 建立投资风险预警机制

本书对社会保险基金投资风险度量分析时，由于实证分析方法应用所需要大量的数据支持，由于这方面的欠缺，本书没有对全样本进行整体分析，只能对研究样本进行重点选取，数据选取过程中或多或少的会有一定误差，而且根据不同的持股时间确定的研究样本也存在类似问题，计算出来的VAR值也和真实值有一定差异。因此，我国社会保险基金投资风险预警机制必须包括全部投资样本和所有的基础数据来源，对投资风险进行全面预警，并在持续时间内对投资风险进行监控，提出风险度量指标的应用和整改办法。

对于社会保险基金投资风险预警来说，为了在地方社会保险基金全面进入资本市场的时候保持基金管理公司的谨慎态度，防止其投资过度，应在VAR方法的基础上采用RAROC方法。使用这种方法进行绩效评估时，不是以盈利的绝对水平作为评估的基础，而是以投资风险基础上的收益贴现值作为依据。如果社会保险基金管理公司从事过度投机行为的话，尽管投资收益可能会很高，但VAR值也会相应增大，从而导致RAROC值不大，使得业绩评价回归正常。因此，RAROC方法用于业绩评估，可以较真实地反映基金管理公司的实际投资业绩，有利于抑制过度投机的冲动，迫使基金管理公司在最低风险下寻求收益的最大化，有助于避免大额亏损现象的发生。社会保险基金投资风险预警应由相关政府监管部门和业务单位实施，也可聘请有资质、信誉好、风险管理专业能力强的中介机构协助实施。为了实时监控我国社会保险基金证券投资组合风险，我国可以建立一套对影响社会保险基金投资组合的三大类风险进行监控的风险预警机制，及时对社会保险基金投资进行止损。针对我国社会保险基金投资组合的这三大警源，各自分别对应三套警素，即测算这三大类风险的具体指标：具体而言，我国社会保险基金入市有三大类警源，分别为：第一，社会保险基金所投资的上市公司风险指标。社会保险基金所投资的上市公司风险指标主要由包括上市公司的偿债能力比率、营运能力比率、获利能力比率来测算。这些上市公司指标可以通过资本市场专业数据库取得。第二，我国资本市场系统风险指标。系统风险指标由周期性波动风险、利率风险、汇率风险、政治风险和购买力风险等外部风险，通过专业数据库中取得指标数据来测算[①]。第三，社会保险基金组织机构投资风险。这主要由社会保险基金组织机构内部风险，全国社保基金理事会与基金管理公司委托代理风险和基金公司的经营管理风险等风险因素来测算。最后，具体测算指标是按照不同的风险要素进行汇总，得到整体风险指标，达到投资风险的预警效果。

① 实际操作中可以参考我国深、沪两大证券交易所编制的A、B股指数和上证180指数的变化趋势来估算我国证券市场的系统风险。

5.3.2 投资运营风险控制措施

我国社会保险基金统筹基金和个人账户基金根据各自性质不同，采用不同的投资方式。统筹基金继续由地方社会保险基金管理机构负责基金的运作及管理，而个人账户基金通过委托给全国社保基金理事会转基金管理公司代理而间接入市。这部分资金应按照多元化投资原则，平衡投资风险与收益的关系。2006年，中央财政拨付给地方社会保险基金个人账户的充实资金，委托全国社保基金理事会进行投资运营时，为保证资金安全，全国社保基金会理事会给出了3.5%的保底收益，而全国社保基金理事会并不是一个投资管理机构，对于投资给予保底收益，并不符合基金行业惯例，实为投资风险管理的权宜之计，需要出台相关制度和政策来规范投资行为，在保障投资收益的同时控制投资风险。

（1）选择合理社会保险基金投资比例与投资领域

社会保险基金投资于股票市场并不是说全额投到股票市场，它只能是部分社会保险基金进入股市。因为投资于股票虽然可获得较高的收益，但面临的风险同样较大。社会保险基金入市以后必须严格实行组合投资，实现投资工具和投资对象的多元化，并控制高风险投资工具和投资对象在投资组合中的比例。在组合投资方面，不能将所有资金投入股市，必须将一部分基金以银行存款和债券等固定收益的资产形式存在。在投资到期日上，应根据未来当期收入与当期支出的差额，选择时间长短不同的投资品种。通过组合投资，实现社会保险基金投资对象在投资工具、时限、收益率和风险方面的均衡。现阶段，相关制度规定社会保险基金用于投资银行存款和国债的比例不低于总资产的50%，企业债券和金融债券不高于10%，股票与基金投资的比例不高于40%，从本书对投资风险的度量结果来看，应该说这一比例相对比较保守。根据本书结论，社会保险基金投资风险控制效果比较好，因此可以在保证资产安全的基础上，增加社会保险基金的资产增值空间，根据国内外的经济环境，适当的增加投资额度，采取循序渐进的方式，并在每次追加投资时进行反复论证，按照不同的方法对风险进行度量，并比较与收益的关系，将确保社会保险基金投资的低风险放在首位。而对股票类型的选择是确保社保资金保值增值的最关键环节。由于目前我国股票市场的上市公司股票良莠不齐，社会保险基金在进行投资选择时应做好充分的论证和调研，进行有效科学的投资组合。由于社会保险基金投资的稳健性，投资组合的基本标准应该是选择业绩优秀并有成长性的公司。比如，与国家重点鼓励发展的产业、产品和技术相关的上市公司，并在认真研究上市公司的财务报告的基础上，注重实地调研和考察。完成社会保险基金投资后，要充分树立起作为机构投资者的公司股东意识，积极参与公司治理，改善或提升公司经营情况，也降低了社会保险基金投资风险。

我国也有相关学者不同意社会保险基金入市，他们认为社会保险基金与股市的关系呈现相互作用。数额庞大的社会保险基金入市必然会对一个国家的金融运行产生影响，其中金融层面的直接影响就是资本市场，社会保险基金都是资本市场的主要机构投资者投资的，由于社会保险基金有自己使命和功能，必然在进入市场时会把一种稳健性、追求长期性的经营模式带到资本市场中去，弱化资本市场的投资性。但是社会保险基金进入资本市场非常复杂，反过来资本市场易变性有可能会侵蚀基金自身功能。还有相关学者和分析师质疑地方社会保险基金入市的投资安全问题，认为内幕交易横行、造假案频现、扰乱市场秩序等现象依然存在，并严重打击投资者信心。尽管监管层想方设法铲除内幕交易等严重的违法行为，但由于人力物力所限，所能查处的仅是冰山一角。再加上随着创业板的推出而集中显现的私募股权投资腐败等问题，目前的这个市场实在让投资者难以放心。即使社会保险基金实现了省级和全国统筹，如果我国股市无法解决自身问题，地方社会保险基金投资于资本市场也存在诸多问题。在我国2 000多家上市公司中，能连续现金分红的公司不到10%，而整个A股公司的现金分红股息率仅有0.55%，远低于欧美市场2.5%左右的年均股息率。相应数据还表明，过去20年间，A股市场融资总额达4.3万亿元，但累积返还的现金分红仅有1.8万亿元，仍然是典型的“融资市”。在欧美发达国家，社会保险基金在资本市场的投资配置中，高评级的主权债和机构债占相当大比例，以获得较为安全而稳定的收益。即使是投资股票，社会保险基金也多持有那些经营良好、业绩稳定且现金分红丰厚的蓝筹公司，有的还专门认购那些有较高现金分红承诺和优先保证的“优先股”，就是要控制投资风险，确保获得稳妥而丰富的投资回报。证券监管部门希望借助地方社会保险基金入市，提高资本市场中金融资本的力量，培育出一批高质量的机构投资者，改变中国资本市场产业资本过于强势的格局，发挥优化市场配置资源的作用。

因此，本书认为社会保险基金入市需要几个前提条件：第一，资本市场相对成熟。第二，社会保险基金入市是自愿的而不是强迫的。第三，社会保险基金入市后的基本收益是有保障的。从目前现状来看，证券市场制度、基本的制度还不健全，社会保险基金入市的基本收益没有保障，所以社会保险基金参保人并没有自愿让社会保险基金入市，如果强行入市将陷入相关制度缺失和参保人监管真空的困境。理论上说，资本市场是一个相对公平的市场，尽管社会保险基金在我国资本市场上的投资收益率很高，如果它立足于公平的角度投资的话，必将在市场萧条的时候陷入亏损；如果社会保险基金是一个特殊投资者，那么对于整个市场就不公平，对于中小投资者甚至机构投资者都构成极大的威胁。因此，机构投资者可能在法律面前是不平等的，资金雄厚的社会保险基金由于其特殊的背景，难免会有很多渠道得到国家的最新政策和战略规划并提前布局。但是在资本市场的规则面前，不论是全国社保基金理事会还是各省社会保险基金，作为机构投资者都必须要尊重、遵守资本市场同样的法律，在资本市场的规则面前，一切机构投资者和个人投资者是平等的。全国社保基金和各省社会保险基金可以按一定比例投资于证券市场，一部分资金进行实业投资，那么还有一部分应该投资在固定收益类产品当中比如国家债券、银行债券和企业债券，因此社会保险基金投资应该实现投资领域多元化，风险和收益相均衡。任何国家的社会保险基金进行投资的时候都不能全部购买股票，最多的比例大约控制在50%到60%，具体情况要根据股票市场的情况，市场萧条的时候可以将资金撤出，等市场重新繁荣的时候再加大投资力度。尽管为了降低社会保险基金投资风险，国家鼓励其进行实业投资，但是股票市场的流动性是实业投资所无法比拟。长期来看股票市场的收益率应该在7%以上。

现阶段我国地方社会保险基金出于安全性考虑只能投资于银行存款和国家债券，严重影响了收益性，使得社会保险基金保值的目标都无法实现，不利于解决未来社会保险基金资金缺口的问题。这样产生了一个矛盾的问题，一方面是地方社会保险基金结余资金规模的不断扩大，一方面是巨额结余资金无法实现保值，造成结余越大，贬值风险越高。本书的研究结果说明全国社保基金在股票市场上的投资在取得巨额收益的同时规避了很大比例的投资风险，投资策略比较稳健。所以地方社会保险基金完全可以借鉴和尝试全国社保基金投资的模式方法，适当扩大投资渠道，在保证投资安全的基础上创造更多的收益。立法机构和政府部门应该允许各地方社会保险基金管理机构自行管理本地方的基金投资管理，按一定比例投资到各类金融资产或投资政府担保的国家重大工程项目建设等。由于地方社会保险基金管理机构在投资经验等方面的不足，全国社保基金理事会可以将各地方社会保险基金结余资金集中起来统一投资，以便更好更快的地推进社会保险基金积极稳妥的投资运营。此外，因全国社保基金自身具备一定投资能力，在某些可控或大型项目上由其内部部门直接操作，如定期存款和国债、信托贷款和直接股权投资，甚至如国务院特批的京沪高铁类实业投资项目，均是全国社保自身做出决策。

（2）明确社会保险基金投资主体

据全国社保基金理事会理事长戴相龙透露，为落实“十二五”规划中提出的“积极稳妥推进地方社会养老保险基金投资运营”，有关部门正在酝酿将各地方管理的一部分基本养老保险基金集中起来，按一定比例投资各类金融资产，其中一部分将投资股票。分析人士表示，所谓社会养老保险基金入市，并非外界简单理解的用基金买股票，而是指进入包括股票、债券等在内的多个投资领域。目前入市中博弈焦点为“投资主体是谁”。而决策层更倾向于在国务院下设的全国社保基金理事会或者相似职能的新设机构。同时，由人社部主导的“社保基金投资管理体制”制度设计正在进行中，整套方案与企业年金投资管理体制类似，实行信托制度。据了解，这一制度将涉及养老金个人账户、社会统筹账户及工伤、失业、医疗、生育五大社保基金结余，共约2万亿元。不过，首先进入资本市场的，可能只是养老金个人账户已做实的2 000多亿元资金中的一部分，但只要养老金投资大门打开，未来留给市场的想象空间仍然巨大。

与此同时，中国社会的老龄化进程加快，社会保险基金累积贬值加速。双重夹击下，2011年，地方社会保险基金入市重新被提上日程。此次由人社部牵头，中国证监会、全国社保基金理事会等部门参与，开始设计新的“社会保险基金投资管理体制”。到2011年下半年时，国务院副总理张德江与人社部有关人士座谈讨论，最终从三套方案中初步选定一套重点完善。据《财经》杂志报道，目前初定的方案为，设置一个全国统一的投资运营主体，所有省份经办机构的地方社保资金将被统筹起来，交由这一投资主体进行管理，该机构可能类似中国投资有限责任公司这样的准商业机构，由其成立专业的投资管理队伍，对资金进行投资运营，并承担保值增值责任，整套方案仍与企业年金投资管理体制类似，采用信托制度。这意味着，2009年人社部方案中，拟让各省分别设立投资运营主体的设想已被放弃。接近决策层的人士表示，各省份成立社会保险基金投资运营主体，分别招标选取基金公司的方案，可以确保一定的市场竞争，避免基金公司面对委托人时地位不对等。但在决策层看来，各省社会保险基金结余情况不一，投资能力亦有很大差别，同时易受本地政策变动影响，难以掌控。本着“安全第一”原则，国务院倾向于设置全国统一的投资运营主体，放弃了分省方案。

各省社会保险基金投资运营主体问题就成为最大的争议点，这是由于地方社会保险基金结余资金大概是全国社保基金规模的两倍。人社部希望新机构挂靠于本部门之下，并筹谋已久，并早在2010年已开始筹建自己的投资运营机构，并计划依托其下属事业单位——社会保险事业管理中心来组建团队。但人社部其并无直接的投资经验，也无专业人才储备，因此决策层对其投资能力、确保资金安全增值的能力，有所怀疑。另一个竞争者全国社保基金理事会亦在大力争取，希望接手投资权。相较于人社部而言，全国社保基金理事会成立十余年来，保持着年均收益率超过9%的业绩，投资经验相对丰富。但一个现实问题是，地方养老金分散在人社系统的各个社保经办机构之下，若将投资权交给全国社保基金理事会，能否得到人社部的全力配合，则充满不确定性，未来统筹资金有可能举步维艰。目前来看，最有可能被接受的方案是，投资运营主体应该是将直接设在国务院之下的全国社保基金理事会，或者由相同性质的新机构组建专业投资管理机构和研究队伍来完成。这一方案中，人社部的主要职责是资金监管，以及投资管理方案的政策制定、风险管理、信息披露等细则的落实和监管。此外，人社部、财政部、地方政府将采用管理委员会或理事会的模式参与投资主体的管理。但此种方案亦有令人顾虑之处，新设立的专业机构能否彻底摆脱行政化管理束缚，能否以市场化薪酬吸引好的管理公司才值得关注。此外，巨额资金管理的道德风险亦需防范。地方社会保险基金安全性尤为重要，且资金特性与全国社保基金、企业年金仍有区别，资金安全及回报要求更高，因而会采取特定范围选择的方式，快速缩小选择范围。

（3）建立社会保险基金证券投资保险制度

目前，我国尚无由于委托投资使社会保险基金蒙受损失如何弥补的相关立法。尽管投资收益较高，但是一旦出现投资损失，将由政府承担社会保险基金投资的最终损失，也是对社会保险基金投资管理机构隐性、潜在的政府信用担保。但是在这个问题上，政府承担了过多市场风险，严重违背了国际证监会组织（International Organization of Securities Commissions，IOSCO）在《证券监管的目标与原则》中提出的证券监管目标。因此，我国亟待建立有关社会保险基金证券投资保险制度（Investor Insurance Scheme，IIS），也被称作证券投资者赔偿计划（Investor Compensation Scheme，ICS）。该制度作为商业保险制度的一种，在投资风险转化为损失时，由保险公司承担最终的投资损失。我国应该从以下几方面建立社会保险基金证券投资保险制度：第一，建立社会保险基金证券投资保险法规。我国需要为成立相对独立于证券交易所和证监会的非营利性证券投资保险机构、保险基金和强制参保的基金公司范围立法，为社会保险基金投资保险制度提供系统规范和依据。第二，建立社会保险基金证券投资保险机构。从制度设计的预期目标出发，我国社会保险基金投资保险机构应兼具保险人、监督检查人和危机处理人三种身份于一身。第三，建立社会保险基金证券投资保险的保费征收标准。我国应实行固定费率和浮动费率相结合的方法向经营社会保险基金的基金公司征收保费。

5.4 加强会计风险控制措施

经上文分析，我国社会保险基金会计控制方面还存在诸多风险，本书针对完善我国社会保险基金会计控制，有效控制会计控制风险提出以下建议。

5.4.1 建立社会保险基金预算控制

社会保险基金会计控制如何与预算保持一致是风险管理中极为重要的因素，规范的预算控制是帮助控制支出和强化收入规定的会计控制工具。预算控制在核算社会保险基金的过程中，是一个很重要的控制因素，因为预算是考核社会保险基金运营活动情况的一个法律遵守标准。会计和财务分析报表完善了社会保险基金管理机构经营责任的周期，但是周期开始的驱动因素仍然是基金预算。因此，从目前社会保险基金会计核算体系的内容来看，有必要把社会保险基金预算纳入社会保险基金会计核算体系。应该说预算资金的收入、支出和结余，是会计核算的重要内容，而就预算本身而言，又包括预算的编制、执行和决算，涉及一系列政策和程序，是一项独立的系统工作，在具体操作上主要从以下两个方面把握：

一方面，社会保险基金管理机构要逐步提高统筹层次并建立分级预算管理。由于我国的社会保险基金统筹层次比较低，多数省份社会保险基金还没有实现省级统筹，大多数地区甚至还没有实行市级统筹，仍停留在县（市、区）级统筹的层次，使社会保险基金在省内不同城市之间的调剂较为困难，这就造成了不同城市之间的负担不均。会计年度末，地方社会保险基金经办机构应按照财政部规定的表式、时间和编制要求，根据本年度预算执行情况和下年度基金收支预测，编制下年度基金预算草案。地方各级财政预算和社会保险基金预算草案一经本级人民代表大会审查批准，即为当年具有法律效力的预算。各地方社会保险基金经办机构应当在本级财政部门批复本部门预算后一个月内，向所属各单位下达预算指标。分级预算的编制是一个从无到有，从初级到高级的过程，从地方社会保险基金经办机构开始编制社会保险基金预算，并在此基础上，进行逐级汇总，直至编制国家预算。在进行分级预算管理，编制社会保险基金预算收支表时还必须注意，中央和地方以及地方各级之间在社会保险基金分配上存在的上缴与下拨的关系，例如中央对地方的社会保险基金的补贴、省级社会保险基金的上缴与拨付和省际之间的基金转移支付等等，基金在上下级之间调度或临时性拨款，使社会保险基金发生了政府间转移，但不会增加资金总量，因此在编制社会保险基金预算收支表时，还必须增加一些资金调度性科目或栏目。在分级预算中各级社会保险基金应该立足于自我平衡，财政部门只对制度原因造成的基金缺口予以补助。

另一方面，协调好社会保险基金统筹账户和个人账户之间的关系。由于我国社会保险基金实行社会统筹与个人账户相结合的模式，所以预算编制就有一个统筹账户与个人账户处理相衔接的问题。个人账户中的资金虽然属于个人所有，但其动用须按既定的法律程序，按规定的支出项目和金额标准。作为反映社会保险基金预算的收支表不仅应包括社会统筹部分还应包括个人账户部分。采用这种部分积累制的方式来筹集资金，也就意味着有一部分社会保险基金的收支之间存在着很大的时间跨度。这部分基金在相当长的一段时间内是闲置的，可以用来进行各种投资，使其保值增值，如果忽略个人账户的部分，这就偏离了社会保险制度改革的初衷，无法形成个人账户的基金积累。因此，社会保险基金经办机构在编制社会保险基金预算收支表的时候，应将社会统筹基金与个人账户基金分开核算，这样才有利于反映社会保险基金的真实特点。

预算分析情况要及时上报监督部门，监督部门对当期或者当年的预算情况进行审查，如需调整则必须由监督部门批准，避免预算资金的滥用，能够有效解决预算软约束的痼疾。对于预算执行情况良好的单位予以奖励，对于执行情况差的单位予以惩罚，奖罚分明，形成合理使用资金、严格执行预算的良性循环（如图5-1所示）。

针对社会保险社会统筹基金改为养老社会保险税的改革，社保税将由税务部门统一征收，税款直接进入国库，但实行专户存储。在将社会保险历史债务进行具体测算的基础上，将其债务总额确定，作为中央政府负债通过预算实行管理，每年年初将确定的该年应偿还债务总额作为预算支出

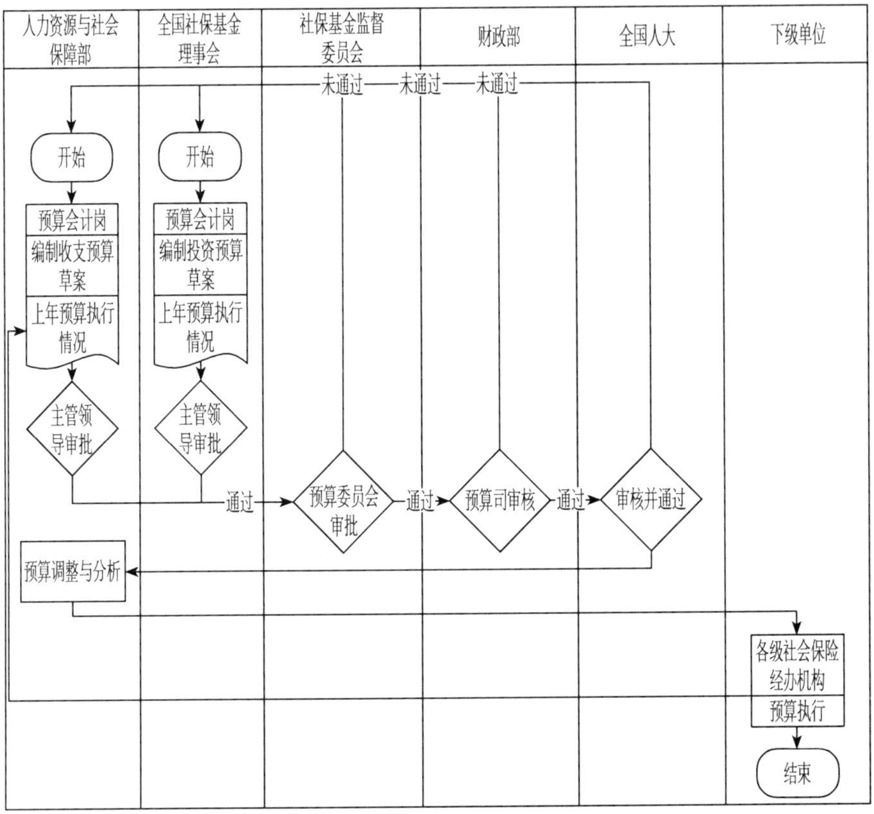

图 5-1　社会保险基金预算流程

分配给社会保险基金预算，同时将该年应收的社会保险税收入作为预算收入也分配给社会保险基金预算，然后通过预算分配支出和预算分配收入进行会计核算，并分析其收支预算完成情况。

5.4.2　完善会计核算管理

社会保险基金会计核算控制应具备会计要素确认和计量、费用摊销等方法的一致性，社会保险基金征收率、运作收益率、社会保障金发放完成率、社会保险基金保值增值率、资产负债率、流动比率、速动比率等会计指标的可比性，社会保险基金征收、运作和发放等会计事项核算的及时性，会计凭证、会计账簿、会计报表等会计资料的明晰性，社会保险基金运作收入与相应费用的配比性，运作收入确定、损失和费用的确认等过程的谨慎性。社会保险基金会计主体应根据会计准则的要求，执行资产、负债、净资产、收入、费用和利润等会计要素的确认和计量方法，基金运作政策，日常会计核算政策，资产减值政策等等，便于社会保障工作者有章可循。根据社会保险基金扩大运营范围的发展趋势，以权责发生制、收付实现制作为社会保险基金会计确认的基础更为合理。

（1）确立权责发生制的会计核算基础

权责发生制能够满足政府内外部的信息需求，适用于政府会计的核算。权责发生制能够使所有满足定义和确认标准的负债都予以确认，能够完整反映社会保险基金的财务信息，防止相关部门低估负债，能够帮助管理者更加合理的估计社会保险基金运行中存在的风险，以及时进行风险控制。权责发生制下，社会保险基金的会计信息质量更具真实、可靠、可比和谨慎性，能够提升社会保险基金的会计控制水平。虽然权责发生制相对收付实现制要复杂一些，对于如社会养老保险基金等的负债项目还难以准确计量，可能会增加更多的估计和职业判断，但是社会保险基金安全运营离不开完整可靠的会计信息的支撑，那么能够提供完整、可靠会计信息的权责发生制也将是社会保险基金会计控制的必然选择。因此，社会保险基金会计核算应新增设部分会计科目，在保留收付实现制的基础上，根据实务的需要，部分地采用权责发生制，即以“修正的收付实现制”作为基金会计核算基础，克服单一收付实现制的不足，充分将应收未收，应支未支的资金进行准确及时的核算，使会计报表更加系统全面的核算基金的经济内容，提高会计信息的决策有用性。而且这种核算确认原则并不用对政府会计模式有很大挑战，就能透明化核算一直困扰实务界的社会保险基金隐性债务，极大地降低了基金偿付能力风险，而对于投资收益的核算也基本满足了信息使用者对投资信息的需求。具体来说，社会保险基金会计核算应该将会计科目分为两类，以“收付实现制”为核算基础的不变，另增一类可纳入表外科目核算的以“权责发生制”为基础会计科目。社会保险基金执行这种“修正的收付实现制”核算基础是非常适用的，既克服了收付实现制的缺陷，也满足了对基金管理和监督的要求，又很好的体现和基金日常业务的需要。

具体来说，应分为以下几点。第一，增加权责发生制属性的账户。为了确保社会保险基金会计核算能如实反映收支管理和投资运营的经济业务，管理机构应在政府预算会计的基础上，增加以权责发生制作为核算基础的相关科目，纳入会计报表外管理体系。具体来说，这些科目包括“应收社会保险金”、“欠缴社会保险金”、“应付社会保险金”、“未付社会保险金”、“待处理资产”和“预收社会保险金”，使得基金收入、支出和投资的全过程得到全面的反映。第二，针对隐性负债发行社会保险基金认可债券。社会保险基金管理机构应当一次性清算和确认每个参保人在旧体制中缴费累计金额，然后仿照国债的方式发行“认可债券”，使参保人在领取社会保险金时直接向管理机构兑付。社会保险基金管理机构应在全国范围内聘请专业的精算人员计算“认可债券”本金和利息。这种模式既兑现了社会保险基金对参保人隐性负债的支付承诺，明晰了债权债务关系，减轻了财政压力，又规范了社会保险基金支付管理。第三，完善投资收益和利息收入核算。我国社会保险基金投资运营收入主要由利息收入和投资收益两部分组成，因此，对于这两部分的确认和核算成为会计核算工作中的重点。一方面，管理机构必须加强利息收入的核算工作，利息收入科目应按开户银行、财政专户和债券种类设置明细账，做到逐笔登记和按时结转。另一方面，随着地方社会保险基金的入市，有关社会保险基金投资的会计核算处理也变得相应复杂。由于我国对划入地方社会保险基金投资范围内的资产仍然按成本价值计算，只有全国社保基金采用公允价值计量。资本市场投资是社会保险基金面临风险最高的一种投资方式，在现阶段我国资本市场仍不完善的前提下，大部分资产应继续以历史成本计量，但对于交易性金融资产和持有至到期投资可以适当采用公允价值计量，并确认当期投资收益。

（2）完善账户管理基础工作

社会保险基金的“收入户”“支出户”与“财政专户”的处理是会计账户管理中的重点问题。与企业会计和政府会计不同，社会保险基金会计在账户设置上的特殊性就在于，为了保证基金安全、完整，有计划地收缴与发放，防止挪用，侵蚀基金，财政部将社会保险基金视同财政资金纳入预算进行管理，基金收入形成资金全部划入财政专户，基金支出所需资金由财政专户划转至支出户，由支出户再向保险对象支付，或直接通过财政专户划拨。会计核算为了体现基金管理的特殊要求，设置“财政专户”账户。基本社会保险基金应存入国有商业银行，社会保险基金经办机构和财政部门，应在经协商确定的银行开设以下三个专用账户：社会保险基金经办机构开设“基本社会保险基金收入户”、“基本社会保险基金支出账户”，财政部门开设“社保障基金财政专户”。收入户用于暂存收缴的社会保险基金收入，除按规定向社会保险基金财政专户调拨资金外，一般只收不支；支出户主要用于支付基金开支项目，除按规定接受财政专户拨入的资金一般只支不收；财政专户用于存储基金，其作用是接受从收入户划入的资金并向支出户拨付资金。

对此，如何加强财政专户和收支两条线的管理，从内部制度本身，应保证财政专户、收入户和支出户在同一国有商业银行只能开设一个账户，不能多头户并存，专户要按规定计付利息，对社会保险基金设置“财政专户存款日记账”，定期与财政专户对账单核对，如果出现差额，必须逐笔查明原因并处理。财政部门要严格规章制度，不能挤占挪用基金。对社会保险基金经办机构引入激励机制，实现目标奖惩的办法，加强内部监控管理制度；加强对财政专户资金的监督检查，对拒不缴存财政专户的经办机构采取强制性措施，强行划转，并进行专项检查：逐步提高统筹层次，发挥省一级的财政监督和管理职能，为实现新型基金收支两条线财务管理体制创造条件。从外部宏观条件上，应以预算管理制度的创新为重点，加快社会保险基金预算的改革，同时积极稳妥地推进社会保障税费制度的改革，才有利于进一步改进和完善“财政专户”和“收支两条线”的管理。

我国的社会保险基金制度也经历着从现收现付制向积累制转变的过程，就目前情况看，部分积累制较为适合我国社会保险自身发展水平，同时也符合社保事业发展的一般规律，从长远的角度，是解决我国人口保障问题的有效道路。我国的部分积累制还尚未真正形成，个人账户中的余额只是名义上的，主要还是被用来弥补地方资金缺口的需要，政府财政支出的扶持不是社会保险基金发展的长久之计，继续完善并规范我国社会保险的部分积累制尤为迫切，否则大量资金闲置或者滥用将来会造成更大的资金缺口风险。从产权角度分析，个人账户是强制性社会保障制度下的一种专门合约，既然设立个人账户，个人应该是产权所有者，个人账户属于私有产权。统筹账户属于参保人共同所有，未参保者不分享权力，所以它是一个很广的群体所共享的社会化财产，属于共有产权。经办机构可以将统筹账户和个人账户交由不同的基金管理公司进行管理，并对其投资渠道进行严格限制，分开管理、分别投资，既能够明确各自的收益目标，还能真正保障参保人的切身利益。基金管理公司可以将统筹账户的基金主要投资银行和国债，保证其流动性的需求；将个人账户的基金主要投资于资本市场，获取长期的资本收益，避免当期偿付风险的加大。个人账户入市既响应了证监会主席郭树清于2011年12月提出主张地方社会保险基金的入市的建议，还能真正着眼于未来，为将来偿付能力的提升打下坚实的基础。

应将社会统筹基金与个人账户基金分离，调整统账结合制度的结构，改社会统筹与个人账户在基本社会保险制度中的“块内结合”为基本社会保险基金中的个人账户与企业年金之间的“块间结合”。必须确保每个参保人员缴费数正确，增设个人账户利息收入和投资收益的一级科目，用于核算每年年终转入个人账户数及相关的基金收益以及按记账利率转入个人账户的情况，做好个人账户资金平衡的核算。个人账户会计核算处理的方法一般是采用固定缴费养老金办法，即企业按照退休办法的规定，每年提取一定数额的社会保险基金，交给社会保险相关机构保管运营，在职工退休时，将属于职工人均养老基金支付给已退休职工，职工退休时所领取的养老金取决于提存的金额及投资的收益，企业力不保证养老金给付的数额。统账分离后，个人账户基金可交由单独的机构进行运营管理，不再与统筹基金混合管理，不能用来无偿弥补统筹基金缺口。同时由单独的机构编制个人账户资产负债表和个人账户基金报表，专门反映个人账户的运营情况。通过会计核算，达到个人账户中各项数据都能在会计期内准确及时反映，既要核算出整体个人账户余额，又要核清每个参保人员个人账户余额，做到账账相符，从核算上做实个人账户。除此以外，还可以利用计算机联网管理，在程序设计上要特殊注意防丢损功能的设置，建立网络查询系统，定期向每个参保职工发送个人账户对账单，以便企业和职工核对，让每个参保职工有权随时向经办机构查询和质疑。

5.4.3　健全内部审计职能

内部审计部门应该在社会保险基金会计控制环境和预算编制的基础上全面分析管理机构在会计控制中存在的风险，观察业务流程的运转情况以及缺陷、漏洞，在健全相应的规章制度的同时贯彻执行。相关部门应尽快建立健全殡葬信息联网覆盖率，以及离退休人员资格认证审查的相关文件，方便内审部门通过殡葬信息网及时审查殡葬信息反映情况，通过小范围的抽点来考察离退休人员社会养老保险基金资格认证事都定期展开。内审人员应该努力提升其自身的技术知识与侦查水平，能够应对计算机审计所需要的专业知识，内审部门应该区分计算信息系统外包与内建分别定位其系统开发风险，对于系统运行中的风险可以采取穿行测试的检验方法，通过跟踪其权限分配与执行、数据输入与输出安全程度、业务数据修改授权与批准来评级其系统运行风险。

具体来说，可以分为以下三点。第一，审查社会保险基金预算执行情况和决算。社会保险基金管理机构要严格按照预算来执行，实时分析基金收支管理情况，将预算执行情况报送同级财政部门和上级主管部门。因此，这方面审计工作的重点主要是审查基金预算编制是否坚持真实性、合理性、全面性、政策性原则，预算执行情况和预算调整情况是否得到批准和执行，年度预算和决算是否报经财政部门或上级主管部门审批。第二，审查社会保险基金收支情况。社会保险基金内部审计部门要对基金收支的各个方面进行严格审查。审计重点应着眼于社会保险基金管理机构是否依法及时足额支付，有无拖欠和“小金库”的情况；调剂资金的分配和使用是否做到专款专用、合理合法，资金的调度和用款计划是否按规定的程序报批；管理机构是否有侵占基金的情况；管理机构是否定期对基金支付对象进行必要的情况调查；管理机构重大资金的支付是否实行集体决策，支付环节是否设置审核和监督岗位。第三，审查社会保险基金投资运营情况。社会保险基金内部审计部门应在国家相关投资和运营政策的指导下，对基金投资运营进行重点审计。一方面，对于地方社会保险基金来说，审计重点应该是审查管理机构内部控制制度是否健全高效，如财务和内部审计机构是否健全，能否发挥核算监督和控制的作用；社会保险基金运营资产是否安全和完整，能否实现资产保值增值，有无违规投资和侵占基金等行为；结余基金收益状况是否合理安排存期以追求收益最大化。另一方面，对于全国社保基金理事会来说，内审部门应以基金投资业务流程为主线，将面临的重大风险全面梳理和再评估，对风险管理实施情况进行监督，编制社会保险基金投资机构内部控制自我评价报告。

5.5 健全基金信息管理系统

社会保险基金管理机构内部信息化系统尚未健全，社会保险基金外部控制机构和个人作为监督主体与社会保险基金经办结构、受托经营社会保险基金的基金管理公司以及受托对社会保险基金进行托管的商业银行之间存在的信息不对称，都是社会保险基金运行风险的主要来源。良好的社会保险基金信息系统和信息披露制度有助于降低这一风险，应建立起基金运作管理信息的定期披露与重大事项的及时公告相结合的社会保险基金信息系统制度。所谓定期披露制度，是指负责社会保险基金投资和管理的基金管理公司应每年一次向社会公布社会保险基金资产、收益、现金流量等财务状况，每季度一次向财政部、劳动和社会保障部提交社会保险基金财务会计报告、投资管理报告。社会保险基金信息与沟通主要以会计信息作为主要载体，包括信息生成和信息披露两个阶段。

5.5.1 信息生成阶段

在信息生成阶段，社会保险基金管理机构应该加强内部信息管理，在风险管理的指导思想下，建立涵盖风险管理基本流程和内部控制系统各环节的风险管理信息系统，确保风险管理信息系统的业务数据和风险量化值的可靠性和相关性，对各种风险进行定性和定量分析，完善对重大风险和重要业务流程的监控和预警机制，满足风险管理内部信息报告制度和对外信息披露管理制度的要求。运用现代化的计算机网络信息工具，充分利用"金卡工程"发达的信息网络优势建立社会保险基金网络体系，为各个监管部门提供连续、系统、动态的信息服务，保障参保人对社会保险基金的知情权和监管权，促进社会保险基金管理使用的透明化，并定期公布个人账户信息。由于人为因素对社会保险基金信息准确性的影响总是存在的，这就要求信息生成阶段必须有严密的控制程序和权限控制。同时，对于社会保险基金投资运营信息又具有其特殊性。单个社会保险基金委托资产管理合同到期后，向财政部、劳动和社会保障部提交经具备证券从业资格的会计师事务所审计的报告，对社会保险基金委托资产的投资情况做出说明。重大事件包括所有会显著影响社会保险基金价值和投资安全的事件，如社会保险基金资产市场价值大幅度波动，社会保险基金管理公司减资、合并、分立、解散、依法被撤销、决定申请破产或被申请破产，社会保险基金管理公司涉及重大诉讼或者仲裁，社会保险基金管理公司的董事、监事、经理及其他高级管理人员发生重大变动等。这些信息都应该包括在社会保险基金信息制作结果中。

5.5.2　信息披露阶段

在信息披露阶段，社会保险基金管理机构应建立风险导向的信息披露机制，定期将投资运营情况按照管理信息、财务信息等不同的形式进行披露，既要满足内外部信息使用者的需要，提高社会保险基金运营的透明度，更有利于社会保险基金的稳健运营。社会保险基金信息披露应以提供社会保险基金会计信息为目标，会计信息是社会保障者、投资人、债权人以及其他内外部信息使用者据此做出经济决策的唯一依据，客观上要求会计信息必须真实、可靠、完整和及时。社会保险基金投资信息披露制度应包括：第一，社会保险基金管理机构的会计报表包括资产负债表、利润表和现金流量表、资产减值准备明细表、社会保险基金征收明细表、社会保障金发放明细表、管理费用明细表、利润分配表等；第二，社会保险基金管理机构应按照会计制度的要求，定期编制中期财务会计报告和年度财务会计报告，其中中期财务会计报告包括月报、季报和半年报，每季度提交社会保险基金财务信息报告和投资管理信息报告并选择外部信息使用者相关的信息对外公开披露；第三，社会保险基金投资发生重大事件，如社会保险基金资产价值大幅度波动，管埋公司减资、合并、撤销、解散、申请破产，或涉及重大诉讼等，并在必要的时候予以公告；第四，社会保险基金外部监管机构应做好信息的核查工作，保证信息的真实性、准确性和完整性。

规范信息披露制度，分层次提供信息含量，解决不同信息需求者的需求问题。我国社会保险基金的会计信息需求者可以分为三个层次，按信息需求者对不同层面的财务信息的需求分别提供：第一层次为对社会保险基金会计信息的一般关注者，提供这一层次财务信息时应注意语言简练，通俗易懂；第二层次为对社会保险基金会计信息的重要关注者，要进行与社会保险基金运转相关的决策者，其不仅要了解社会保险基金运转的总情况，还要了解许多情况的细节；第三层次为社会保险基金相关的监督管理部门，其除了评价社会保险基金相关管理部门是否履行了相应的职责外，还需要发现、制止违规的行为。随着资本市场的不断发展，参保人知识结构趋于完善，政府对社会保险基金权利义务的广泛普及推广，越来越多新生代受教育群体开始缴纳社会保险费，因此不能简单将参保人和资本市场投资者划归为社会保险基金财务信息的一般关注者，应努力提升社会保险基金会计信息相关人员的专业水平，对外披露参保人及投资者所关注的细节信息。

5.6 强化外部风险控制职能

社会保险基金风险控制措施的执行必须依靠外部监管主体的风险控制。根据现行的我国社会保险基金管理体系，我国现行的社会保险基金外部风险控制和监督机制必须以行政监督为核心，辅以审计监督和社会监督的全方位监督模式。行政监督要求政府代表国家对社会保险基金的筹集、投资运营、支付全过程进行监督。审计监督要求国家审计部门对社会保险基金的财务状况进行监督。社会监督是指由社会保险基金的有关利益代表组成社会保险基金监督委员会，对管理机构贯彻落实各项社会保险基金政策的情况和基金的管理工作进行监督。在整个外部控制的体系中，外部控制主体如立法部门、政府部门、全体参保人、利益相关者与社会中介机构分别发挥着各自的特点，从不同的环节和角度为社会保险基金健康有效运行提供不同功能的支持（如图5-2所示）。

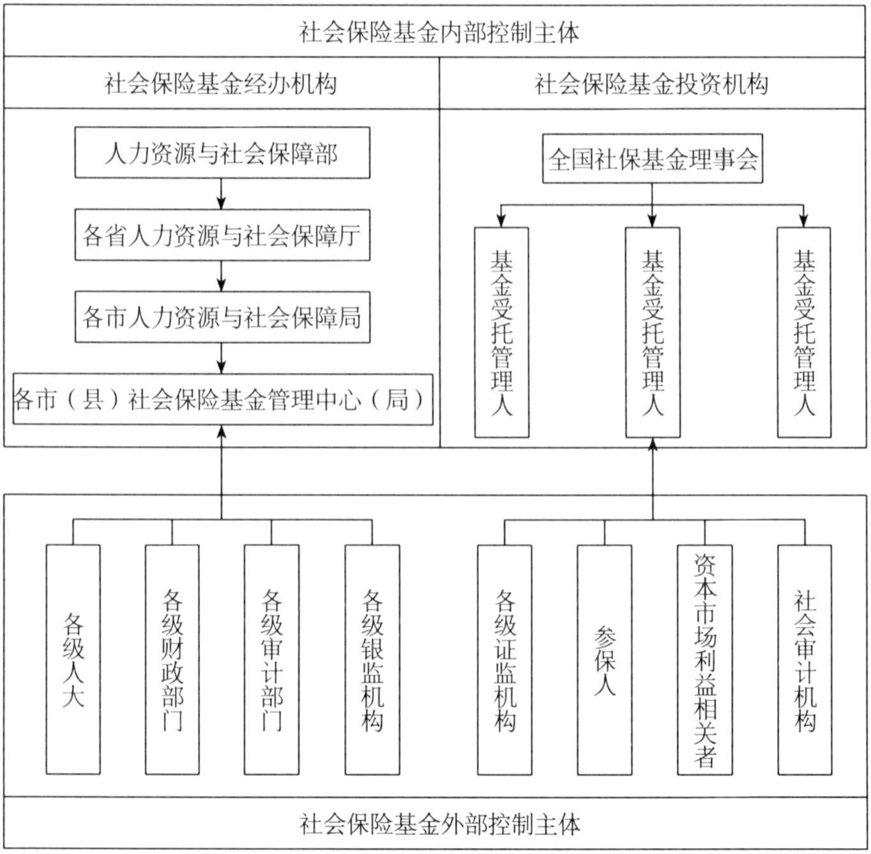

图5-2 社会保险基金外部控制主体

5.6.1 建立外部监管主体体系

我国应建立独立于政府的社会保险基金监管机构，对社会保险基金实施统一的强制性管理。可以效仿保监会、银监会、证监会的模式建立，直接隶属于国务院，地方设监管办事处，垂直管理。必须建立社会保险基金行政监管协调机制。如英国的职业养老保险委员会、荷兰的社会保险委员会、德国的社会保险民间管理机构和“社会法庭”、澳大利亚的保险与养老金管理委员会等。我国可在政府中设立一个非常设的、由有关行政部门主要负责人组成的社会保险监督委员会，来协调社会保险基金监管中遇到的问题。这样的专门监督机构有利于提高监管部门决策的科学化和透明话，积极调动参保单位和参保人对社会保险基金监督的能动性，保护参保人的权益，并减少行政角色对基金监管主体的弱化，不仅能够明确监管主体的权力和责任，还能巩固和加强政府审计的独立性。因此，我国应成立具有独立法人资格的社会保险基金监督理事会对基金进行监督。人员构成应包括政府代表、参保单位代表、参保人工代表、工会代表、社区代表和有关专家（包括法律专家、社会保险专家、财务专家）。

另外，我国必须逐步提升社会保险基金统筹层次，将基金从地方政府体系中实现实质性的剥离，实现真正意义上的省级统筹，以省级为单位进行基金核算等管理工作，将由于统筹级别过低产生的风险点降低到31个，不但降低基金管理费用，还降低监管难度，集中精力对基金投资进行管理，实现基金的保值增值。在条件成熟后，我国可将社会保险基金省级统筹上升到国家统筹，真正实现了基本核算单位和资金流在全国范围内的收支协调管理，为以后的市场化运作打下基础。

5.6.2 完善社会保险基金外部监管模式

我国社会保险基金在严格限量监管模式下具有独立性、强制性、全面性和重要性的特征。社会保险基金的外部控制的整个过程应得到政府部门的充分授权，这两点就形成了社会保险基金外部控制的独立性和强制性特征。实施外部控制的第三方与社会保险基金的管理运营部门无连带关系，对于基金管理绩效和机构审计不掺杂感情色彩和自身利益，更无行政级别的制约，能够站在科学、理性、客观的角度完成监察工作，独立性得到了充分的体现。再者，政府对实施外部控制第三方的充分授权，也是外部控制独立性的良好保障。政府的授权也给外部控制带来了强制性的特征，这种强制性表现在外部控制的实施过程中，即社会保险基金的管理机构必须全力配合授权第三方的审查工作，不得故意隐瞒、欺骗和拒绝第三方的检查，应以虚心的态度，真实地呈现社会保险基金管理情况。外部控制的全面性体现在对社会保险基金管理运营的审查范围上，全部社会保险基金管理机构和工作人员，所有社会保险基金运营环节均可作为外部审查的对象。在具体实践过程中，由于第三方的人力物力有限，同时考虑到外部审查的成本效用原则，社会保险基金的外部控制应加强针对性，立足于社会保险基金内部控制建立健全情况以及自我评价报告，对可造成重大影响、存在重大风险隐患的环节应进行重点的实质性审查，对运转良好的环节可以仅进行简单的检查，这就是外部控制的重要性特征。外部控制的全面性和重要性并不矛盾，而是具有互补性的两种特征，一方面明确了外部控制的整体控制范围，另一方面指明了外部控制应突出重点，二者兼备才能既发挥外部控制的作用，又提高外部控制的工作效率。

一般来说，对社会保险基金的监管主要有两种模式，即集中监管模式和分散监管模式。集中监管。集中监管是指一国政府在构建社会保险基金监管体系时，将监管职能赋予单一的机构，由该机构代表政府集中履行对社会保险基金的监管职能。在集中监管方式下，监管主体是单一、专门的政府机构，也就意味着单一的责任中心，有利于将社会保险基金作为一个整体进行统筹管理，提供有效的监管服务，减少监管真空；分散监管，是指一国政府在构建社会保险基金监管体系时，将国家对社会保险基金监管的职能赋予两个以上相互独立的主体，并且这些主体大多是由政府现有的经济管理部门组成。在分散监管体系下，监管机构多是现有的政府经济管理部门，与集中监管方式下成立新的监管部门相比其运行成本可能更低。监管部门丰富的专业监管经验和先进的技术能够为社会保险基金的健康运行提供更加专业的服务，同时也能较为高效地应对社会保险基金运行出现的相关风险，体现出专业监管的优势。从我国社会保险基金的管理体系出发，主要有地方社会保险基金和全国社保基金，由地方社会保险基金经办机构和全国社保基金理事会分别管理。本书研究的偿付能力风险主要有地方社会保险基金经办机构的日常运营，而投资风险主要产生于全国社保基金理事会的投资活动。因此社会保险基金不同的外部控制主体，运用立法、行政干预和信息披露等手段主要对以上两种活动进行监督。

5.6.3　创建社会保险基金市场化运作机制

我国应建立起社会保险基金运营市场，将基金日常投资运营任务推向基金管理公司市场，实现管办分离。社会保险基金的运营除风险较低的由全国社保基金理事会直接管理外，其余投资风险较大的投资均交由基金管理公司操作。这对基金管理公司的运营能力和风险控制能力提出了更高的要求，基金管理公司在提交参选社会保险基金管理公司申请材料、接受专家委员会评选的过程中，需要做大量的前期准备工作，有利于基金管理公司的运作更加规范和透明。

一方面，要建立完善的基金运营市场竞争机制，社会保险基金投资运营机构应通过考察经营机构注册资本、业绩、财务以及信用评级等条件，严格挑选并审核基金管理公司的市场准入资格，通过招标等形式使投资公司之间形成竞争。就我国目前社会保险基金投资而言，风险小的投资由社会保险基金理事会直接运作，风险高的投资则委托专业性的投资管理机构进行运作。这种模式对于社会保险基金投资运营的收益贡献明显，也在一定程度上分散了风险，但是并不能完全回避风险，基金管理公司也不可能承诺没有任何潜在损失的可能性，其对风险管理的认识也不尽相同。我国还要对试图进入社会保险基金投资经营领域的各类机构进行资格审查和认定，提高中介行业的整体素质，避免因中介机构资质不佳带来的非系统风险。另一方面，在社会保险基金委托代理合同中要规定“退出机制”，基金管理公司如果在规定的时间范围内没有达到所规定的目标，则可以提前终止合同，选择投资收益更高的基金管理公司。社会保险基金管理机构应建立制度化的激励机制，将基金运营目标与基金管理公司经营目标一致化，并针对不同投资收益和风险规避能力的基金管理公司实行不同的激励机制，激发基金管理公司的投资积极性和风险规避倾向。随着资本市场和中介机构的不断成熟，相关法律制度的不断完善完善，我国应逐步建立社会保险基金管理市场化运作，将监管方式转变为审慎性监管模式。

社会保险基金涉及亿万劳动者的切身利益，不仅工会、企业团体、社会舆论对社会保险基金应享有监督批评权，广大参保劳动者也应享有监督批评权。因此，社会保险基金立法应当明确规定参保人等社会公众的法定监督权，出台相关规定对其监督方式进行规范，形成全社会监督的网络体系。社会保险基金管理机构应该明确参保单位和参保人对基金的收支和投资情况具有知情权，很多发达国家参保人可以在加入任何社会保险基金的同时都有权选择适合自己的投资组合，并随时可以更改，同时能够随时通过网络查询和管理账户。此外，社会保险基金管理机构还应赋予新闻媒体对基金监督情况进行再监督的权利。

5.6.4 加强外部审计职能

相关部门要努力提高政府和社会审计人员自身的综合素质。通过加强对审计人员的培训，使审计人员拥有更加全面的知识结构和专业技能，可能胜任在社会保险基金复杂的风险环境中对不同的审计对象进行审计，对社会保险基金管理机构的内部控制进行评价。而且，通过加强对审计人员的培训，使审计人员明确正确的价值取向，形成严谨的职业道德，秉公执法，不徇私舞弊。由于社会保险基金审计工作具有很强的政策导向，相关部门应组织审计人员认真学习国家的经济政策和法律法规，掌握社会保险基金的发展态势，巩固与发展审计人员工作程序和方法，保证审计人员有能力对社会保险基金进行有效的审计监督，并提出相应的合理性的建议。

本书认为在社会保险基金制度不甚健全的情况下进行审计，不能仅仅将审计的目标放在查错究弊上，社会保险基金的良好运行需要合理的制度以及有效的执行，把焦点仅局限在微观审查上不能完全保证社会保险基金的安全完整，当错弊或违规行为较小抑或不重要时，制度的合理与否往往成为社会保险基金健康运营的关键。因此，审计工作要微观审计与宏观审查相结合，从现行制度出发，审查制度的执行效果，集中力量对现行制度的弊端进行分析，向相关部门提出可行的改进措施，促进社会保险基金制度更加完善。尽管我国社会保险基金制度日趋完善，但因制度和体制原因，社会保险基金外部风险控制还存在不少问题和漏洞，需要尽快完善社会保险基金监管的制度环境，健全社会保险基金外部监管主体体系，明确基金管理机构的职能权责，加强对社会保险基金的社会监督，大力推进社会保险基金的信息化建设，完善社会保险基金监管的信息披露制度，规范社会保险基金运营，确保社会保险基金在较低的风险下运行。

5.7 社保基金未来发展方向

随着我国老龄化进程的不断加快，公民维权意识的不断增强，我国社会保险基金实务界和理论界已经认真分析社会保障偿付对于欧洲主权债务危机的影响，并汲取相关经验和教训，逐步意识到社会保险基金对于国家经济、政治和社会等方面的重要影响，并建议在增加社会保险基金收入的同时控制基金支出金额，降低社会保险基金偿付能力风险。本书建议将社会保险基金扩大投资渠道作为保障偿付能力的重要措施，以实现保值增值。从2011年12月以来，我国财政部、人力资源和社会保障部、证监会和全国社保基金理事会等部门都对地方社会保险基金进入资本市场进行构想和规划，而如此巨大的资金进入资本市场需要承担多高的投资风险，能否实现投资目标则成为社会保险基金投资的关键点。因此，我国社会保险基金理论应该对风险管理问题进行深入研究，加强风险管理体系建设，主要对业务管理中的风险进行识别、分析和应对。社会保险基金内部控制和外部控制作为风险管理的主要方式，也构成了完整的风险管理体系。在社会保险基金风险管理过程中，要注意社会保险基金内部控制、管理控制、会计控制和外部控制之间的关系。社会保险基金管理机构应成立或聘请专门的风险分析机构，对基金管理运营中的风险进行定性和定量分析，并建立社会保险基金风险预警机制，结合政府部门和相关专家的意见，提出社会保险基金风险控制策略。

对于社会保险基金偿付能力风险来说，未来研究方向应该在保险精算的数理统计基础上，应用剔除例如政府补助等因素的全国各省社会保险基金收入、支出和结余数据，引入工资水平、退休年龄和替代率等其他影响因素，对全国各省社会保险基金偿付能力风险的整体情况进行分析。同时，还应按照面板数据分析的要求，对各省社会保险基金收入、支出和结余数据分别进行提取，建立标准面板数据模型，对各省社会保险基金偿付能力风险情况进行具体分析，找出各省对全国社会保险基金偿付能力整体水平的贡献度。对于社会保险基金投资风险来说，为了在地方社会保险基金全面进入资本市场时保持基金管理公司的谨慎态度，防止其投资过度，社会保险基金管理机构应在VAR方法的基础上采用国际上流行使用一种叫做风险调整资本收益率方法（Risk Adjusted Return on capital,

RAROC）来进行业绩分析[①]。使用这种方法进行绩效分析时，不是以盈利的绝对水平作为评判的基础，而是以投资风险基础上的收益贴现值作为依据。如果社会保险基金管理公司从事过度投机行为的话，虽然其赚取的利润可能会很高，但VAR值也会相应增大，从而导致RAROC值不大，其总的业绩评价也就不会高。因此，RAROC方法用于业绩分析，可以较真实地反映基金管理公司的实际投资业绩，有利于抑制过度投机的冲动，迫使基金管理公司在最低风险下寻求收益的最大化，有助于避免大额亏损现象的发生。

5.8 本章小结

本书在对社会保险基金风险管理国际经验进行总结的基础上，提出对我国社会保险基金风险控制。本书主要在前文对社会保险基金风险识别和风险定性与定量分析的基础上，针对四种主要风险，结合国外的先进经验，从内部控制要素出发，结合外部控制的相关影响因素，在社会保险基金风险管理的框架中，提出内部环境、风险评估、风险控制活动、信息沟通和内外部审计和监督等风险控制措施，并在风险控制活动中按照不同风险，提出具体风险控制措施。最后，对社保基金的未来发展做出了阐述，并提出社保基金风险管理的建议。

① RAROC是信孚银行的商标，RAROC比是指资本收益率与当期资本VAR值的比值，即RAROC=收益率/VAR值。

主要参考文献

[1]朱荣恩，贺欣.内部控制框架的新发展——企业风险管理框架——COSO委员会新报告《企业风险管理框架》简介[J].审计研究，2003（6）：11-15.

[2]周兆生.内部控制与风险管理[J].审计与经济研究，2004（4）：46-49.

[3]姜海军，李雪松.内部控制与风险管理[J].技术经济与管理研究，2006（2）：86-87.

[4]赵国，黄溶冰.内部控制与风险管理关系辨析——基于概念演进的视角[J].哈尔滨工业大学学报：社会科学版，2007（5）：129-132.

[5]谢志华.内部控制、公司治理、风险管理：关系与整合[J].会计研究，2007（10）：37-45，95.

[6]董月超.从COSO框架报告看内部控制与风险管理的异同[J].审计研究，2009（4）：94-96，80.

[7]吴水澎，陈汉文，等.企业内部控制理论的发展与启示[J].会计研究，2000（5）：2-8.

[8]阎达五，杨有红.内部控制框架的构建[J].会计研究，2001（2）：9-14，65.

[9]刘明辉，张宜霞.内部控制的经济学思考[J].会计研究，2002（8）：54-56.

[10]池国华，吴晓巍.管理控制的理论演变及其与内部控制关系[J].审计研究，2003（5）：53-57.

[11]朱荣恩.建立和完善内部控制的思

考[J].会计研究，2001（1）：24-31，65.

[12]金彧昉，李若山，等.COSO报告下的内部控制新发展——从中航油事件看企业风险管理[J].会计研究，2005（2）：32-38，94.

[13]滕青.我国企业风险管理框架构建[J].经济管理，2007（3）：45-48.

[14]丁友刚，胡兴国.内部控制、风险控制与风险管理——基于组织目标的概念解说与思想演进[J].会计研究，2007（12）：51-54.

[15]曹亚勇.企业风险管理与内部控制[J].当代经济，2007（7）：22-24.

[16]古淑萍.基于企业风险管理的内部控制体系研究[J].经济问题探索，2009（7）：117-120.

[17]闻岳春.美国证券投资基金管理公司风险管理、内部控制及其借鉴[J].财贸经济，2001（12）：71-74.

[18]周兆生.内部控制与风险管理[J].审计与经济研究，2004（4）：46-49.

[19]王志诚，周春生.金融风险管理研究进展：国际文献综述[J].管理世界，2006（4）：158-169.

[20]方红星.内部控制、审计与组织效率[J].会计研究，2002（7）：41-44.

[21]刘远风.养老保险中的政府责任——基于风险管理的视角[J].社会保障研究，2011（4）：17-25.

[22]路军.养老保险基金风险管理及可持续能力建设[J].江西财经大学学报，2006（1）：23-26.

[23]张秀梅.我国养老保险基金风险管理分析[J].理论界，2007（6）：238-239.

[24]“山东省社会养老保险基金风险管理机制研究”课题组.省级社会养老保险基金风险管理机制研究——以山东省为例[J].山东社会科学，2010（5）：104-108.

[25]杨燕绥，王巍，等.社会保险基金风险管理研究[J].广西大学学报：哲学社会科学版，2010（4）：1-7.

[26]林志超.社保基金经办风险与运营风险的监管[J].中国社会保障，2007（2）：34-35.

[27]骆田贵.社保基金内部控制的构建[J].会计研究，2007（3）：52-54.

[28]张艳，李兆杰.社保基金：财务管理内部控制八法[J].中国社会保障，2007（10）：56-57.

[29]陈颖.社会保险机构内部控制存在问题和改进建议[J].魅力中国，2009（3）：97-98.

[30]吴焱.完善社保基金内部控制体系的实践[J].中国社会保障，2008（4）：45.

[31]何庆娟.加强社保机构内部控制的思考[J].浙江金融，2008（8）：7.

[32]陈秋兰.社保所内社保基金内部控制[J].中国科技财富，2009（8）：203-204.

[33]陈联合.浅谈社会保险基金经办机构的内部会计控制[J].商情，2007（10）：159-160.

[34]王蔚为.社会保险经办机构内部财务控制浅析[J].现代商业，2008（8）：123-124.

[35]丁立新，赵永华.浅谈社会保险经办机构内部控制制度的建设[J].中国高新技术企业，2008（24）：47.

[36]刘庆.浅谈县级医疗保险经办机构内部控制建设[J].会计之友，2009（6）：43.

[37]邓大松.我国社会保障若干重大问题研究[M].深圳：海天出版社，2000.

[38]陈元燮.保险业偿付能力监管的意义和方法[J].财经问题研究，2003（1）：35-40.

[39]殷俊.社会保障制度的偿付能力与可持续发展[J].中央财经大学学报，2002（5）：15-18.

[40]高志强.基于风险的保险公司偿付能力框架研究[J].保险研究，2008（9）：52-55.

[41]何小伟.我国保险偿付能力监管探析[J].保险研究，2008（3）：61-64.

[42]吴定富.以科学发展观为统领深入贯彻落实国务院23号文件全面提高保险业服务社会主义和谐社会的能力[J].保险研究，2007（1）：5-9.

[43]张勇，陈耕云.中国基础养老金的支付能力研究[J].财经论丛，2008（4）：63-69.

[44]刘畅.我国财政社会保障支出困境及对策建议[J].中央财经大学学报，2009（9）：17-22.

[45]王延中.我国社会保险基金模式的偏差及其矫正[J].经济研究，2001（2）：20-28.

[46]刘永泽，吴作章.减持国有资本充实社会保险基金研究——某省社会保险基金收支预测[J].财政研究，2009（12）：54-58.

[47]陈元刚，李雪.我国社会保险基金收入与支出关系的实证研究[J].重庆理工大学学报：社会科学，2010（6）：18-21.

[48]朱璐璐，寇恩惠.我国社会保障支出与城镇居民收入差距——以江苏省为例[J].上海财经大学学报，2006（3）：91-97.

[49]张翔.山东省财政社会保障支出问题研究[D].济南：山东经济学院，2008.

[50]国家统计局.中国统计年鉴[M].北京：中国统计出版社，2010.

[51]汪朝霞.我国养老金隐性债务显性化部分的测算与分析[J].财贸研究，2009（1）：23-32.

[52]谭湘渝，樊国昌.我国养老保险制度未来偿付能力的精算预测与评价[J].人口与经济，2004（1）：55-58.

[53]李俊娴.全国社会保障基金入市投资的风险分析与控制[D].西安：西北大学，2008.

[54]毛小纶.养老保险基金运作研究[D].北京：北方工业大学，2004.

[55]刘子兰，严明.全国社会保障基金投资风险管理研究[J].当代经济研究，2006（8）：64-68.

[56]周秀弟.社会保险基金的投资组合研究[J].我国社会保障，2006（11）：24-25.

[57]李小欧.关于社会保障基金投资运营的研究[D].大连：东北财经大学，2007.

[58]祝献忠.社会保险基金进入资本市场的风险收益实证分析[J].中央财经大学学报，2008（6）：35-40.

[59]宋晓纳.社会保险基金的投资组合研究[D].江门：五邑大学，2008.

[60]荔锐.我国社会保险基金投资选择和风险管理研究[D].西安：西北大学，2010.

[61]莫嘉玲.我国社会保险基金投资风险分析及防范对策[D].成都：四川大学，2005.

[62]胡继晔.社会保险基金投资资本市场的收益——风险研究[J].经济理论与经济管理，2007（9）：41-46.

[63]刘渝琳，李俊强.基于均值-VAR模型社会保险基金最优投资组合的构建[J].广东商学院学报，2008（6）：37-42.

[64]薛江.基于CVaR的投资组合模型[D].兰州：兰州大学，2008.

[65]刘颖.我国企业年金基金投资风险控制研究[D].成都：西南财经大学，2009.

[66]高鹏，梁海明.社会保险基金在证券市场的风险衡量及统计检验[J].河北金融，2010（8）：43-46.

[67]何军，周明，陈磊.社会保障基金入市风险分析[J].重庆工商大学学报：西部论坛，2008（9）：74-77.

[68]李向军.我国社会保险基金投资管理问题研究[D].北京：财政部财政科学研究所，2010.

[69]高一斌，王宏.对加快推进内部会计控制建设若干问题的思考[J].会计研究，2005（2）：3-10+94.

[70]刘玉廷.《内部会计控制规范》：新形势下加强单位内部会计监督的里程碑[J].会计研究，2001（9）：3-8+65.

[71]林姗姗.社会保险基金会计核算体系的重构[C].我国《资本论》研究会第13次学术研讨会福建师范大学代表论文集.福州：[出版者不详]，2006.

[72]成圣树，郭亚雄.我国社会保险基金会计理论问题探讨[J].当代财经，2001（6）：18-22.

[73]郭亚雄.我国社会保险基金会计的现状及改革思路[J].当代财经，2002（2）：73-76.

[74]宋志华，李凯.社会保险基金会计方法研究[J].会计研究，2008（5）：10-14.

[75]周咏梅.我国社会保险基金会计规范研究[J].财经论丛，2009（3）：81-85.

[76]岳松，李真.论我国社会保险基金会计目标选择[J].江淮论坛，2008（3）：85-87.

[77]徐灿.《社会保险基金会计制度》亟待完善的几个问题[J].财务与会计，2002（8）：37.

[78]陈温，李树晗，等.社会保险基金经办机构的会计核算[J].我国乡镇企业会计，2007（9）：85.

[79]彭媛媛.中美社会保险基金会计制度的比较与思考[J].审计与理财，2007（10）：44-45.

[80]陈海军.实行社会保险基金会计一级核算之我见[J].天津社会保险，2009（1）：18-20.

[81]王静.我国社会保险基金会计模式的构建及会计核算研究[J].当代经济科学，2001（1）：84-88.

[82]汪泽英.社会保障基金不可纳入财政预算[J].经济理论与经济管理，2002（1）：17-21.

[83]石慧.完善我国社会保障基金预算管理体系研究[D].太原：山西财经大学，2007.

[84]陈建宇.我国社会保障预算建设理论与实践研究[D].成都：西南财经大学，2008.

[85]韩鑫昕.建立我国公共财政下社会保障预算体系的研究[D].太原：山西财经大学，2008.

[86]王文素.社会保障基金监管的重要屏障：社会保障预算[J].财政监督，2008（7）：34-37.

[87]胡继红，邓大松.浅析社会保险基金的会计核算基础[J].江西财经大学学报，2004（1）：38-40.

[88]李菊芳.“权责发生制”在社会保险基金会计核算中的必要性[J].华东经济管理，2006（10）：129-130.

[89]高立.对社保资金会计核算基础的探讨[J].我国审计，2003（24）：52-53.

[90]姜宏青，季园园.政府透明化管理社会保险隐性债务的会计策略[J].我国海洋大学学报：社会科学版，2006（6）：23-25.

[91]邓沛琦，黄菱子.论权责发生制在社会保险基金会计核算中的应用[J].当代经济，2007（21）：114-116.

[92]林治芬，宋志华.中美社会保险基金会计制度的比较研究[J].会计研究，2007（1）：38-43，92.

[93]赵红梅，水梅.我国社会保险基金会计核算的思考[J].商业经济，2005（2）：99-100.

[94]段宁华.构建我国社会保险基金会计模式的思考[J].中小企业管理与科技：上旬刊，2009（10）：63-64.

[95]杨珺.社会保险基金财会制度须完善[J].我国社会保障，2009（5）：46-47.

[96]罗丽娜.社会保险基金会计管理带来的思考[J].财经界：学术版，2009（3）：128-130.

[97]林永春，阎君.社会保险基金财务信息披露制度与社会监督体系的研究[J].经济体制改革，2006（6）：39-43.

[98]龚凌燕，周红.试议社会保险基金审计重点[J].贵州大学学报：社会科学版，2006（5）：71-74.

[99]李蕊爱，辛旭.试论社保资金审计的现状及对策[J].审计研究，2008（1）：35-38.

[100]寇勇刚.我国社会保险基金审计研究[D].天津：天津财经大学，2009.

[101]姜梅，吴万春，等.社会保障基金联网审计的应用研究[J].审计研究，2007（4）：33-37.

[102]刘爱东，李云.社保资金审计流程再造初探[J].审计研究，2009（4）：21-25.

[103]阎达五，宋建波.双元控制主体构架下现代企业会计控制的新思考[J].会计研究，2000（3）：2-6.

[104]张炎兴.公司治理结构和会计控制观[J].会计研究，2001（8）：10-14+65.

[105]张俊民.企业内部会计控制目标构造及其分层设计[J].会计研究，2001，（5）：44-47.

[106]程新生.论公司治理与会计控制[J].会计研究，2003（2）：42-46.

[107]张月麟，窦为恒.试论行政事业单位内部会计控制建设[J].石家庄经济学院学报，2008（2）：73-76.

[108]张彦.互动与双盈：社会保障基金进入证券市场的战略意义[J].江淮论坛，2000（5）：25-27.

[109]李晓雯.对我国社会保障基金监管的策略研究[D].上海：同济大学，2008.

[110]林志超.社会保险基金经办风险与运营风险的监管[J].我国社会保障，2007（2）：34-35.

[111]巴曙松.论社会保险基金监管体制的改进[J].经济，2010（9）：12-14.

[112]姚春辉.试论我国社会保险基金监管体系的发展与完善——基于武汉市社会保障基金监管体系的实证分析[J].湖北行政学院学报，2009（3）：51-56.

[113]易定君.社会保险基金运营监管法律问题研究[D].长沙：湖南大学，2009.

[114]张新民.试论我国社会保险基金监管制度的完善与创新[J].人口与经济，2004（3）：40-44.

[115]刘波.社会保障基金监管政策执行中的问题与对策研究[J].河南师范大学学报：哲学社会科学版，2009（2）：168-171.

[116]李春根，朱国庆.论我国社会保障基金监管体系的问题及重构[J].当代经济管理，2008（2）：46-49.

[117]张楠.我国社会保障基金运营的安全性监督研究[D].西安：陕西师范大学，2009.

[118]罗华林，周俊.论社会保障基金的社会监管体系构建——基于监管主体多元化视角[J].辽宁行政学院学报，2009（6）：158-160.

[119]李小倩.社会保障基金监管存在的问题及对策[J].财政监督，2006（3）：37-38.

[120]黄丽娟.社会保险基金会计信息披露的研究[D].北京：首都经济贸易大学，2003.

[121]付珺.对加强社会保障基金监管的再思考[J].财政监督，2008（24）：72-73.

[122]王辰君.全国社会保障基金会计信息披露研究[D].南京：南京财经大学，2008.

[123]梁磊，汪政.社会保险基金投资运营政府监管问题分析[J].广西财经学院学报，2006（5）：43-45，50.

[124]张克晴.我国社会保险基金投资运营与监管研究[D].成都：西南财经大学，2009.

[125]刘永泽，唐大鹏.社会保险基金持股信息的市场反应——基于我国资本市场数据[J].审计与经济研究，2011（5）：3-13.

[126]唐大鹏.社会保险基金持股后上市公司的股权筹资偏好与盈余管理[J].经济与管理研究，2011（8）：34-38.

[127]杨茁.社会保障基金管理与审计监督研究[J].求是学刊，2001（5）：51-55.

[128]魏新军，孙键.社会保险基金审计[J].财会通讯，2001（7）：45.

[129]刘爱东，陈森.社会保障基金审计的国际比较及启示[J].审计与经济研究，2009（5）：9-14，46.

[130]刘波.当代英国社会保障制度的系统分析与理论思考[D].上海：华东师范大学，2005.

[131]杨卫平，杨胜刚.英、美、日、智利社会保障制度改革比较研究[J].财经理论与实践，2005（5）：32-35.

[132]高小燕.英国福利制度改革及对中国社会保障政策的启示[D].西

安：西北大学，2006.

[133]鲁全.德国的社会保障制度与社会公平[J].中国人民大学学报，2009（2）：24-30.

[134]邵黎.德国社会保障法律制度对我国的借鉴意义——以社会保险法为视角[D].重庆：西南政法大学，2008.

[135]王川.德国社会保障制度的经济学分析[D].长春：吉林大学，2008.

[136]贝克尔.德国社会保障制度的文化背景——价值理念与法律在社会保障中的影响[J].中国人民大学学报，2010（1）：30-34.

[137]郭颖.美国社会保障资金投资运作和监管研究[D].天津：天津财经大学，2008.

[138]杜承铭.美国社会保障制度的结构、特点及其启示——兼论广东省社会保障制度的构建及完善[J].广东商学院学报，2004（2）：42-48.

[139]王森.美国社会保障制度的历史考察[D].重庆：西南政法大学，2008.

[140]张鑫，李胜.美国社会保障制度研究综述[J].唯实，2008（2）：78-85.

[141]郑秉文.DC型积累制社会保险基金的优势与投资策略——美国“TSP模式”的启示与我国社会保险基金入市路径选择[J].中国社会科学院研究生院学报，2004（1）：27-140.

[142]孙静，刘威.社会保障制度改革的路径选择——由美国社会保障“私有化”争论引发的思考[J].中南财经政法大学学报，2010（3）：29-143.

[143]林治芬，宋志华.中美社会保险基金会计制度的比较研究[J].会计研究，2007（1）：38-92.

[144]刘秦祎.中美社会保险基金投资管理比较研究[D].长春：吉林大学，2006.

[145]王海燕.中美社会保障制度比较研究[D].北京：中共中央党校，2010.

[146]房连泉.社会分化、贫富差距与社会保障——拉美国家福利体制

变革的经验教训[J].拉丁美洲研究，2008（4）：38-42.

[147]房连泉.增强社会凝聚力；拉美社会保障制度的改革与完善[J].拉丁美洲研究，2009（2）：89-98.

[148]郑秉文，威廉姆森，卡尔沃.中国与拉美社会保障比较：传统文化与制度安排——提高覆盖率的角度[J].拉丁美洲研究，2009（2）：3-12.

[149]李光勇.东亚社会保障制度的制度主义分析[D].重庆：西南财经大学，2002.

[150]杨黔云.论影响现代社会保障制度发展的因素——对战后日本社会保障制度发展的历史考察[J].学术探索，2005（4）：53-57.

[151]王艳华.日本老龄化社会和日本社会保障体系分析[D].北京：对外经济贸易大学，2005.

[152]崔万有.日本社会保障研究[D].大连：东北财经大学，2007.

[153]刘明.中国、日本及瑞典社会保障制度比较研究[D].北京：中国政法大学，2004.

[154]李珍，孙永勇.新加坡中央公积金管理模式及其投资政策分析[J].东北财经大学学报，2004（4）：14-18.

[155]王洪春，白占立，张占平.国外社会保险基金投资模式比较研究[J].河北师范大学学报，2005（9）：24-27.

[156]李珍，辜胜阻.社会保险基金管理制度的国际比较研究[J].财政研究，1998（2）：40-44.

[157]王俊.社会保险基金投资的国际比较分析及其借鉴[J].国际经济观察，2010（6）：94-95.

[158]财政部社会保障司课题组.社会保障支出水平的国际比较[J].财政研究，2007（10）：36-42.

[159]魏娟娟.中外社会保障制度比较研究[D].成都：电子科技大学，2006.

[160]OLOVSSON. Quantifying the risk - sharing welfare gains of social security[J]. Journal of Monetary Economics，2010，57（4）：364-375.

[161]GONZALEZ-EIRAS，NIEPELT. The future of social security[J]. Journal of Monetary Economics，2008，55（2）：197-218.

[162]AVATO，KOETTL. Social security regimes，global estimates，and good practices：the status of social protection for international migrants[J]. World Development，2010，38（4）：455 - 466.

[163]GONZALEZ- EIRAS，NIEPELT.The future of social security[J]. Journal of Monetary Economics，2008，55（3）：197-218.

[164]JUNG，TRAN. The extension of social security coverage in developing countries[J]. Journal of Development Economics，2012，99（11）：439-458.

[165]BAILEY，TURNER. Strategies to reduce contribution evasion in social security financing[J]. World Development，2001，29（2）：385-393.

[166]BRENTS. Policy intellectuals，class struggle and the construction of old age：The creation of the Social Security Act of 1935[J]. Social Science & Medicine，1986，23（12）：1251-1260.

[167]BREYER，CRAIG. Voting on social security：Evidence from OECD countries[J]. European Journal of Political Economy，1997，13（4）：705-724.

[168]ACHENBAUM. The place of researchers in social security policy making [J]. Journal of Aging Studies，1988，2（4）：301-309.

[169]ANDERSEN. Increasing longevity and social security reforms—a legislative procedure approach[J]. Journal of Public Economics，2008，92（3-4）：633-646.

[170]ENGELHARDT. Social security and elderly homeownership[J]. Journal of Urban Economics，2008，63（1）：280-305.

[171]ERMOLIEVA. Simulation - based optimization of social security systems under uncertainty[J]. European Journal of Operational Research，2005，166（3）：782-793.

[172]FEHR，HABERMANN. Social security with rational and hyperbolic consumers [J]. Review of Economic Dynamics，2008，11（4）：884-903.

[173]FRASER，JENNINGS. Strategic asset allocation for individual

investors: the impact of the present value of Social Security benefits[J]. Financial Services Review, 2001, 9 (4): 295-326.

[174]TULLIO. Does social security reduce the accumulation of private wealth? Evidence from Italian survey data[J]. Ricelrche Economiche, 1995, 33 (49): 131-136.

[175]FELDSTEIN. Risk aspects of investment-based social security reform [M]. Chicago : University of Chicago Press, 2001.

[176]DIAMOND, GRUBER. Social Security and retirement in the United States[M]. Chicago : University of Chicago Press, 1999.

[177]COMPAGNE .Minimum standards of solvency for insuranee firms [R].Report of the adhoc Working Party on Minimum Standards of Solveney, 1961: 156-178.

[178]SWISS. Development of insolvencies and the importance of security in the insurance industry [R]. Sigma, 1995 (7): 34-55.

[179]GOLLIER. Intergenerational risk - sharing and risk - taking of a pension fund[J]. Journal of Public Economics, 2008, 92 (6): 1463-1485.

[180]MITCHELL S, MYERS J, YOUNG H. Measuring solvency in the social security system[M]. Philadelphia, University of Pennsylvania Press, 1999: 16-36.

[181]MAGNIA.Project valuation and investment decisions: CAPM versus arbitrage[J]. Applied Financial Economics Letters, 2007, 1 (3) : 137-140.

[182]HSINGA. Responses of output in Poland to shocks to the exchange rate, the stock price, and other macroeconomic variables: a VAR model[J]. Applied Financial Economics Letters, 2006, 1 (12): 1017-1022.

[183]MARKOWITZ. Portfolio selection[J]. Journal of Finance, 1952, 1 (1): 77-91.

[184]SHARPE. Determining funds' effective asset mix[J]. Investment Management Review, 1988, 1 (9): 59~69.

[185]ROSS, STEPHEN.The arbitrage theory of capital asset pricing[J].

Journal of Economic Theory, 1976, 6 (12): 343-362.

[186]JORION P. Risk: measuring the risk in value at risk [J]. Financial Analysts Journal, 1996, 1 (11-12): 45-47.

[187]YAMADA T. The effects of Japanese social security retirement benefits on personal saving and elderly labor force behavior[J]. Japan and the World Economy, 1990, 2 (4): 327-363.

[188]WILLIAMSON J B , PAMPEL. Paying for the baby boom generation ' s social security pensions: United States, United Kingdom, Germany and Sweden[J]. Journal of Aging Studies, 1993, 7 (1): 41-54.

[189]WILLIAMSON J B, DEITELBAUM. Social security reform: does partial privatization make sense for China[J]. Journal of Aging Studies, 2005, 19 (2): 257-271.

[190]WAGENER A. On intergenerational risk sharing within social security schemes[J]. European Journal of Political Economy, 2004, 20 (1): 181-206.

[191]WAGENER A. On intergenerational risk sharing within social security schemes[J]. European Journal of Political Economy, 2004, 20 (1): 181-206.

[192]KLAAUW W, WOLPIN. Social security and the retirement and savings behavior of low - income households[J]. Journal of Econometrics, 2008, 145 (1-2): 21-42.

[193]STORESLETTEN, TELMER. The risk - sharing implications of alternative social security arrangements[J]. Carnegie - Rochester Conference Series on Public Policy, 1999, 50 (6): 213-259.

[194]SPATARO L. Social security incentives and retirement decisions in Italy: An empirical insight[J]. Research in Economics, 2005, 59 (3): 223-256.

[195]SMETTERS K , WALLISER J. Opting out of social security[J]. Journal of Public Economics, 2004, 88 (7-8): 1295-1306.

[196]SHILLER R J. Life - cycle personal accounts proposal for Social

Security: an evaluation of President Bush 's proposal[J]. Journal of Policy Modeling, 2006, 28 (4): 427-444.

[197]SAMWICK A A. New evidence on pensions, social security, and the timing of retirement[J]. Journal of Public Economics, 1998, 70 (2): 207-236.

[198]ROJAS J A, URRUTIA C.Social security reform with uninsurable income risk and endogenous borrowing constraints[J]. Review of Economic Dynamics, 2008, 11 (1): 83-103.

[199]RICHARDSON D H. A long-run simulation model for analysing social security retirement policies[J]. Economic Modelling, 1995, 12 (4): 415-424.

[200]OSHIO T. Social security and trust fund management[J]. Journal of the Japanese and International Economies, 2004, 18 (4): 528-550.

[201]ORR D V. The Social Security reform debate: effects of financial and labor market institutions[J]. Review of Radical Political Economics, 2002, 34 (3): 285-293.

[202]OLOVSSON C. Quantifying the risk-sharing welfare gains of social security[J]. Journal of Monetary Economics, 2006, 57 (3): 364-375.

[203]MATEOS- PLANAS X. A quantitative theory of social security without commitment[J]. Journal of Public Economics, 2008, 92 (3- 4): 652-671.

[204]MASTROBUONI G. Labor supply effects of the recent social security benefit cuts: empirical estimates using cohort discontinuities[J]. Journal of Public Economics, 2009, 93 (11-12): 1224-1233.

[205]KAPTEYN A R, ALESSIE. Explaining the wealth holdings of different cohorts: productivity growth and Social Security[J]. European Economic Review, 2005, 49 (5): 1361-1391.

[206]JENSEN R T K, RICHTER. The health implications of social security failure: evidence from the Russian pension crisis[J]. Journal of Public Economics, 2004, 88 (1-2): 209-236.

[207]HURST E ， WILLEN P. Social security and unsecured debt[J]. Journal of Public Economics，2007，91（7-8）：1273-1297.

[208]COSO. Enterprise Risk Management- Integrated Framework[M/OL]. New York，2004（7）. http：/ / www. erm.coso.org.

[209]COSO. Guidance on Monitoring Internal Control Systems[M/OL]. New York，2009（1）. http：/ / www.coso.org.

索引

社保基金—3，11，16，18，26，37，52，53，55，56，63，64，66，67，69，71，74，87，88，89，90，92，93，94，96，98，99，100，103，107，110，113，115，116，117，121，122，124，125，127，128，141，152，153，154，155，156，157，158，159，160，161，162，163，164，165，166，167，168，169，170，171，172，173，175，176，177，179，180，189，191，192，194，195，196，197，202，206，211，214，215

内部控制—1，3，4，5，11，12，15，16，17，18，19，21，22，23，29，30，32，33，34，35，36，37，38，43，44，47，56，57，60，68，85，102，104，113，126，175，176，177，179，205，206，211，213，214，215

风险管理—1，2，3，4，5，10，11，12，13，14，15，16，17，18，19，20，21，22，23，24，25，27，28，29，30，31，32，33，34，35，36，38，40，41，43，44，45，50，51，52，53，54，59，63，68，70，73，75，85，91，101，102，113，128，152，154，155，156，159，174，175，178，179，180，191，192，197，198，206，212，214，215

偿付能力—2，3，11，13，20，22，23，26，27，30，36，39，40，42，44，46，47，48，49，50，51，52，56，62，70，71，72，74，75，77，78，79，80，81，84，85，86，87，88，103，105，108，109，110，123，124，127，128，129，130，148，149，150，151，152，173，175，180，181，182，183，184，185，190，201，204，211，214
投资运营—3，4，5，11，12，13，14，20，21，22，23，26，30，37，41，42，44，51，52，56，62，64，65，67，68，69，70，71，74，76，82，83，87，88，89，90，98，102，103，109，111，119，121，123，125，126，127，128，129，152，173，175，176，180，185，192，195，196，202，205，207，208，211，212

后记

回想十三年前，我还是一个怀揣美好憧憬的17岁少年，在懵懵懂懂中走进梦想的大学园，沐浴在神圣象牙塔下的落日余晖中，聆听劝学的春风化雨，感受之远的意气风发，分享博学的厚重积淀，我心底已经深深烙下东财人的丝丝情愫。转眼间，飞逝的年华转化为凝结无数心血和汗水的数百页拙作。若是没有多位人生启蒙的循循善诱与谆谆教诲和家人朋友的关心支持及点滴帮助，我的专著现在恐怕仍是水中之月、镜中之花，茫茫前路，遥遥无期。

收笔之际，我要衷心感谢我尊敬的博士生导师——东北财经大学会计学院刘永泽教授。刘教授学识渊博、诲人不倦、师道尊严、从容豁达、公门桃李甚多，治学为人皆令学生仰慕。遥想六年前，我在蹉跎彷徨之际，惶惶终日之时，为导师一语所点化，续为学海中一帆苦舟。同时，我还要感谢我崇拜的博士后导师——财政部财政科学研究所原所长贾康教授。无论是在本书的选题阶段，还是写作阶段，导师不顾公务缠身为学生指点迷津，倾注了大量的心血。导师平易近人，言语诙谐、生动贴切，让学生既有茅塞顿开之感，又有钝学累功之快。正所谓经师易遇，人师难求，导师和师母的人生智慧与为人之道将让学生受用终生。

同时，我要感谢东北财经大学会计学院院长方红星教授。方老师不顾公事繁忙，以宽广之胸怀，不但启蒙我的实证研究兴趣，还培养我的学术研究方法，给我以睿智仁厚之感，使我在写作过程中愈挫愈勇。同时，我还要感谢东北财经大学会计学院副院长孙光国教授在本书完成过程中提出的修改建议和完善方案。

最后我要感谢我的父母。感谢父母把我从一个天真无邪的孩童培养至今，感谢父母在本书写作过程中对我无私的关爱。正所谓父兮生我，母兮鞠我，抚我，畜我，长我，育我，顾我，复我。对父母的养育之恩，穷尽一生仍不足以报。此刻，涕零不已尚难言心中之情，愿寥寥片语见证无限孝心。

由于水平有限，本书虽然几易其稿，疏漏难免，还恳请各位专家批评指正！

唐大鹏

2015年3月于东财梓楠楼